|幸福社区文化建设丛书|

社区常见家庭纠纷处理指南

JIATINGJIUFEN

刘怀川 主编

西南师范大学出版社
国家一级出版社 全国百佳图书出版单位

图书在版编目（CIP）数据

社区常见家庭纠纷处理指南 / 刘怀川主编 .—重庆
：西南师范大学出版社，2013.5
ISBN 978-7-5621-6228-5

Ⅰ.①社… Ⅱ.①刘… Ⅲ.①婚姻家庭纠纷-处理-中国-指南 Ⅳ.① D923.9-62

中国版本图书馆 CIP 数据核字 (2013) 第098237号

社区常见家庭纠纷处理指南

SHEQU CHANGJIAN JIATING JIUFEN CHULI ZHINAN

刘怀川 主编

责任编辑： 任志林
封面设计： 刘洋洋
出版发行： 西南师范大学出版社
地址：重庆市北碚区天生路 1 号
邮编：400715 市场营销部电话：023-68868624
http://www.xscbs.com
经　　销： 新华书店
印　　刷： 重庆川外印务有限公司
开　　本： 787mm × 1092mm 1/16
印　　张： 16.75
字　　数： 189 千字
版　　次： 2013 年 8 月 第 1 版
印　　次： 2013 年 8 月 第 1 次印刷
书　　号： ISBN 978-7-5621-6228-5
定　　价： 28.00 元

总 编 委 会

前　言

家庭是社会的基础，家庭纠纷的发生会影响家庭的和睦和社会的稳定。

家庭纠纷都是家庭成员之间发生的纠纷，当事人双方是夫妻、父母子女、兄弟姐妹、祖父母与孙子女、外祖父母与外孙子女等至亲的亲属关系。虽然很多人认为家庭纠纷是家长里短的“小事”，但是这些纠纷如果不加以很好地解决，必然会导致很多恶性案件的发生，从而损及亲情，造成严重的恶性法律事件。

家庭纠纷具有私密性强、情感因素影响大、证据有限或者不规范、法律行为不恰当、法律关系复杂等特征，正所谓“清官难断家务事”，对该类纠纷的解决更多的是依仗当事人自身的能力，让当事人和解或者是通过中间结构进行调解更为适宜。

家庭纠纷在矛盾发生初期一般都是双方当事人基于非理性状态时发生的争执，由于没有理性处理好争执而起诉到法院。法院在案件受理的初期，双方当事人怒气未平息是极难同意并达成调解的。对这类纠纷案件，就必须根据双方当事人的特性，组织双方多次调解，在其怒气消散、心情平复，恢复理性时，双方当事人才会互相体谅，将纠纷化解于无形。家庭纠纷的执行也是比较特殊的，抚养、赡养纠纷案件中父母子女之间的血亲关系永远存在，对于这层关系调解永远比判决更易于当事人日后的相处。继承纠纷是家庭成员之间针对被继承人的遗产发生的纠纷，对于化解家庭成员之间的矛盾远比他们获得的实际利益更为重要。

为了积极应对当前家庭纠纷案件变化的趋势，笔者对家庭纠纷中的新情况、新问题进行总结研究和思考，对法律法规进行系统的学习，对常见的家庭纠纷的类型进行比较和探讨，既借鉴理论研究成果，又总结相关司法实践中的实际经验，写成了这本《社区常见家庭纠纷处理指南》。此书从务实的角度反映我国家庭纠纷案件的法律分析，希望为广大社区居民提供一个参考，从而化解他们生活中存在的家庭纠纷。

刘怀川

2013 年 4 月

目　录

第一编　家庭成员之间的抚养、扶养、赡养纠纷

第三编 收养纠纷

第一编

家庭成员之间的抚养、扶养、赡养纠纷

一、家庭成员之间的抚养纠纷

1. 夫妻双方离婚后孩子归谁抚养

【经典案例】

徐良和刘芳2007年6月登记结婚后生有一个孩子，是个男孩，已经3岁多了。现在徐良和刘芳双方闹离婚。徐良在外地工作，其父亲尚健在。刘芳也在外地打工，且父母尚在。刘芳当初为避免再次怀孕安了避孕环。孩子一直由刘芳父母在照顾。现在徐良和刘芳闹离婚，双方都想拥有对孩子的抚养权。那么谁能争取到孩子的抚养权呢？

【法律分析】

抚养是指长辈亲属对晚辈亲属的抚育教养。抚养对于父母来说是一种义务。父母与子女间的关系，不因父母离婚而消除。离婚后，子女无论由父或母谁来抚养，仍是父母双方的子女。离婚后，父母对子女仍有抚养和教育的权利和义务。抚养义务既存在于生父母对婚生子女以及非婚生子女之间，也存在于继父母对继子女之间，还有养父母对养子女之间。有负担能力的祖父母、外祖父母，对于父母已经死亡或父母无力抚养的未成年孙子女、外孙子女，也具有抚养的义务。被抚养的权利是一种特殊的人身权利，它与合同中协议一方的权利是不同的，并非一种有对价的承诺，也并非是人人在任意时间都可以享有的，它仅限于未成年子女和没有独立生活能力的子女。如果子女已获得独立生活能力，那么其被抚养的权利自然也随之消失。

在我国很多夫妻离婚时对子女的抚养权争夺得很厉害，那么离婚时对于子女的抚养权怎么处理呢？对该类纠纷采取协议优先原则，一般由双方协商确定；如果双方协商达不成一致意见，可以按照最高人民法院《关于人民法院审理离婚案件处理子女抚养问题的若干具体意见》1-6条规定的具体内容予以确定。

【处理意见】

由于本案孩子较小，首先由双方在离婚时协商孩子的抚养权归谁。如果协商不能达成一致，就由法院裁判。本案法院将孩子判归女方抚养的可能性较大，因为孩子一直在女方父母处生活，与女方生活时间较长。

【法律条文】

《婚姻法》第二十一条　父母对子女有抚养教育的义务；子女对父母有赡养扶助的义务。父母不履行抚养义务时，未成年的或不能独立生活的子女，有要求父母付给抚养费的权利。

最高人民法院《关于人民法院审理离婚案件处理子女抚养问题的若干具体意见》1至3条：

第一条　两周岁以下的子女，一般随母方生活。母方有下列情形之一的，可随父方生活：（1）患有久治不愈的传染性疾病或其他严重疾病，子女不宜与其共同生活的；（2）有抚养条件不尽抚养义务，而父方要求子女随其生活的；（3）因其他原因，子女确无法随母方生活的。

第二条　父母双方协议两周岁以下子女随父方生活，并对子女健康成长无不利影响的，可予准许。

第三条　对两周岁以上未成年的子女，父方和母方均要求随其生活，一方有下列情形之一的，可予优先考虑：（1）已做绝育手术或因其他原因丧失生育能力的；（2）子女随其生活时间较长，改变生活环境对子女健康成长明显不利的；（3）无其他子女，而另一方有其他子女的；（4）子女随其生活，对子女成长有利，而另一方患有久治不愈的传染性疾病或其他严重疾病，或者有其他不利于子女身心健康的情形，不宜与子女共同生活的。

【友情提示】

男女双方离婚主要涉及三大法律问题：第一，是否愿意离婚；第二，子女归谁抚养，给付多少抚养费；第三，共同财产分割。争夺孩子的抚养权是很多夫妻在离婚时的焦点问题，那么要想获得对孩子的抚养权，需要双方协商，协商不成时，就必须拿出证据，让法官相信孩子归自己抚养更有利于孩子的成长。

有利于争取子女抚养权的证据有：第一、双方基本条件的取证。双方的经济状况、健康程度、受教育水平、生活环境等基本条件，是双方争取抚养权需考虑的关键部分，法官更加倾向于综合条件较好的一方。第二、双方父母基本条件的取证。孩子以往的生活环境，以及长期带孩子的父母的意见及身体情况，往往也是影响孩子抚养权的一个重要方面。第三、孩子生活环境方面的取证。离婚案件中孩子抚养问题的处理原则，是不影响孩子的健康成长。如果双方离婚，一方距离学校较近或生活小区成熟，对孩子入学、生活最为有利，其得到孩子抚养权的可能性就会更大。第四、孩子的意见也十分重要。一般，法院在处理抚养问题时，会认真听取十周岁以上孩子的意见，并做笔录入卷。在离婚前或离婚过程中，做好孩子的思想工作，使孩子愿意随自己生活也是尤为重要的。

2. 何种情况下能申请变更抚养权

【经典案例】

原告伍 ×× 诉称，2006 年 8 月 9 日我与被告在法院调解离婚时儿子罗 × 由罗 ×× 抚养教育，之后罗 ×× 将儿子送到外婆家，至今杳无音讯。现诉请变更儿子罗 × 由我抚养教育，由罗 ×× 每月给付子女抚养费 500 元至罗 × 独立生活为止。法院经过审理后认为，被告罗 ×× 于法院调解离婚后，将婚生子罗 × 送到原告母亲处，外出至今，未依法尽到父亲的职责与义务。现原告要求变更子女抚养关系，要求罗 ×× 给付子女抚养费的诉请符合法律规定，予以支持。

【法律分析】

抚养权是否可以变更？在什么情况下可以变更？这类问题的答案是：在确定抚养权之后的任何时间内，一方或双方的情况或抚养能力发生较大变化，均可提出变更抚养权的要求。变更子女抚养权一般先由双方协商确定，如协议不成,可通过诉讼请求人民法院判决变更。有下列情形之一的,人民法院应予支持:(1)与子女共同生活的一方因患严重疾病或因伤残无力继续抚养子女的;(2)与子女共同生活的一方不尽抚养义务或有虐待子女行为,或其与子女共同生活对子女身心健康确有不利影响的;(3)十周岁以上未成年子女,愿随另一方生活,该方又有抚养能力的;(4)有其他正当理由需要变更的。

【处理意见】

本案由于被告不履行抚养义务,原告要求变更抚养权,完全符合法律规定,法院的裁判完全正确。

【法律条文】

最高人民法院《关于人民法院审理离婚案件处理子女抚养问题的若干具体意见》十五至十七条:

第十五第　离婚后,一方要求变更子女抚养关系的,或者子女要求增加抚育费的,应另行起诉。

第十六条　一方要求变更子女抚养关系有下列情形之一的,应予支持:(1)与子女共同生活的一方因患严重疾病或因伤残无力继续抚养子女的;(2)与子女共同生活的一方不尽抚养义务或有虐待子女行为,或其与子女共同生活对子女身心健康确有不利影响的;(3)十周岁以上未成年子女,愿随另一方生活,该方又有抚养能力的;(4)有其他正当理由需要变更的。

第十七条　父母双方协议变更子女抚养关系的,应予准许。

【友情提示】

变更子女的抚养权一般也可由双方协商,协商不成时可以向法院起诉要求变更,但是必须提交变更抚养权的相应证据。提出抚养权变更的主体,一般是未与子女共同生活的离婚夫妻的一方。但是现实生活中也有很多是与子女共同生活的一方提出的,这在现实生活中也是允许的。有人问作为被抚养人的未成年子女能否提出变更抚养关系,大部分学者对此持否定态度。因为抚养权的权利主体是子女的父母,子女自己并不拥有抚养权,未成年子女如果想跟随另一方生活,在另一方具备抚养条件的情况下,可以通过由另一方提起抚养权变更诉讼的方式,实现抚养人的变更。

3. 孩子的抚养费包括哪些费用，是按什么标准要求支付的

【经典案例】

2012 年 5 月陈先生和赖女士签订离婚协议，没有对子女抚养费进行协商。三个月后，赖女士作为儿子的法定诉讼代理人以儿子的名义将陈先生告上法庭，索要抚养费每月 1 000 元，而陈先生的月工资仅有 3 000 元左右。法院审理认为，原告索要的费用过高，依据法律规定，一审判决陈先生每月给付 600 元抚养费。

【法律分析】

抚养，是指长辈对晚辈在物质生活和精神生活上进行养育和照料，以保证其正常生长发育的需要。孩子的抚养费用的负担数额和期限，可以由双方协议；协议不成时，由人民法院判决。关于子女生活费和教育费的协议或判决，不妨碍子女在必要时向父母任何一方提出超过协议或判决原定数额的合理要求。

(1)抚养费包括子女的生活费、教育费、医疗费等费用，故未成年子女成长所必需的费用都属抚养费的内容，那种只承担生活费和学费的看法是错误的。教育费是指尚在校接受高中及以下学历教育的费用。但是要注意的是：因为上收费较贵的私立学校或者贵族学校所多支付的择校费用，或者是因考分不够而产生的赞助费，不应当属于抚养费。子女就读未经父母双方全部同意的学校，不同意的父或者母一方可不支付该笔费用，由同意方支付。抚养费以必要为限，子女购买电脑、手机等高档消费品，外出旅游的费用，购买商业保险的费用等，这些费用的支出没有法律依据，父母可以拒绝支付。

(2)未直接抚养子女一方给付抚养费的标准。夫妻一方负担抚养费用的多少和期限的长短，由双方协议；协议不成时，由人民法院判决。我国《关于人民法院审理离婚案件处理子女抚养问题的若干具体意见》第七条规定，根据子女的实际需要、父母双方的负担能力和当地的实际生活水平确定。

【处理意见】

本案中陈先生每个月只有 3 000 元左右的固定工资，按照 20% 的比例给付是符合法律规定的。

【法律条文】

《婚姻法》第二十一条　父母对子女有抚养教育的义务；子女对父母有赡养扶助的义务。父母不履行扶养义务时，未成年的或不能独立生活的子女，有要求父母付给抚养费的权利。

《婚姻法》第三十七条　离婚后，一方抚养子女，另一方应负担必要的生活费和教育费的一部分或全部，负担费用的多少和期限的长短，由双方协议；协议不成时，由人民法院判决。关于子女生活费和教育费的协议或判决，不妨碍子女在必要时向父母任何一方提出超过协议或判决原定数额的合理要求。

最高人民法院《关于人民法院审理离婚案件处理子女抚养问题的若干具体意见》第七条、第十一条：

第七条　子女抚育费的数额，可根据子女的实际需要、父母双方的负担能力和当地的实际生活水平确定。有固定收入的，抚育费一般可按其月总收入的百分之二十至三十的比例给付。负担两个以上子女抚育费的，比例可适当提高，但一般不得超过月总收入的百分之五十。无固定收入的，抚育费的数额可依据当年总收入或同行业平均收入，参照上述比例确定。有特殊情况的，可适当提高或降低上述比例。

第十一条　抚育费的给付期限，一般至子女十八周岁为止。十六周岁以上不满十八周岁，以其劳动收入为主要生活来源，并能维持当地一般生活水平的，父母可停止给付抚育费。

【友情提示】

对于确定对方给付抚养费数额的举证责任在原告方，不少被告方都会隐瞒实际收入情况以期少支付抚养费。因此在取证时，原告方可在能力范围内聘请律师到被告方单位、税务等部门进行调查取证，要求查看工资表及个人收入完税证明等。

4. 大学生是否可以要求父母支付抚养费

【经典案例】

原告袁×(在读大学1年级,已满18岁)2012年10月向法院诉称:被告王某与原告父亲袁某某于2010年6月离婚后,被告原按每月500元人民币支付原告抚养费,现袁某已经退休,而原告的学费及其他费用与日俱增,故要求被告每月增加300元抚养费,即每月支付原告抚养费800元,至原告完成大学学业为止,另对于袁某某已经支付的学杂费、补课费、医疗费承担一半费用,计20 683.5元。被告王某辩称:不同意每月增加抚养费300元,也不同意支付抚养费至原告完成大学学业为止;不同意承担学杂费、补课费、医疗费20 683.5元。被告现在每月收入仅2 000元退休工资,还要在外租房居住,无力承担每月800元的抚养费。根据法律规定,抚养费只需要承担至子女18周岁为止,故不同意支付原告抚养费至其完成大学学业为止。对于袁某某已经支出的学杂费、补课费、医疗费等,袁某某并未与被告商量过,故不同意承担一半。

法院经审理查明:2010年6月23日,法院判决袁某某与被告王某离婚,袁×随袁某某共同生活,王某每月支付抚养费500元,至袁某18周岁时止。本市虹桥弄×弄×号房屋由袁某某携袁×居住,袁某某自王某搬出上述房屋起每月支付王某租房补贴500元,后袁某某与王某经过协商,袁某某每月支付王某租房补贴600元。袁某某与袁×所居住的本市虹桥弄×弄×号房屋为袁某某与案外人袁某a、袁某b、袁某c按份共有,袁某某占10%。袁某某每月收入为养老金2 607.40元,王某每月收入为养老金2 082.80元。袁某某为袁×支付培训费、学费22 680元,医疗费7 706.2元。

【法律分析】

父母应负担的子女教育费仅指高中及其以下学历教育的一般费用。“不能独立生活的子女”是指尚在校接受高中及其以下学历教育,或者丧失或未完全丧失劳动能力等非因主观原因而无法维持正常生活的成年子女。子女上大专及本科院校的费用很高,考虑到各种实际情况,法律将尚在校就读的学历限定在高中及其以下学历教育,以此作为父母的法定义务,而上大专及本科院校的费用不是必须由父母支付的,是否支付,完全取决于父母的意愿。尚在校就读的大专及以上学历的成年子女中部分人虽未独立生活,但他们并非客观不能独立生活,而是出于各种主观原因没有独立生活。有的是为了把身心都投入到学习上,在求学期间多学些知识;有的则是因为依赖性比较强。不管是出于何种原因,这类群体如果不是因丧失或部分丧失劳动能力等非主观原因导致不能正常生活,父母即使有支付能力,也有权不再支付,因为父母此时已经不再负有抚养的义务。

【处理意见】

本案被告王某作为原告袁 × 的母亲,有抚养原告的义务,但由于原告已年满 18 周岁,且接受的大学教育,所以王某可以不承担抚养义务。法院判决如下:驳回原告袁 × 的诉讼请求。

【法律条文】

最高人民法院《关于适用〈中华人民共和国婚姻法〉若干问题的解释(一)》

第二十条　婚姻法第二十一条规定的“不能独立生活的子女”,是指尚在校接受高中及其以下学历教育,或者丧失或未完全丧失劳动能力等非因主观原因而无法维持正常生活的成年子女。

第二十一条　婚姻法第二十一条所称“抚养费”,包括子女生活费、教育费、医疗费等费用。

【友情提示】

对于在校大学生,因有获取劳动收入的能力,一般认为不在规定属于“不能独立生活的子女”范围内。也就是说,对于上大学的成年子女,父母没有法定的抚养义务。这对于虽然成年但心理还不成熟的中国大学生来说是一个很残酷的现实,但必须接受这个现实。大学生要学会自立,不能靠父母给付抚养费;同时大学生对于父母自愿支付抚养费的,应该学会感恩。

5. 父母对有精神病的成年子女有无抚养义务

【经典案例】

雷某(女)19岁,父母在她10岁时就已经离婚,随爷爷奶奶一起生活。在她16岁的时候由于失恋得精神分裂症,一直没能痊愈。2012年3月再次病发,住院花费医疗费用28 000元,由爷爷奶奶垫付。其父认为对于该笔医疗费用雷某母亲也应该支付一半。于是要求其母支付医疗费,遭到拒绝。其母认为子女已经成年,她没有抚养义务了。

【法律分析】

夫妻双方离婚后,对子女抚养费的给付期限一般到子女年满十八周岁为止。我国对子女抚养费的具体规定如下:(1)父母抚养子女一般到十八周岁为止,年满18周岁的人属于完全民事行为能力人。(2)十六周岁以上不满十八周岁,以其劳动收入为主要生活来源,并能维持当地一般生活水平的,父母可停止给付抚育费。(3)父母应当负担虽年满十八周岁,但是尚未独立生活的成年子女的抚育费。(4)丧失劳动能力或虽未完全丧失劳动能力,但其收入不足以维持生活的成年子女,主要指患有严重疾病、残疾、丧失部分劳动能力,不能参加正常就业的人,父母也应该给付抚养费。(5)尚在校就读的子女(在校指高中及其以下学历教育)需要给付抚养费。(6)确无独立生活能力和条件的子女。主要指患有精神疾病,为无民事行为能力人或限制民事行为能力人,或生活在城镇的子女无就业机会尚处于待业状态的。(7)父母自身丧失抚养能力的,可以不用给付抚养费。

【处理意见】

本案中雷某患有精神病,属于无民事行为能力人,无独立生活能力,父母必须一直给付抚养费。本案中雷某的医疗费属于抚养费的范畴,应当由其父母共同承担。

【法律条文】

《婚姻法》第二十一条,《婚姻法司法解释(一)》第二十条、二十一条。

【友情提示】

父母对孩子的抚养义务由法律强制规定,对于那些丧失或未完全丧失劳动能力等非因主观原因而无法维持正常生活的成年子女,父母仍然需要给付抚养费。但是此类案件必须先按照民事诉讼中的特别程序申请成年子女为无民事行为能力人,确定监护人。

6. 孩子的抚养费怎样给付

【经典案例】

贾某和孙某协议离婚,双方在离婚协议书中约定,双方之子小勇(8岁)由贾某自行抚养,夫妻共同财产全部归贾某所有。3年后,小勇起诉要求孙某给付抚养费。孙某认为,离婚时自己之所以把全部财产都给了贾某,就是因为贾某承诺自行抚养孩子。这些财产足够支付孩子10年的抚养费了。现在又要求其给付抚养费没有道理,故其不同意原告的诉讼请求。但是法院最终判决孙某每月给付小勇抚养费600元。

【法律分析】

在抚养费的数目确定后,涉及一个如何履行的问题。在司法实践中,往往采用以下三种方式:(1)一次性给付。例如当事人有充分的经济能力,有条件一次性给付孩子抚养费的;除此之外对于涉外、涉华侨、涉港澳台同胞的离婚案件,子女抚育费一般都做一次性给付的处理,以免日后发生执行困难。(2)定期给付。定期给付一般以月或季或年给付。根据父母的职业情况,抚养费原则上应定期给付。有固定收入或虽无固定收入,但每月都有相当收入的父母一方,应按月给付孩子的抚养费;从事农业生产或收入较高的父母,也可以按季或年给付。(3)以物折抵。特殊情况下,当事人无法以现金支付抚养费,可以以物折抵。主要适用于没有经济收入的一方或下落不明的一方,按照确定的抚养费数额,用属于无经济收入一方或下落不明一方的财物,以相当的数额,折抵抚养费,交付抚养子女的一方。

【处理意见】

本案中孙某离婚时把全部财产都给了贾某,目的就是让贾某自行抚养孩子,这些财产远远超过了孙某应该支付的抚养费数额,法院为什么还要判孙某支付抚养费呢?因为夫妻共同财产的分割与履行抚养义务是两个法律关系。虽然孙某出于贾某抚养子女的考虑,将共同财产全部分给了贾某,但这只是对夫妻共同财产的处理,并没有处理抚养费的问题。离婚后,这些财产的权利人是贾某,而不是孩子,所以孩子仍然有权要求孙某给付抚养费。

【法律条文】

《婚姻法》第三十七条　离婚后,一方抚养子女,另一方应负担必要的生活费和教育费的一部或全部,负担费用的多少和期限的长短,由双方协议;协议不成时,由人民法院判决。关于子女生活费和教育费的协议或判决,不妨碍子女在必要时向父母任何一方提出超过协议或判决原定数额的合理要求。

最高人民法院《关于人民法院审理离婚案件处理子女抚养问题的若干具体意见》八至十条:

第八条　抚育费应定期给付,有条件的可一次性给付。

第九条　对一方无经济收入或者下落不明的,可用其财物折抵子女抚育费。

第十条　父母双方可以协议子女随一方生活并由抚养方负担子女全部抚育费。但经查实,抚养方的抚养能力明显不能保障子女所需费用,影响子女健康成长的,不予准许。

【友情提示】

本案中孙某应该这样做才行:离婚时双方可以协商以财产折抵抚养费,即双方分割共同财产时,不直接抚养子女的一方将自己分得的财产作为抚养费一次性给付孩子。虽然这些作为抚养费的财产仍要由孩子的监护人管理,表面看来与前一种处理夫妻共同财产的方式相同,但实质却大相径庭。因为抚养费问题已经在离婚协议中与财产问题一并解决了,不直接抚养子女的一方通常不再需要另行支付抚养费。

7. 抚养费是否在离婚后因情况变化请求变更

【经典案例】

2004年7月,济南市市中区某企业职工黄某与妻子鲁某协议离婚,女儿小洁由鲁某抚养,黄某每月支付女儿抚养费500元,直至女儿满18周岁止。该协议签订后,黄某按协议履行了给付女儿抚养费的义务。但随着女儿年龄的增长,生活和上学的实际费用不断增加,当初约定的抚养费根本不够支付孩子现在的各种费用,鲁某也下岗在家没有稳定的收入,因此,2012年鲁某多次找黄某商量增加抚养费的事,黄某都以两人已经达成了协议就应按协议履行为由,不同意增加抚养费。鲁某在万般无奈之下,以女儿的名义向法院起诉,要求黄某每月支付抚养费1 000元。法院后来判决被告每月支付抚养费800元。

【法律分析】

抚养费可以在以后请求变更,即请求增加、减少或者免除抚养费三种情况。抚养费增加是子女在必要时提出的,除了因物价调整,原定数额难以维持子女生活所需;或子女升学、实际所需抚养费用超过原定数额以外;还可能因为子女身患疾病,抚养一方无力支付全部医疗费用;或有给付义务的一方经济收入显著增加,子女与其生活水平相差悬殊等。减少给付情况,主要指给付一方,由于长期疾病或者丧失劳动能力,经济相当困难,无力按原数额给付,而抚养子女一方又能负担子女的大部分抚养费,可请求减少给付。然而,对于原定标准虽然不合理,但原定协议后,没有发生新的情况变化,全部承担或者承担主要子女抚养费的一方,仍有能力全部承担或承担主要子女抚养费的,其要求变更抚养费的请求不能支持。对于在诉讼过程中协议离婚时,一方为了达到离婚目的,而答应承担全部或主要抚养费,但其实际上并无这种能力的,人民法院应当予以干预,以维护子女的合法权益。

【处理意见】

本案的原告要求增加抚养费,由于在原告的法定诉讼代理人和被告离婚的时候已经约定了抚养费的给付，所以原告要求增加抚养费必须符合法律上的条件。根据《婚姻法》的相关规定，关于子女生活费和教育费的协议或判决，不妨碍子女在必要时向父母任何一方提出超过协议或判决原定数额的合理要求。

【法律条文】

《婚姻法》第三十七条

最高人民法院《关于人民法院审理离婚案件处理子女抚养费问题的若干具体意见》第十八条：

第十八条　子女要求增加抚育费有下列情形之一，父或母有给付能力的，应予支持。(1)原定抚育费数额不足以维持当地实际生活水平的；(2)因子女患病、上学，实际需要已超过原定数额的；(3)有其他正当理由应当增加的。

【友情提示】

男女双方离婚时对子女抚养费的给付情况进行了确定，以后要求进行增加或者减少都必须要有法律上规定的情形才可，必须收集相关证据予以证明。

8. 夫妻离婚后子女的姓名可以变更吗，给付抚养费的一方是否可以以子女姓氏变更为由拒绝给付抚养费

【经典案例】

赵某(男)与王某(女)1998年6月经人介绍相识并确立恋爱关系，1999年春节登记结婚。2005年3月生育一女，随父姓赵。由于双方性格、生活态度、为人处世等存在不同，感情破裂，双方遂于2011年8月协议离婚，女儿由女方王某抚养。离婚后，王某未经赵某同意，将女儿姓名变更为王某某，赵某不同意，拒付子女的抚养费。并且向法院起诉要求恢复女儿姓氏。

【法律分析】

子女在出生时，属于无民事行为能力人，父母确定子女的姓氏是父母行使亲权的体现。父母在子女出生后，可以协商以谁的姓氏作为子女的姓氏。双方

协商不成时，由人民法院调解或判决确定。根据这个规定，应注意以下几个方面：第一，在父母离婚后，直接抚养子女的一方不与对方协商，更改子女的姓氏，从而引起纠纷。离婚时，子女不能表达自己意愿的，父母双方可以协商更改子女的姓氏，经协商未达成协议或未经协商，任何一方不得擅自变更子女的姓氏。否则，如果生父或生母提出异议，另一方应恢复子女原来的姓氏。第二，子女在成年后，可以由随父姓改为随母姓，或由随母姓改为随父姓，但应按照有关户籍管理的规定办理。

离婚后，非直接抚养子女一方给付子女抚养费是其法定义务，不得因子女变更姓氏而拒付子女抚养费。抚养费的给付与子女姓名的确定或变更是两个不同的法律问题，前者为父母的法定义务，后者是父母亲权的内容，子女姓名的确定或变更并非抚养费给付的前提条件。因此，非直接抚养子女一方不得因子女变更姓氏而拒付子女抚育费。

【处理意见】

未成年子女的姓名系由父母双方共同协商确定的，父母离婚后，直接抚养子女的一方未经对方同意而擅自把子女姓氏改换随己的姓氏或随继父（母）的姓氏，构成侵害非直接抚养子女一方父母权利的侵权行为，应责令恢复原状，即恢复子女原姓氏。非直接抚养子女一方不得因子女变更姓氏而拒付子女抚育费。

【法律条文】

《婚姻法》第二十二条　子女可以随父姓，可以随母姓。

最高人民法院《关于人民法院审理离婚案件处理子女抚养费问题的若干具体意见》第十九条：

第十九条　父母不得因子女变更姓氏而拒付子女抚育费。父或母一方擅自将子女姓氏改为继母或继父姓氏而引起纠纷的，应责令恢复原姓氏。

【友情提示】

子女的姓氏由双方协商确定，一方不得擅自更改，另一方也不得以更改子女姓氏为由拒付抚养费。

9. 生父对非婚生子女有无抚养义务

【经典案例】

张某与陆某结婚后一直没有子女。2008年初张某在同学聚会时巧遇自己的初恋情人宋某,旧情复燃之下,双方发生了性行为。事后张某自觉对不起自己的丈夫,便告诉宋某,不希望因为自己的原因导致关系破裂,也不希望对宋某的家庭关系有不良影响,双方仍然还是普通朋友,此后双方的关系渐渐疏远。不久,张某发现自己怀孕,经推算日期,这个孩子应该是宋某的,但张某没有告诉宋某。陆某一家人得知张某怀孕,都欣喜异常,对张某也是关怀备至。2008年10月,张某生下一子,此后生活渐趋平静。2009年以后,由于对父母的赡养问题和其他生活琐事,二人经常发生争执,一次激烈争吵时,陆某动手打了张某,张某一时气愤,说出了孩子不是陆某亲骨肉的事实,在陆某的追问之下,张某说出了事情的真相。陆某决定与张某离婚,双方很快达成了协议,协议中约定孩子由张某抚养,陆某不承担抚养费,2009年1月,双方正式离婚。张某单独抚养孩子,负担很重,于是找到宋某,要求宋某支付孩子的抚养费,起初宋某不承认孩子是他的,后虽然承认与孩子的血缘关系,但拒绝支付抚养费。2009年3月,张某作为孩子的法定诉讼代理人,向人民法院提起诉讼,要求宋某承担抚养义务,支付抚养费。

【法律分析】

非婚生子女是指没有合法婚姻关系的男女所生的子女。非婚生子女有以下情形:(1)男女恋爱并同居,在结婚登记前生育的子女;(2)夫妻一方与婚外异性所生子女;(3)单身或者已婚女性被他人强奸所生子女。非婚生子女享有与婚生子女同等的权利,任何人不得加以危害和歧视。不直接抚养非婚生子女的生父或生母,应当负担子女的生活费和教育费,直至子女能独立生活为止。

【处理意见】

法院经审理查明因张某与宋某承认与孩子的血缘关系,该子女是双方的非婚生子女,判决宋某每月支付人民币600元,作为该非婚生子女的抚养费,直至该子女成年为止。

【法律条文】

《婚姻法》第二十五条 非婚生子女享有与婚生子女同等的权利,任何人不得加以危害和歧视。不直接抚养非婚生子女的生父或生母,应当负担子女的生活费和教育费,直至子女能独立生活为止。

【友情提示】

首先要确定非婚生子女与生父母的父母子女关系是否成立,一旦成立,非婚生子女具有和婚生子女相同的权利,其父母必须给付抚养费。这类案件一般需要做亲子鉴定方可确定父母子女关系。

10. 非婚生子女抚养协议怎么写

【经典案例】

周刚是从事建材生意的老板,2008 年 5 月他在歌厅认识了在那里工作的张娟,两人开始了长达五年的同居生活。周刚比张娟大十六岁,不但有妻子还有两个儿子,张娟对于周刚的家事从来不问,这让周刚非常满意。但是过了两年张娟总是想为周刚生个孩子,前两次怀孕张娟都按周刚的要求堕了胎,到第三次说什么也不肯。无奈周刚拿出十万元钱让她把孩子打掉,平息此事。这时的周刚也不像当初那样经常出入张娟处,张娟收钱后有很长一段时间没有联系周刚,周刚感觉松了口气,加上生意上忙也就没有去看张娟。2010 年 6 月的一天,张娟抱着刚出生的男孩来到他的面前。周刚与张娟经过多次协商,双方在 2010 年 8 月 20 日签署协议书一份。协议约定"由周刚给付张娟十万元人民币,收款后双方互不干涉各自生活,小孩由张娟负责,与周刚无关。此款张娟已收。"这次周刚怕再生枝节,还特意请来了双方都熟悉的两个人见证协议签署和钱款给付的全过程。拿着张娟与证人都签字的协议,周刚以为这下没事了,然而他太低估张娟了。没过几个月张娟就开始三天两头地打电话找他,周刚对其不予理睬。张娟当然不肯罢休了，竟然找人扮成法警威胁周刚，周刚一气之下换了电话。这一招倒是让周刚暂时从张娟无休止的电话骚扰中解脱出来。2012年12月，就在周刚几乎要忘记这件事时，昔日的张娟早已更名为张月，居然打听到了周刚的家庭住址，并且以孩子张正亮的名义一纸诉状将周刚告上法庭，要求周刚每月支付抚养费3000元至孩子18周岁止。周刚担心家人知道此事就想再给张月点钱了结此事，谁知张月开口20万，于是周刚决定通过诉讼解决此事。法庭应原告的要求委托法庭科学技术鉴定研究所对原被告及张月做了法医鉴定，根据法医学亲子关系检验报告显示原被告之间具有亲子关系。

【法律分析】

随着市场经济的飞速发展，人们的思想观念也随之发生很大的变化。未婚同居或者有配偶与他人同居者大有人在，由此而引发的离婚、财产纷争、子女的抚养权纷争等案件为数不少。在解除同居关系或者离婚时双方可以签订子女抚养协议。下面是一个子女抚养协议的范本。

子女抚养协议书

甲方：

乙方：

甲、乙双方生育子(女)壹人，现就子(女)______的抚养事宜达成如下协议：

一、________，归甲(乙)方抚养。

二、1. 从______年______月______日起由乙(甲)方每月付给或者一次性给付甲(乙)方________元抚养费[直至子(女)十八周岁]。抚养费可根据对方经济状况作适当调整，协商解决，协商不成，可通过法律途径解决。

2.______十岁后随父随母由其自己选择。

三、________的医药费，在________元以内由抚养方先垫付，凭票甲、乙双方各承担一半，超过______元，由抚养方通知未抚养方，双方共同承担。

四、甲(乙)方可在(时间)探望子女，乙(甲)方应积极配合。

五、协议一经签字立即生效，双方共同遵守，否则一切责任概由违约方负责。

此协议一式两份，甲、乙双方各壹份。

甲方：______年____月____日　　乙方：______年____月____日

【处理意见】

本案中原告之母张月与被告周刚在2010年8月已经协议达成一致意见，确定双方所生之子张××由张月抚养，周刚已经给付张月十万元，此后原告随张月生活很好。原告要求被告给付抚养费的请求，理由不足，不予支持，法院最后驳回原告的诉讼请求。

【法律条文】

《婚姻法》第二十五条　非婚生子女享有与婚生子女同等的权利，任何人不得加以危害和歧视。不直接抚养非婚生子女的生父或生母，应当负担子女的生活费和教育费，直至子女能独立生活为止。

《关于人民法院审理离婚案件处理子女抚养问题的若干具体意见》第8条　抚育费应定期给付，有条件的可一次性给付。

【友情提示】

针对非婚生子女的抚养问题双方可以签订一个抚养协议，以便发生纠纷时作为依据。

11. 继父母子女间的法律关系是怎样的

【经典案例】

金志成与谢某于2002年6月8日登记结婚。谢某是再婚，其与前夫生育儿子金亮（2岁）随谢某生活。婚后双方没有生育子女。婚后初期夫妻感情尚好，后双方因家庭琐事产生矛盾，致夫妻关系恶化。2012年9月金某向法院起诉，要求谢某对他十年来婚姻生活中的所有身心和钱财上的付出做出赔偿，数额为五万元，包括对继子金亮抚养费的支出。2012年12月广州市东山区人民法院判决准予双方离婚，谢某所生儿子金亮由谢某自行携带抚养。

【法律分析】

继父母与继子女的关系是由于生父、母一方死亡或者父、母离婚后另一方带子女后形成的。我国将继父母与继子女的关系分成两类:(1)受继父母抚养教育的继子女与继父母之间的关系是法律拟制直系血亲关系;(2)未受继父母抚养教育的继子女与继父母之间的关系是直系姻亲关系。我国婚姻法规定,继父母与继子女之间不得虐待或歧视,受继父母抚养教育的继子女与继父母之间的权利义务关系与父母子女权利义务相同。

对于相互之间没有形成抚养教育关系的继父母与继子女,由于本身无法律上的权利义务,因此当生父与继母、生母与继父解除婚姻关系时,继子女与继父母之间的姻亲关系自然也解除。但如继子女已与继父母形成抚养教育关系,则要根据具体情况处理。如继子女尚未成年,而继父母不同意继续抚养,仍应由生父母抚养,继父母与继子女已形成的权利义务关系就此解除。如离婚时,受继父母抚养教育的继子女已成年并能独立生活,则对年老体弱、生活困难的继父母仍应承担责任。他们之间的权利义务,并不因为生父与继母或生母与继父离婚而解除。

【处理意见】

在本案中,谢某所生的儿了金亮,并非是她与金某所生,而金亮在与其亲生母亲和继父的共同生活中,其亲生父母应尽的抚养义务实际上已经由他的继父金某部分履行了。但是继父母和继子女的亲生父母离婚以后,继父母能否向继子女的亲生父母索取抚养费没有法律规定,由于法律没有规定,对金某请求谢某返还其为继子金亮支出的抚养费的主张,法院应当不予支持。

【法律条文】

《婚姻法》第二十七条　继父母与继子女间,不得虐待或歧视。继父或继母和受其抚养教育的继子女间的权利和义务,适用本法对父母子女关系的有关规定。

最高人民法院《关于人民法院审理离婚案件处理子女抚养问题的若干具体意见》第十三条规定,生父与继母或生母与继父离婚时,对曾受其抚养教育的继子女,继父或继母不同意继续抚养的,仍应由生父母抚养。

【友情提示】

继父母子女之间的关系主要是看有没有形成抚养：如果形成抚养关系，那么继父母子女之间的关系按照父母子女之间的关系对待；如果没有形成抚养关系，那么继父母子女之间的关系按照一般家庭成员关系对待，双方没有法律上的权利义务。

12. 祖孙之间有没有抚养义务

【经典案例】

刘畅和董群在2004年11月登记结婚，2005年生育一子取名小雨。董群父母双亡，刘畅父母均在。刘畅和董群将孩子交付给父母后出门打工，每个月给付孩子生活费。2012年刘畅和董群意外遭遇洪水袭击死亡。小雨除爷爷奶奶外，有姑姑和姨妈，姑姑和姨妈都不愿抚养小雨，爷爷奶奶以年老多病为由也不愿意抚养小雨。小雨的爷爷奶奶年纪虽然大了，但是每个月有房屋租金收入1 500元。那么小雨的爷爷奶奶有没有抚养小雨的义务呢？

【法律分析】

祖孙之间，包括家祖孙和外祖孙在内，是直系血亲。在一般情况下，祖孙之间并不发生权利义务关系。但是，在特定条件下，他们之间会产生抚养方面的权利义务关系。祖父母、外祖父母抚养孙子女、外孙子女的条件有三：第一，被抚养人（孙子女、外孙子女）尚未成年。第二，被抚养人（孙子女、外孙子女）的父母已经死亡或无力抚养。“父母已经死亡”或“父母无力抚养”是指父母均已死亡，或均无抚养能力，或一方死亡而另一方也无抚养能力。第三，抚养人（祖父母、外祖父母）有负担能力。这里的负担能力包括经济条件和监护能力，对于祖父母、外祖父母自身年迈且无经济基础的当然也就不适用此条规定了。以上三个条件必须同时具备，才产生祖父母、外祖父母对孙子女、外孙子女的抚养义务。

【处理意见】

由于小雨属于未成年人，父母已经双亡，只能由祖父母抚养。小雨的爷爷奶奶每个月有房屋租金收入，虽然不多，也属于有负担能力的祖父母。

【法律条文】

《婚姻法》第二十八条　有负担能力的祖父母、外祖父母，对于父母已经死亡或父母无力抚养的未成年的孙子女、外孙子女，有抚养的义务。有负担能力的孙子女、外孙子女，对于子女已经死亡或子女无力赡养的祖父母、外祖父母，有赡养的义务。

【友情提示】

祖父母对孙子女的抚养是有条件的。具备法律规定的条件时，祖父母、外祖父母对孙子女、外孙子女有抚养的义务。

13. 人工授精的孩子是当事人的婚生子女吗

【经典案例】

原告李某2011年5月向法院诉称：双方婚后感情不和，经常争吵。被告对我及家人从不关心，致使夫妻感情彻底破裂。现请求与被告离婚；孩子归我抚养，被告要负担抚养费用；在各自住处存放的财产归各自所有。被告吴某辩称：夫妻感情虽已破裂，但是还应以和为好，若原告坚持离婚，我也同意。孩子是原告未经我的同意，接受人工授精所生，与我没有血缘关系。如果孩子由我抚养教育，我可以负担抚养费用；如果由原告抚养，我不负担抚养费用。同意原告对财产的分割意见。受理此案的人民法院经不公开审理查明：原告李某与被告吴某于1998年7月结婚，婚后多年不孕，经医院检查，是吴某无生育能力。2004年下半年，夫妻二人通过熟人关系到医院为李某实施人工授精手术2次，均未成功。2005年初，二人到医院，又为李某实施人工授精手术3次。不久李某怀孕，于2006年1月生育一子。之后，夫妻双方常为生活琐事发生争吵，又长期分居，致使感情破裂。

【法律分析】

人民法院认为，原告李某与被告吴某的夫妻感情确已破裂，经法院调解，双方同意离婚，依照《中华人民共和国婚姻法》第25条的规定，应当准予离婚。婚姻关系存续期间所生一子，是夫妻双方在未办理书面同意手续的情况下，采用人工授精方法所生。实施人工授精时，吴某均在现场，并未提出反对或者不同的意见，孩子出生后的10年中，吴某一直视同亲生子女养育，即使在夫妻发生矛盾后，分居不来往时，吴某仍寄去抚养费。最高人民法院于1991年7月8日在《关于夫妻关系存续期间以人工授精所生子女的法律地位的复函》中明确指出："在夫妻关系存续期间，双方一致同意进行人工授精所生子女应视为夫妻双方的婚生子女，父母子女之间权利义务关系适用《婚姻法》的有关规定"。根据婚姻法的立法精神和最高人民法院的复函规定，李某和吴某婚姻关系存续期间所生的孩子，应当视为夫妻双方的婚生子女。吴某现在否认当初同意李某做人工授精手术，并借此拒绝负担对孩子的抚养义务，其理由不能成立。

【处理意见】

法院作出以下判决：(1)准予原告李某、被告吴某离婚。(2)孩子由原告李某抚养教育，被告吴某自2011年7月份起每月支付孩子的抚养费600元，至其独立生活时止。

【法律条文】

《婚姻法》第二十五条

最高人民法院于1991年7月8日在《关于夫妻关系存续期间以人工授精所生子女的法律地位的复函》中明确指出："在夫妻关系存续期间，双方一致同意进行人工授精所生子女应视为夫妻双方的婚生子女，父母子女之间权利义务关系适用《婚姻法》的有关规定"。

【友情提示】

无论是婚生子女还是非婚生子女，父母都必须履行抚养义务。同时无论子女随哪一方生活，另外一方对子女都有给付抚养费的义务。

14. 对拒不按照法院判决支付抚养费应该怎么办，后果是什么

【经典案例】

2010年6月3日，蒋志清与吉玉凤经扬州市中级人民法院调解离婚，双方协议约定原夫妻共同财产住房1套归蒋志清所有，蒋志清补偿吉玉凤子女抚养费80 000元。当日蒋志清支付了20 000元，余款定于2010年9月30日、12月30日前支付。协议到期后，蒋玉清未能支付剩余的60 000元。2011年1月16日，吉玉凤向扬州市邗江区人民法院申请执行。法院立案执行后，蒋志清仅支付10 000多元，余款一直未能支付，后蒋志清一直长期外出躲避法院执行。法院在执行中查明，蒋志清已于2010年8月4日将其住房以406 000元的价格出售，出售所得款中的270 000元以其妹夫孟某的名义存入当地农业银行。2005年11月、12月，蒋志清从银行先后取出了260 000元。查到这些情况后，邗江法院于2011年4月3日作出冻结蒋志清卖房款65 750元的民事裁定书，并向蒋志清公告予以送达。2011年12月，在蒋志清回家过生日时，执行人员找到了蒋志清。蒋志清称售房款已全部用于赌博、嫖娼，现在他已没有能力给付补偿款。因蒋志清在法院执行期间，将卖房款任意挥霍，致法院民事裁定无法执行，其行为已涉嫌拒不执行裁定罪，邗江法院将该案移送邗江公安局侦查。2012年4月19日，邗江检察院以拒不执行裁定罪对蒋志清提起公诉。2012年5月22日，邗江法院对此案进行了审理。

【法律分析】

拒付抚养费承担法律责任的前提条件，是当事人有能力给付却拒绝支付。根据民事诉讼法及刑法等法律规定，当事人拒不履行人民法院已经发生法律效力的判决、裁定的，可以向法院申请强制执行。被执行人承担法律责任的情形主要包括：(1)人民法院可以根据情节轻重予以罚款、拘留；(2)拒付行为造成严重后果的，可依法追究刑事责任，牵涉罪名包括拒不履行生效判决裁定罪、

遗弃家庭成员罪。

【处理意见】

本案中蒋志清在法庭上自愿认罪,并由其亲属代为交纳了部分执行款,法院考虑到蒋志清自愿认罪,且有一定的悔罪表现,法院对其拒不执行裁定的行为判处有期徒刑一年,缓刑一年。

【法律条文】

《刑法》第三百一十三条　对人民法院的判决、裁定有能力执行而拒不执行,情节严重的,处三年以下有期徒刑、拘役或者罚金。

【友情提示】

国家权力一旦应当事人的请求介入婚姻家庭关系,就具有国家强制力。当事人就有义务履行法院判决确定的义务。拒不履行的,人民法院依法强制执行,有关个人和单位应负协助执行的责任。如银行在接到法院的强制执行通知后,就应依照法院的强制执行要求,划拨相关的款项,否则就会受到拒不执行法院判决的处罚,严重的则构成犯罪。所以法院作出的判决或裁定,当事人应当自觉履行,法律的严肃性应当得到维护。当事人不能认为有关婚姻家庭的判决是个人家庭的事而拒不履行法院的判决或裁定,否则将要承担法律责任。

二、家庭成员之间的扶养纠纷

1. 分居后生活困难，妻子要求丈夫扶养是否可以

【经典案例】

原告(女方):田女士;被告(男方):赵某。原告田女士2011年向法院诉称，因双方夫妻感情确已恶化，不能共同生活，现已分居数月。由于夫妻共同财产均由赵某控制，原告田女士又无其他经济收入，现生活十分困难。因双方尚存在夫妻关系，赵某依法对原告有扶助的义务。故要求其每月给付原告生活费1 000元。被告赵某辩称，现被告年事已高，并患有各种疾病，也无子女。田女士走后，被告为了生活，现为某单位打扫清洁，每月工资只有1 000元。家中虽有存于被告名下存款26万元，但其中10万元是被告哥哥让其为他建房的钱，还未来得及建，被告的哥哥就去世了，故此款与被告的存款存在一起;现田女士未与被告共同生活，被告既无能力，也无义务给付其生活费，不同意田女士的诉讼请求。北京市顺义区人民法院经审理查明，双方于1981年结婚，田女士系再婚。双方婚后未生育子女。2004年7月，双方分居生活至今。另查，田女士与其前夫生育两子三女。赵某陈述，家中现有存于其名下存款26万元，其中10万元为其兄建房款，对此，田女士提出质疑，但赵某未能提供证据予以证实。

【法律分析】

扶养是平辈亲属间的供养和扶助，主要是指夫妻双方、兄弟姐妹等同辈之间在物质和生活上的相互帮助。扶养义务有两个前提条件:第一，一方确实需要扶养。所谓一方确实需要扶养，是指一方无独立生活能力，具体包括:丧失劳动能力、无固定收入，缺乏生活来源、年老、患病，等等。导致其生活水平将急

剧下降、不能维持当地群众一般生活生平。第二，另一方确实有能力扶养。给付扶养费的一方，应该是从婚姻中获得利益的一方，并且具有相应经济能力和经济条件承担给付者，可以通过物质上的资助等方式使另一方能够生活（当然，如果能够同时考虑物质和精神两方面的抚慰和照顾则更应为全社会所提倡和发扬），摆脱困难境地。只有上述两个条件同时具备，夫妻之间才互负扶养义务。这就是说，无论哪一方丧失劳动能力或生活困难，有扶养能力的一方不能置之不理。必要时，可以追究拒不履行扶养义务一方的法律责任。所以夫妻相互扶养的义务是法定义务，具有法律强制性。当夫妻因一方没有固定收入和缺乏生活来源，或者无独立生活能力或生活困难，或患病、年老等原因需要扶养，另一方不履行扶养义务时，需要扶养的一方有权要求对方承担扶养责任。如果夫妻双方因扶养问题发生纠纷，可以经有关部门进行调解，或者直接向人民法院提起诉讼。人民法院在审理扶养纠纷案件时，可首先进行调解，如调解无效，人民法院应当及时依法判决，强制义务人履行扶养义务。义务人拒不履行扶养义务，情节恶劣构成犯罪的，应按刑法有关规定追究其刑事责任。

【处理意见】

夫妻有互相扶养的义务。双方虽已年迈，但在双方分居生活后，赵某作为掌握夫妻共同财产的一方，依法对田女士负有扶养的义务。本案赵某给付扶养费数额，法院根据田女士基本生活需要及双方各自年龄、有无子女赡养等实际情况酌定。最后法院判决，赵某每月给付田女士生活费300元，于每年1月10日前给付。

【法律条文】

《婚姻法》第二十条　夫妻有互相扶养的义务。一方不履行扶养义务时，需要扶养的一方，有要求对方付给扶养费的权利。

《中华人民共和国老年人权益保障法》第二十三条　老年人与配偶有相互扶养的义务。由兄、姐扶养的弟、妹成年后，有负担能力的，对年老无赡养人的兄、姐有扶养的义务。

《中华人民共和国老年人权益保障法》第二十四条　赡养人、扶养人不履行赡养、扶养义务的，基层群众性自治组织、老年人组织或者赡养人、扶养人所在单位应当督促其履行。

【友情提示】

夫妻之间的扶养义务,是基于同辈之间的一种法定义务,对于那些需要配偶一方履行扶养义务的情形,必须予以承担。在司法审判实践中,从保护生活困难一方的生存利益出发,人民法院把握的原则一般是只要能够确认生活困难一方对夫妻共同财产去向的解释存在合理性,就会支持其诉讼请求。

2. 夫妻之间给付扶养费标准是多少

【经典案例】

今年78岁的王在庆和75岁的崔敏娟都是河南郸城县人,1970年,两人经人介绍在老家结婚,但没有办理结婚证。婚后第二年,王在庆来洛阳工作,崔敏娟跟随丈夫也来到了洛阳。后来他们生育有3个孩子。孩子一天天大了,家里的经济负担也没有那么重了,可是夫妻俩的感情却日见淡漠。上了年纪的崔敏娟身体每况愈下,又常因生活琐事跟丈夫闹矛盾,她觉得王在庆越来越疏远她、嫌弃她。两人的争吵越来越频繁,后来干脆互不搭理,形同路人。到2011年,崔敏娟终于病倒住院了。作为丈夫的王在庆不但没有到医院照顾她,而且还不愿意为崔敏娟支付住院治疗的费用。2011年12月20日,崔敏娟把丈夫诉至该区人民法院,要求丈夫向她赔礼道歉,并每月向其支付500元生活费。崔敏娟认为,丈夫是因为自己是一个农村妇女、年龄大了、逐渐丧失劳动能力才嫌弃她的。现在她没有任何经济来源,虽然由子女赡养,但是丈夫不能因为有了子女的照顾就不尽扶养义务。丈夫的行为不仅给她造成了精神伤害,还降低了她的生活水平。王在庆答辩说自己也身患疾病,平时不断吃药看病,也需大笔医药费用,他既没有能力也没有义务每月给崔敏娟生活费。

【法律分析】

《婚姻法》对夫妻之间的扶养义务仅做了原则性的规定。在确定扶养费的数额时,应当以公平合理为原则,并且要结合个案的具体情况,综合考虑以下因素:(1)双方的经济能力。给付扶养费一方的负担能力和受扶养人的经济需要。(2)配偶双方在家庭内部的分工及对婚姻贡献的大小。(3)双方婚姻存续时间的长短。结婚时间越长,给付扶养费的理由就越充分。(4)双方当事人的健康状况。比如一方是否患病。(5)发生纠纷前的生活水平及目前双方生活水平的差异。一般按照受诉法院所在地上一年度城镇居民人均消费性支出和农村居民人均年生活消费支出标准给付扶养费。(6)双方当事人各自的经济负担。监护未成年子女与未成年子女共同生活的一方,更有理由要求对方给付一定的扶养费。(7)双方当事人的品行,双方对目前发生纠纷的原因是否存在法定过错。(8)婚姻双方当事人各自的谋生能力(也称“挣钱能力”)。(9)双方是否存在婚前或婚内财产约定。(10)在扶养费给付的处理方式上,可以由当事人双方协议给付,也可以由法院调解或判决给付。履行义务的方式,既可以是金钱给付(金钱给付可以是按期给付,也可以是一次性给付),也可以是提供住所,还可以是其他合理方式,如提供适当工作岗位,对因疾病等生活无法自理者给予生活上的照顾等。

【处理意见】

本案经过法院调解,王在庆和崔敏娟达成扶养协议:王在庆同意每月支付给崔敏娟扶养费300元、面粉25公斤,并于每月20日前履行完毕。

【法律条文】

《婚姻法》第二十条 夫妻有互相扶养的义务。一方不履行扶养义务时,需要扶养的一方,有要求对方付给扶养费的权利。

【友情提示】

在此类案件中负有扶养义务的一方经常因某种利益拒绝给付扶养费。在司法审判实践中从保护生活困难一方的生活利益出发,人民法院把握的原则一般是只要能够确认生活困难的一方对夫妻共同财产的去向的解释存在合理性,就会支持其诉讼请求。

3. 采用分别财产制的夫妻之间有无扶养义务

【经典案例】

安徽省全椒县某镇农民计老汉与退休小学女教师魏女士系再婚夫妻，婚后夫妻感情较好。近年来因计老汉已70多岁高龄，年老体弱，无劳动能力且无稳定收入，妻子魏女士遂离开计老汉到自己儿子家和儿子一起生活，拒绝对计老汉履行扶养义务。计老汉万般无奈，诉至全椒县人民法院，要求魏女士对其尽夫妻扶养义务。计老汉认为，妻子魏女士身体较好，且每月有固定的退休工资2 000多元，完全有能力扶养自己，请求法院判令魏女士每月给付扶养费500元。魏女士则辩称，自己和计老汉不是原配夫妻，属于再婚，结婚时曾口头约定自己婚后的工资归自己支配。目前双方已经分居，计老汉自己有一对儿女且都已成家立业，应该由计老汉的子女赡养计老汉，自己没有扶养义务。

【法律分析】

夫妻约定婚后财产归各自所有，仍不能免除法定扶养义务。夫妻互相扶养是在婚姻存续期间的法定义务。扶养的方式包括两种，一种是共同生活扶养，即被扶养人与扶养义务人同住一起；另一种是定期支付扶养金，或以实物进行扶养，包括定期的体力上的扶助、精神上的慰藉。夫妻之间的互相扶养既是权利又是义务，这种权利义务是平等的。也就是说，丈夫有扶养妻子的义务，妻子也有扶养丈夫的义务。有扶养能力的一方，对于有残疾、患有重病、经济困难的配偶，必须主动承担扶助供养责任。

【处理意见】

本案中，魏女士每个月2 000多元的退休金属于夫妻关系存续期间的合法收入，应当属于夫妻共同财产，双方均有一定的支配权，口头约定财产归属并不能改变夫妻互负扶养义务的法律事实。计老汉年事已高，体弱多病丧失劳动能力，一双子女虽已成家立业，但是均在农村务农，经济条件也不好。因此计老汉应当被视为没有固定生活来源，要求魏女士给付扶养费符合法律规定。根据全椒县当地农村生活水平,以及计老汉的两个子女均已成家立业有一定赡养能力的实际情况,全椒县法院最终判决被告魏女士每月给付原告计老汉扶养费200元,每年12月底前一次性付清。

【法律条文】

《婚姻法》第二十条　夫妻有互相扶养的义务。一方不履行扶养义务时,需要扶养的一方,有要求对方付给扶养费的权利。

【友情提示】

夫妻之间约定采取分别财产制,财产各自归一方所有的情况是不能免除扶养义务的。因为夫妻互相扶养是法定义务,无论夫妻就财产的问题作出何种约定,这种义务都不能免除。现实中,有的夫妻约定各自的工资或收入归各自所有,但这并不意味着夫或妻只负担各自的生活费用而不承担扶养对方的义务。通常情况下,一方不履行扶养义务,需要扶养的一方可以向居民委员会反映,经教育、批评、行政处分后仍不履行扶养义务的,需要扶养的一方可向人民法院起诉,情节严重的构成遗弃罪,应承担刑事责任。

4. 夫妻双方离婚是否就免除了夫妻间的扶养义务

【经典案例】

陶娜和沈运在2003年登记结婚。结婚两年后,两人生育了一个可爱的女儿,婚姻生活平淡而幸福,感情也一直非常稳定。但2011年12月,陶娜一纸诉状将丈夫告上了法庭,要求离婚,请求离婚的理由是沈运经常酗酒、赌博,而且对家庭从不尽照顾义务,夫妻感情已经完全破裂,坚持要求和沈运解除婚姻关系。沈运收到法院的传票后,非常吃惊。法庭上,沈运说,两人自由恋爱8年,同居4年,才领取结婚证,这么多年从来没有发生争吵。去年自己换了工作做销售,为了增加销售业绩,为了应酬客户,对家里的照顾相对比以前是少了点,但从没酗酒、赌博行为,和妻子的感情非常好,因此坚决不同意离婚。经过审理，法官发现，这并不是一起普通的离婚案件，其中另有隐情。原来沈运患有再生障碍性贫血，病情非常严重，不是一次治疗就能够彻底根除的，要进行多次手术才可能彻底痊愈，陶娜偷偷打听下来最少要100万元。陶娜不想承担这样的负担，于是以感情破裂为由提出离婚，其实离婚是假，想通过离婚解除婚姻的枷锁和家庭的负担才是真。

【法律分析】

夫妻一方的冷漠行为或者拒绝扶养行为已经导致了夫妻感情完全破裂，夫妻间实际上已经丧失了感情基础，已具备了离婚的条件，另一方也不必担心因为同意离婚，对方就免除了一定的扶养义务，从而强行守着只有痛苦的婚姻。其实即使离婚，夫妻双方对于对方的经济帮助和扶养义务也不是完全就随着婚姻关系的结束而相应结束的。离婚的时候如果一方生活困难，另外一方有义务在个人的财产中或者住房中给予帮助。因此，需要扶养的一方在提出离婚的同时，或者同意离婚的同时，如果确实存在因年老、疾病或其他原因丧失劳动能力又无其他经济来源而造成实际生活困难的情况，可以请求法院判决对方给予自己适当的经济帮助。

【处理意见】

本案中陶娜离婚的隐情是想免除自己的扶养义务，所以在法庭调解中法官对她进行了说服和教育，劝说她与沈运共同努力，战胜疾病，渡过暂时的难关，但是陶娜一再坚持离婚。法官认为夫妻双方感情并没有破裂，当庭判决不支持陶娜的诉讼请求，并同时要求其履行夫妻互相扶养的义务。

【法律条文】

《婚姻法》第二十条　夫妻有互相扶养的义务。一方不履行扶养义务时，需要扶养的一方，有要求对方付给扶养费的权利。

《婚姻法》第四十二条　离婚时，如一方生活困难，另一方应从其住房等个人财产中给予适当帮助。具体办法由双方协议；协议不成时，由人民法院判决。

最高人民法院《关于适用〈中华人民共和国婚姻法〉若干问题的解释(一)》第二十七条 婚姻法第四十二条所称“一方生活困难”，是指依靠个人财产和离婚时分得的财产无法维持当地基本生活水平。一方离婚后没有住处的，属于生活困难。离婚时，一方以个人财产中的住房对生活困难者进行帮助的形式，可以是房屋的居住权或者房屋的所有权。

《中华人民共和国刑法》第二百六十一条对于年老、年幼、患病或者其他没有独立生活能力的人，负有扶养义务而拒绝扶养，情节恶劣的，处五年以下有期徒刑、拘役或者管制。

【友情提示】

在一般情况下，如果在自己需要扶养的时候，配偶一方拒绝履行扶养义务，需要扶养的一方可以向法院提出给付扶养费的诉讼。虽然配偶对自己没有履行相应的扶养扶助义务，但是自己又不想离婚，只是想要求对方付出一定的生活费用给自己，可以向法院提出一个单独的诉讼，以要求对方给付抚养费为诉讼请求，但是自己也应该准备好相应的证据，比如自己因为身体或者工作的关系没有独立生活能力，需要对方照顾或者给予金钱上的帮助，而对方却拒绝等等。

5. 在什么条件下，配偶可以不履行扶养义务

【经典案例】

原告（男方）：施某；被告（女方）：陆某。2003 年 6 月，施某检查出患有肾结石，经诊治后没有复发。2005 年 7 月底夫妻分居。2011 年 3 月，施某又因急性肾炎入住医院治疗多天，出院后一直未间断服用药物。几个月后，施某的病经医院诊断有所好转。2011 年 7 月上旬，施某和陆某又发生争吵。事后施某诉至上海市南汇区法院要求妻子扶养。在法庭审理中，施某诉称，陆某应尽到妻子的责任，对患有慢性疾病、无业的丈夫作日常护理，并支付住院、治疗及生活费 2 万元。陆某则辩称，丈夫患的是急性肾盂肾炎，经过治疗是可以康复的；丈夫身强力壮能自食其力；且丈夫掌握着大部分家庭共同存款，因此其提出的诉求是无理的，自己不能同意。她申请法院查实施某名下的银行存款，以查清其是否真的无力支付医疗、护理及生活费用。经陆某申请，法院向银行查询了施某的个人存取款情况，结果是:2010 年 6 月 23 日提取个人名下夫妻共同存款 20.5 万元。

【法律分析】

夫妻间的扶养义务是相互的、对等的。双方均应自觉履行,特别是在一方年老、多病或丧失劳动能力、生活困难的情况下,有负担能力的一方,更应主动承担扶养义务。能引起夫妻间扶养义务免除的情形有两种:第一,当扶养权利人自身有了谋生能力和生活来源,从而不需要扶养时;当扶养权利人子女已成年,开始对其尽赡养义务,并足以达到生活需求时;第二,城市或农村的夫妻双方无劳动能力、无生活来源、无赡养人和扶养人的,或者其赡养人和扶养人确无能力赡养或扶养的,前者由当地人民政府给予救济,后者由农村集体经济组织负担保吃、保穿、保住、保医、保葬的五保供养。以上免除情形只是物质扶养的免除,精神扶养不能免除。

【处理意见】

法院审理后认为,施某虽然强调目前没有生活、治疗之经济来源,但由于对其领取的存款未能作出确已耗尽的合理解释,因此法院无法采信。结合施某的诉讼请求,以及近年来的生活、治病消费情况分析,目前法院不能认定施某确实处于缺乏生活、治病之经济保障,乃至必须依靠陆某扶养的状况。因此,对于原告诉求,法院不予支持。

【法律条文】

《婚姻法》第二十条　夫妻有互相扶养的义务。一方不履行扶养义务时,需要扶养的一方,有要求对方付给扶养费的权利。

【友情提示】

夫妻之间要求履行扶养义务必须具有两个前提条件:第一,一方确实需要扶养,是指一方无独立生活能力,具体包括丧失劳动能力、无固定收入、缺乏生活来源、年老、患病等,导致其生活水平将急剧下降,不能维持当地群众一般生活水平。第二,另一方确实具有扶养能力,是指应付扶养费的一方具有相应经济能力,可以通过物质上的资助等方式使另一方摆脱生活上的困难境地。只有在两个条件同时具备的情形下,一方才可以要求另一方履行扶养义务。

6. 同居形成事实婚姻并未办理结婚登记手续，双方之间是否存在扶养义务

【经典案例】

原告李菊香与被告张虎于1993年1月按本地风俗举行结婚仪式，开始同居生活，双方未去婚姻登记机关登记结婚。1997年7月生育男孩张伏东。2009年由于原告患类风湿关节炎，致全身瘫痪，生活无法自理。被告常年在外包工，留下原告及孩子独自生活，生活极度困难。原告遂诉至法院，请求被告尽夫妻扶养义务。本案争议的焦点是：双方之间是否存在婚姻关系？被告是否对原告存在扶养义务？

【法律分析】

审理本案的一个前提条件就是原、被告之间是否是婚姻关系。在我国，扶养义务仅存在于婚姻关系中，而非法同居法律则没有明确相互之间有扶养义务。在本案中就涉及事实婚姻这个概念。我们知道所谓事实婚姻是相对于法律婚姻而言的，我国1980年婚姻法对婚姻的无效或撤销未做明文规定，2001年婚姻法修订以后，强化了程序上的实质审查登记要件，即如果没有办理登记手续，即使以夫妻名义共同生活多年，法律也不承认双方的夫妻关系。根据司法解释的规定，认定构成事实婚姻的截止时间是1994年2月1日，在此之前男女双方符合结婚实质要件的，按事实婚姻处理，法律给予应有的保护，而不论双方共同生活的时间长短，也不论双方共同生活初期或者某个阶段中可能还不完全符合婚姻关系的实质要求等情况的存在，只要在1994年2月1日这一天之前具备了结婚实质要件的，都可以认定为事实婚姻。在1994年2月1日之后，如果没有办理婚姻登记，则不再是事实婚姻，除非是男女双方补办登记手续，否则当事人基于婚姻而产生的合法权益就得不到法律的保障。综上所述，本案中的原、被告于1993年1月举行结婚仪式，开始同居生活，符合事实婚姻的要件。被告基于此就有对原告扶养的义务。假设原、被告晚于1994年2月1日之后同居生活，那么今天原告面临的很可能就是权益得不到法律的保护，由此也可

见登记结婚的重要性。

【处理意见】

由于双方存在事实婚姻，而且是在1994年2月1日之前的事实婚姻，属于法律保护的范畴，所以双方形成婚姻关系，被告张虎每月给付原告李菊香扶养费和孩子张伏东的抚养费。

【法律条文】

最高人民法院《关于适用〈中华人民共和国婚姻法〉若干问题的解释(一)》第五条 未按婚姻法第八条规定办理结婚登记而以夫妻名义共同生活的男女，起诉到人民法院要求离婚的，应当区别对待：一、1994年2月1日民政部《婚姻登记管理条例》公布实施以前，男女双方已经符合结婚实质要件的，按事实婚姻处理；二、1994年2月1日民政部《婚姻登记管理条例》公布实施以后，男女双方符合结婚实质要件的，人民法院应当告知其在案件受理前补办结婚登记；未补办结婚登记的，按解除同居关系处理。

【友情提示】

结婚主要以登记为准，办理结婚登记手续至关重要。特别是在1994年2月1日之后成立的事实婚姻，我国法律不予承认和保护。

7. 涉外婚姻外方离婚不成断绝供养，家庭主妇能否要求主张维持原生活水平

【经典案例】

原告：齐××(化名)，1979年5月15日出生，汉族，无业。被告：彼得(化名)，1977年12月9日出生，某国公民，某跨国有限公司员工。齐××与彼得于2004年5月26日登记结婚。婚后由于被告的收入较高，原告齐××一直没有就业，担任全职太太。2011年6月双方感情出现变故，双方开始分居，被

告曾于2012年7月18日提起离婚诉讼,经法院调解后撤诉。自原被告双方分居后,原告一直未有固定工作,处于失业状态,没有任何的收入,居无定所,生活十分困难。原告向法院提起扶养费之诉,要求被告支付自2011年6月至起诉时(2012年12月)原告为生活而产生的借款3万元,被告在婚姻存续期间,每月支付扶养费(含生活费、医疗费、择业培训费、再教育费)9 000元,房租4 000元,合计每月支付13 000元。在庭审中,原告提供了彼得在欧洲公司的工资单翻译件,证明其每月税后收入为6 068.56欧元,并提交了2011年10月该供职公司的工资单原件和该公司人力资源部出具的收入证明,证明其每月税后收入为46 929.16元人民币。

【法律分析】

夫妻间有互相扶养的义务,这种义务是法定义务。彼得和齐 ×× 因感情问题现已分居生活,因齐 ×× 婚后一直未有固定的工作,主要依靠彼得的收入生活,故从保护妇女合法权益方面考虑,彼得应该支付齐 ×× 一段时间内必要的生活费和房屋租金。

【处理意见】

法院认为:需要扶养的一方,有要求对方给付扶养费的权利。因原告齐 ×× 婚后一直未有固定职业,主要依靠彼得的收入生活。现双方分居伊始,齐 ×× 需要一段时间就业。在此期间,彼得应当支付齐 ×× 必要的生活费和房屋租金。法院判决如下:一、彼得给付齐 ×× 生活费共计九千六百元。二、彼得给付齐 ×× 住房补助费一千五百元。

【法律条文】

《婚姻法》第二十条　夫妻有互相扶养的义务。一方不履行扶养义务时,需要扶养的一方,有要求对方付给扶养费的权利。

【友情提示】

夫妻间的扶养义务是基于夫妻特定的人身关系而产生的,始于婚姻缔结之日,终于夫妻离婚或一方死亡时。扶养责任的承担,既是婚姻关系得以维持和存续的前提,也是夫妻共同生活的保障。夫妻间的扶养是有条件的。它的履行以一方需要扶养和另一方有能力扶养为限。要求给付扶养费的一方，只有在“需要扶养”时才能行使要求对方给付扶养费的请求权。这里的“需要”是指要求扶养的一方年老、病残、丧失劳动能力又无其他经济来源，生活发生困难的情况。而一方主张扶养权在具备上述条件的同时，还必须具备对方具有扶养能力这个条件，否则不能主张这项权利。因为这种权利义务关系是基于婚姻的效力而产生的，它不同于债权债务关系因一定的事实而产生或消灭，且债权人完全可以不受债务人有无履行能力的条件限制，随时可以通过包括诉讼在内的多种手段主张和实现债权。在婚姻关系中，夫妻一方索要扶养费，只有在一方生活发生困难而对方又有扶养能力时，才能行使这项权利。

8. 兄弟姐妹之间是否存在扶养义务

【经典案例】

原告：高某林，女，农民。被告：高某瓴，男，某研究所副研究员，为高某林同父异母的弟弟。高某林和高某瓴系同父异母的姐弟，1972年9月高某瓴出生时，高某林已出嫁多年。高某瓴的母亲和父亲分别于1977年5月和1982年9月去世，于是，高某林把弟弟接到自己家中，供其读书上学，并百般疼爱。1990年，高某瓴考入大学。在上大学期间，高某林仍然供给弟弟生活费用。1994年7月，高某瓴大学毕业后分配到一研究所工作，开始独立生活，收入稳定。1998年4月，高某林的丈夫患重病，不久去世。治疗期间，高某瓴曾给姐姐寄款一万元作为其丈夫的医疗费。高某林只生有一子，婚后不久即去世，儿媳妇已经再婚，所以，高某林只好孤身一人在家种地，生活拮据。高某瓴体谅到姐姐生活的艰辛，不时寄些钱给高某林。但2001年高某瓴婚后生下一女后，家中开支明显增加，便不再给高某林寄钱。高某林年过花甲，生活困难，又无其他近亲属，要求弟弟每月继续给付生活费。但因妻子坚决反对，高某瓴以弟弟没有义务扶养姐姐为由，拒绝再付生活费。于是，2011年底高某林向法院提起诉讼，请求法院支持其要求高某瓴每月付给生活费500元的诉讼请求。

【法律分析】

兄、姐对弟、妹承担扶养义务的条件有三个:(1)兄、姐要有负担能力,如果兄、姐自身生活难以维系,或者仅仅是能够保障自己的基本生活需要,那么他们对弟、妹就不负有法定的扶养义务;(2)父母已经死亡或父母无力扶养,如果父母有能力扶养,兄、姐对弟、妹就不负有法定的扶养义务;(3)弟、妹尚未成年,如果弟、妹已经年满十八周岁,即使是不能自食其力,兄、姐也没有扶养义务。上述三个条件应同时具备,否则,兄、姐对弟、妹的扶养义务就不能成立。

弟、妹对兄、姐承担扶养义务的条件也有三个:(1)弟、妹是由兄、姐扶养长大的,如果兄、姐对弟、妹不曾履行扶养义务,弟、妹对兄、姐就不负有法定的扶养义务;(2)弟、妹要有负担能力,如果弟、妹自身生活难以维系,或者仅仅是能够保障自己的基本生活需要,那么他们也不负有扶养兄、姐的法定义务;(3)兄、姐缺乏劳动能力又缺乏生活来源,如果兄、姐只是没有劳动能力但有生活来源,或者兄、姐虽无生活来源但有劳动能力,弟、妹对兄、姐就不存在法定的扶养义务。上述三个条件应同时具备,否则弟、妹对兄、姐的扶养义务就不能成立。

【处理意见】

本案中,高某林和高某瓴为同父异母的兄弟姐妹。作为有负担能力的姐姐高某林,把未成年的弟弟高某瓴接到自己家中,扶养长大,尽到了成年兄姐对无父母抚养的弟弟的扶养义务,符合法律的规定。高某林的儿子早年过世,在丈夫患病去世之后,更加孤独无依,加上年纪渐增,又无其他近亲属扶养,生活相当困难。符合法律规定的“缺乏劳动能力又缺乏生活来源”的条件,而高某瓴大学毕业后在研究所工作,经济状况良好,完全有负担能力。因此,本案具备弟、妹扶养兄、姐的法定条件,高某瓴所称的“弟弟对姐姐无扶养义务”的理由既不符合实际情况又无法律依据,高某林有权要求高某瓴给付生活费,高某瓴应当履行对姐姐高某林的扶养义务。其生育一女后家庭开支的增多以及其妻子的反对都不能构成其拒绝履行扶养义务的正当理由。法院认为高某林对高某瓴尽了扶养义务,现缺乏劳动能力及生活来源,所提诉讼请求合理适当,高某瓴有扶养能力,判令高某瓴每月支付其姐高某林扶养费500元。

【法律条文】

《婚姻法》第二十九条　有负担能力的兄、姐，对于父母已经死亡或父母无力抚养的未成年的弟、妹，有扶养的义务。由兄、姐扶养长大的有负担能力的弟、妹，对于缺乏劳动能力又缺乏生活来源的兄、姐，有扶养的义务。

【友情提示】

兄弟姐妹之间的扶养义务是有限制条件的，符合法律规定的条件则应当履行扶养义务。兄弟姐妹包括同胞兄弟姐妹、同父异母或同母异父兄弟姐妹、养兄弟姐妹和继兄弟姐妹。在一般情况下，兄弟姐妹应由他们的父母抚养，因而他们相互之间不发生扶养与被扶养的权利义务关系。但是在特定条件和特定情况下，兄、姐与弟、妹之间会产生有条件的扶养义务。当然，法律对兄弟姐妹间扶养义务的规定，主要是从同胞兄弟姐妹之间的关系来确定的，因为他们是血缘关系最密切的同辈旁系血亲。对于半血缘的同父异母或者同母异父兄弟姐妹，以及没有血缘关系的养兄弟姐妹和继兄弟姐妹，如果符合法律规定的条件和情形，其相互之间也将产生扶养与被扶养的权利义务关系。

三、家庭成员之间的赡养纠纷

1. 老人没有生活费，子女也不管，只能借债度日怎么办

【经典案例】

已是古稀之年的陈老伯因年老体弱，又无退休金，经常靠借债度日，为赡养问题，他与3个子女多次协商都未果，于是将3个子女告进法院，要求他们按月各自给付赡养费300元，共同承担其今后产生的医疗费及护理费，并共同给付3 200元用以帮助偿还所借债务。庭审中，陈老伯的子女们称，陈老伯靠出租房屋每月有800元的租金收入，足以养活自己，陈老伯今后的医疗费尚未发生，其债务是因其在外借债所产生，所以不同意陈老伯的诉讼请求。

【法律分析】

赡养是指子女在物质上和经济上为父母提供必要的生活条件，子女作为赡养人，应当履行对老年人经济上供养、生活上照料和精神上慰藉的义务，照顾老年人的特殊需要。赡养人的义务具体表现为几个方面：一是应当妥善安排老年人的住房，不得强迫老年人迁居条件低劣的房屋。老年人自有的或者承租的住房，子女或者其他亲属不得侵占，不得擅自改变产权或者租赁关系。老年人的自有住房，赡养人有维修的义务。二是赡养人不得要求老年人承担力不能及的劳动。三是赡养人不得以放弃继承权或者其他理由，拒绝履行赡养义务。赡养人不履行赡养义务，老年人有要求赡养人付给赡养费的权利。老年人的婚姻自由受法律保护。子女或者其他亲属不得干涉老年人离婚、再婚及婚后生活。赡养关系不得因老年人的婚姻变化而消除。四是子女不仅要赡养父母，而且要尊敬父母，关心父母，在家庭生活中的各方面给予扶助。当他们年老、体

弱、病残时，更应妥善加以照顾，使他们在感情上得到慰藉，愉快地安度晚年。

【处理意见】

子女对父母有赡养扶助的义务。子女不履行赡养义务时，无劳动能力或生活困难的父母，有要求子女给付赡养费的权利。因陈老伯无养老金，所以三个子女应当根据各自的经济能力以及陈老伯的实际需要给付一定的赡养费。上海市闸北区法院最后作出判决，陈老伯的3个子女各自按月给付陈老伯赡养费200元。陈老伯今后的医疗费用由3个子女平均分担。但对陈老伯有关债务的诉讼请求不予支持。

【法律条文】

《宪法》第四十九条　成年子女有赡养扶助父母的义务。

《婚姻法》第二十一条　父母对子女有抚养教育的义务；子女对父母有赡养扶助的义务。父母不履行抚养义务时，未成年的或不能独立生活的子女，有要求父母付给抚养费的权利。子女不履行赡养义务时，无劳动能力的或生活困难的父母，有要求子女付给赡养费的权利。

《老年人权益保护法》第十四条　赡养人应当履行对老年人经济上供养、生活上照料和精神上慰藉的义务，照顾老年人的特殊需要。赡养人是指老年人的子女以及其他依法负有赡养义务的人。赡养人的配偶应当协助赡养人履行赡养义务。

《老年人权益保护法》第十五条　赡养人应当使患病的老年人及时得到治疗和护理；对经济困难的老年人，应当提供医疗费用；对生活不能自理的老年人，赡养人应当承担照料责任；不能亲自照料的，可以按照老年人的意愿委托他人或者养老机构等照料。

【友情提示】

赡养义务是基于亲权关系而产生的，只要赡养义务的权利人和义务人之间存在身份关系，这种权利义务就一直存在。只有在一些法定的情况下赡养义务才能解除，比如成年的养父母子女之间解除收养关系，并且养父母有足以维持当地基本生活水平的经济收入的情况等。子女不履行赡养父母的法律责任，需要赡养的父母可以通过有关部门进行调解或者向人民法院提起诉讼。人民法院在处理赡养纠纷时,应当坚持保护老年人的合法权益的原则,通过调解或者判决使子女依法履行赡养义务。对负有赡养义务而拒绝赡养,情节恶劣构成遗弃罪的,应当承担刑事责任。

2. 子女之间对老人赡养事宜的约定是否有效

【经典案例】

原告:施某。被告:丁某康。原告施某与其夫丁某明(已故)共生育两子两女,被告丁某康为其长子。1999年,丁某明去世后,被告丁某康与其弟丁某其订立协议书一份,约定:从2000年正月15起,原告施某每月的一切费用计人民币200元,由兄弟两人各负担100元;原告施某今后的医疗费用也由两人共同负担;原告现有财产由原告自行保管,待原告去世后,由两人各半所有。2008年12月,被告丁某康与丁某其又订立补充协议一份,约定从2009年正月起两人每月给付原告施某生活费增加到人民币200元。后来被告丁某康按约给付原告施某生活费至2011年6月。2012年7月31日,原告施某突发脑梗死并住院治疗,为此花去医疗费用15 000多元。被告丁某康在原告施某住院期间未予照顾,也未承担相应费用。2012年10月,原告施某诉至法院,要求被告丁某康从2011年7月起给付生活费每月200元,承担10 000元的医疗费用及今后的生活照料、患病护理和治病所需费用。被告丁某康辩称,其无能力按协议履行赡养义务,原告的医疗等费用应依法由原告施某四子女共同负担。

【法律分析】

一般来说赡养协议的内容主要有:(1)被赡养人和赡养人的姓名、性别、出生年月日、家庭住址。(2)被赡养人与赡养人之间的关系。(3)赡养人应尽的主要义务,包括赡养费用的分担,老年人口粮田、自留地、承包地的耕、种、管、收,老年人患病住院的医疗费用和雇人照料费用以及死后丧葬费用的负担等。(4)赡养人提供赡养费和其他物质帮助的给付方式、给付时间。(5)对被赡养人财产的保护措施。(6)协议变更的条件和争议的解决方法。(7)违约责任。(8)若有履行协议的监督人,应在协议上签名。

本案中丁氏二兄弟在订立协议时均为完全民事行为能力人,协议内容也系两人的真实意思表示,协议中有关原告的赡养事宜的约定都得到了原告的认可,丁氏兄弟二人通过订立协议的方式,主动承担起赡养原告的责任,不仅合乎公民道德规范,也符合社会公共利益和法律规定。那么,协议中未约定原告其他两位女儿向原告尽赡养义务,是否会导致协议无效呢?丁氏二兄弟主动承担起赡养原告的责任,减轻原告两位女儿的负担,与法律规定并不违背,并不侵害原告两位女儿的合法权益,因此丁氏二兄弟关于原告赡养事宜的约定应为有效,两人就赡养原告的合意行为即是民事法律行为。民事法律行为从成立时起具有法律约束力,行为人非依法律规定或取得对方同意,不得擅自变更或者解除,被告丁某康应按约承担起自己赡养原告的责任。

至于丁氏兄弟二人在协议中约定,原告去世之后,原告的财产由两人各半所有,因未征得原告的同意,事后原告也未予追认,且法律对无权处分他人财产也未规定可以适用不作为的默示,因此丁氏二兄弟的该约定,因侵犯原告的财产所有权及原告两位女儿的财产继承权利,应为无效约定,但这不影响关于原告赡养事宜约定的效力。

【处理意见】

老年人的合法权益受法律保护,被告及原告的其他子女均应向原告履行赡养义务。原告要求被告每月给付200元生活费符合法律规定。法院最后判决:被告每月给付原告生活费人民币200元;原告为治病已花医疗等费用由被告承担四分之一;原告今后的医疗、护理等费用也由被告负担四分之一。

【法律条文】

《婚姻法》第二十一条

《中华人民共和国老年人权益保障法》第二十条　经老年人同意,赡养人之间可以就履行赡养义务签订协议。赡养协议的内容不得违反法律的规定和老年人的意愿。基层群众性自治组织、老年人组织或者赡养人所在单位监督协议的履行。

【友情提示】

赡养义务属于具有人身专属性的义务，是不可以转让的义务。赡养义务人有多个的，他们之间可以对赡养义务进行分配，达成赡养义务分配协议。在各赡养义务人之间的赡养能力产生重大变化、或者赡养人、被赡养人死亡等情况发生时，赡养义务人之间可以就赡养义务进行重新分配。但是需要指出的是，当事人签订赡养协议适用《婚姻法》，而不适用《合同法》。如赡养协议中约定"不按期支付赡养费用的，支付 ×× 违约金"就没有任何法律效力，属于无效约定。因为不支付抚养费属于违反法定义务，而不是违反合同义务。

3. 子女是否可以约定对父母分别履行赡养义务

【经典案例】

陈某夫妇生有一子一女。2010 年下半年，陈某之妻旧病复发，长期卧床不起，医疗费用日益增加；陈某亦年老体弱，家里农活不能承担。为此，于 2011 年初，陈某召集子女召开家庭会议，达成赡养协议如下：儿子赡养老母，女儿赡养老父；此外，陈某夫妇所有的口粮田由其子女代为耕种和享有收益。此后陈某夫妇分别住儿、女家由其供养。2011 年底，陈某家遭遇了重大变故，先是陈某之妻去世，其后小女儿家因果园收益严重亏损，生活出现极度困难，陈某遂要求其子承担一定的赡养费用。其子认为家庭赡养协议已明确约定了各自的赡养义务，其已完成赡养其母的义务，故不同意其父提出的赡养要求。此事经村人民调解委员会调解，未果。无奈之下，2012 年 3 月陈某遂将其子告上法庭，要求其承担赡养费用每月 300 元。

【法律分析】

赡养对被赡养人来说是一种法定权利，对赡养人来说则是一种法定义务，作为被赡养人可以要求赡养人承担赡养义务，也可以放弃要求赡养人赡养的权利。在有多个赡养义务人的情况下，作为承担赡养义务的一个整体，赡养义务人对赡养费用可以协商解决，如谁承担多少，承担与否等，但不得损害被赡养人的权利。这样，虽然有的赡养义务人未承担赡养费用，但从整体看，承担赡养费可视为所有赡养义务人的共同行为。

【处理意见】

结合本案，陈某家内部达成的赡养协议，系家庭成员就赡养问题达成的真实意思表示，系有效协议，应遵照执行。可以说，陈某之子之前确实依协议尽到了赡养其母的义务，但其后拒绝其父的赡养要求是没有法律依据的。其不得以赡养协议对抗法定赡养义务的履行，尤其当其父年老体弱，无劳动能力又无固定生活来源的情况下。本案考虑到赡养协议的内容、各赡养人的经济能力以及法律的相关规定，法院最后判定陈某之子应依法履行赡养义务，每月支付赡养费 200 元。

【法律条文】

《婚姻法》第二十一条

《中华人民共和国老年人权益保障法》第二十条

【友情提示】

子女赡养父母是法定义务，不能违背。子女之间对赡养义务所做的分工协议是有效的，但并不完全免除其赡养父母的法定义务。

4. 赡养老年人除了物质上的赡养还有什么

【经典案例】

杜老头今年已经 85 岁高龄，他有 6 个子女，2007 年由于自己的房屋折迁时与大儿子杜甲（已满 60 岁）发生矛盾，于是大儿子就不再与他往来。杜老头有退休金 2 000 元，房屋租金有 1 000 元，生活费足够。但是几年以来大儿子和他相邻仅仅 100 米左右的距离，却形同陌路，4 年多了都不回来看他，其余子女都回来看他时他不免心生不满。于是2012年春节过后，杜老头向法院起诉，要求大儿子每个月支付他赡养费10元，必须每个月亲自交付到他手里。

【法律分析】

赡养人应当履行对老年人经济上供养、生活上照料和精神上慰藉的义务，照顾老年人的特殊需要。所以完整的赡养义务包括物质供养、精神慰藉、生活照料三个方面：（1）经济上供养。有抚养能力的成年子女在父母无经济收入、或者经济收入不足以维持当地最低生活需要的时候，要为老年人提供必要的赡养费用。如果子女和父母共同居住，子女应当为父母提供必要的衣、食、住、行；对于不能或不愿与其共同生活的父母，子女应当为父母提供必要的赡养费用。（2）生活上照料。生活上照料是指帮助年迈体衰的父母解决日常生活中的一些困难，对于生活不能自理的老年父母，如果子女不尽到照料义务，而父母的收入又不足以支付保姆费用的，父母有权力要求子女承担该部分费用。（3）精神上慰藉。精神上慰藉是指满足老年人精神上、心理上的需求。作为赡养人赡养老年人时，要根据老年人的需要，照顾老年人的生活起居，丰富他们的精神文化生活。因此，每月付赡养费并不等于尽了赡养义务。精神赡养包括以下内容：（1）物化的精神赡养；（2）必要的探望；（3）子女有条件者，老人可以要求与子女同居；（4）子女“分爹分妈”赡养时，老人可以要求一起生活等。

【处理意见】

法官对该案进行调解，做好其大儿子工作，赡养父母不仅仅是给付金钱，还需要精神安慰。后来其大儿子接受法官批评，同意每个月回去看望老父亲。

【法律条文】

《婚姻法》第二十一条

《中华人民共和国老年人权益保障法》第十八条　家庭成员应当关心老年人的精神需求，不得忽视、冷落老年人。与老年人分开居住的家庭成员，应当经常看望或者问候老年人。用人单位应当按照国家有关规定保障赡养人探亲休假的权利。

【友情提示】

子女应当在物质、精神等多方面上照顾好老年人，常回家看看是对老人最好的赡养。孝道为先，这是中国的优良传统。需要指出的是，如果父母有足以维持当地最低生活标准的经济收入，或者成年子女本身无经济收入或者其收入不足以维持本身生活的，子女虽可以在经济上不供养父母，但出于尊老爱幼的风俗，子女对父母生活上照料和精神上慰藉的义务不能免除。

5. 母亲改嫁再婚生子，与前夫所生子女是否应当赡养她

【经典案例】

2012年5月19日，江苏省海安县人民法院审结了一起因母亲再婚之后引发的赡养案件，一审判决原告朱老太的子女对母亲尽赡养义务。原告朱老太与前夫闻某生二子一女，前夫因病去世后，朱老太于1976年改嫁给同组村民于某，并落户于某家中，后又与于某生二个女儿。朱老太改嫁后，闻氏三兄妹依靠自己的辛勤劳动和集体的照顾、政府的救济相依为命。现闻氏三兄妹均已成家单独生活。朱老太一直和于某所生的大女儿夫妇共同生活，现朱老太年老多病，无经济来源，五个子女就朱老太的赡养事宜未能形成一致意见。朱老太遂将其五个子女均告上法庭，要求子女尽赡养义务。闻家大儿子辩称：前几年逢年过节我都给母亲送百十块钱。母亲1976年改嫁后，我们三兄妹单独生活，母亲没有贴给我们一分粮草钱。于家大女儿是招女婿上门，所以他们应当对母亲尽赡养义务。我可以赡养母亲，但她必须跟我一起生活。闻家二儿子辩称：我动过手术，家庭困难，无赡养老人的能力。闻家三女儿辩称：赡养母亲我没有意见，但是农村有习俗，招女婿就应当养老送终，我是出嫁的女儿，可以送东西，要我贴钱给母亲我不同意。于家大女儿辩称：母亲一直跟随我一起生活，生病也是我一人负担的，现在要求兄妹们一起分担赡养责任。于家小女儿辩称：我现在生病，没有能力赡养老人。

【法律分析】

赡养父母是子女应尽的法定义务。父母子女的关系基于血缘关系而产生，并不会因父母离婚或再婚而改变，子女对再婚的父母仍有赡养义务。父母婚姻关系的变化不能导致子女赡养义务的解除。在实践中并不是每个父母都需要被赡养，只有符合法律规定的情况出现时才有被赡养的权利。法律规定有下列情况之一的，可以请求给付赡养费：第一，丧失劳动能力；第二，无经济收入；第三，收入不足以维持当地的基本生活水平。除此以外，赡养费包括生活费、医疗费，子女不能尽到照顾义务时的保姆费等。无劳动能力的或生活困难的父母在子女不履行赡养义务的时候有向法院起诉要求子女履行义务的权利。

【处理意见】

本案中朱老太年事已高，体弱多病，要求五子女尽赡养义务的请求，依法应予支持。赡养费数额应当参照权利人的诉讼请求、义务人的经济承受能力、当地农村人口平均生活水平等因素综合考虑确定。朱老太自愿放弃要求于家小女儿承担除善后事宜之外的费用和赡养责任，应予准许。朱老太明确表示其生活田继续由于家大女儿耕种，并仍愿随其生活，本着尊重老年人意愿的原则，法院照准。闻氏三兄妹辩称于家大女儿系招婿上门，就应当为母亲养老送终，是以农村旧俗规避自己应尽的赡养义务，其理由有违法律的规定，不予采信。朱老太生病产生医疗费后，可凭医院的正式发票由五被告平均分摊，因朱老太对于家小女儿应当承担的份额已表示放弃，故闻氏三兄妹、于家大女儿各承担上述医疗费的五分之一，住院期间亦由上述四人轮流护理。朱老太的善后事宜由于家大女儿牵头办理，所需费用由五个子女共同分摊。法院最后经过调解达成以下协议：(1)朱老太随于家大女儿生活，亦由其提供住房。朱老太的生活田继续由于家大女儿耕种，朱老太获取所得收益、承担所需费用。(2)从2011年起，闻氏三兄妹每月各给付朱老太生活费200元，全年费用均于每年12月30日前给付。(3)朱老太生病生活不能自理或生病住院期间，由闻氏三兄妹及于家大女儿按前述顺序以每三日一轮的方式轮流护理。(4)从2011年起，朱老太的医药费用凭医院正式医药费发票由闻氏三兄妹及于家大女儿各负担五分之一，每半年结算一次。(5)朱老太的善后事宜由于家大女儿牵头办理，所需费用由五个子女共同负担。

【法律条文】

《婚姻法》第二十一条

《老年人权益保障法》第十九条　赡养人不得以放弃继承权或者其他理由，拒绝履行赡养义务。赡养人不履行赡养义务，老年人有要求赡养人付给赡养费的权利。赡养人不得要求老年人承担力不能及的劳动。

【友情提示】

父母的被赡养权利是受法律保护的，不论父母是否再婚，子女的赡养义务都是始终存在的，子女不能以父母再婚为理由，不对父母尽赡养义务。

6. 继子女对继父母有赡养义务吗

【经典案例】

原告：王某，男，住上海市某区。被告：肖某，女，住上海市某区。被告肖某6岁时（1985年），父亲去世。1988年肖某母亲董某与原告王某再婚，结婚后双方未再生育子女，王某对待肖某如同亲生，肖某的生活费以及上学学费均是由王某和董某两人负担直至成年。1998年王某与董某夫妻感情出现危机，双方争吵不断，并且逐渐发展到相互大打出手。1998年4月，王某和董某办理离婚登记手续，双方解除婚姻关系。此时肖某已经成年。随着时间的推移，王某的年龄逐年增大，2010年，已是70多岁的王某生了一场病，病后丧失劳动能力，也无经济来源。无人赡养的王某只好找到肖某要求支付赡养费。肖某却认为：自己与王某没有血缘关系，并且十多年前王某已经同自己的母亲离婚，因此现在自己没有支付赡养费的义务。双方为此争执不下，闹到法院。

【法律分析】

我国法律规定权利与义务是对等的，继子女年幼时受过继父母的抚养就应在继父母年老后赡养老人。如果继子女与继父母之间并没有抚养关系，那么，这种情况下继子女对继父母没有赡养义务。

【处理意见】

王某与肖某的母亲结婚后一直生活在一起,并且共同负担了肖某的生活学习费用,可以认定构成事实抚养关系。王某与肖某的母亲离婚后,王某、肖某间的权利义务关系仍然存在,现在王某丧失劳动能力又没有经济来源,肖某理应承担赡养王某的义务。因此,法院最后判决:肖某每月支付王某赡养费500元。

【法律条文】

《婚姻法》第二十一条

《婚姻法》第二十七条　继父母与继子女间,不得虐待或歧视。继父或继母和受其抚养教育的继子女间的权利和义务,适用本法对父母子女关系的有关规定。

【友情提示】

在继父母与继子女的关系上,法律规定:如果继父母与继子女形成事实抚养关系,那么双方之间的权利与义务关系同婚生子女没有差别。但至于如何判定形成事实抚养关系法律并没有明确规定,这要由法官结合具体案情去衡量。

7. 子女不履行赡养义务,父母可否撤销赠与房屋的协议

【经典案例】

张大爷和张大娘都已经78岁了,膝下只有一个儿子,已经结婚。在2010年初,老两口考虑到年龄越来越大,身体状况也大不如前,身边需要有人照顾,于是和儿子儿媳达成了协议:老两口将自己的房屋过户到儿子名下,老两口和小两口共同居住在该房屋内,由儿子和儿媳照顾老两口的日常起居并负责老两口的生养死葬等一切事宜。协议签订后,老两口将房屋过户到了儿子名下,和

儿子儿媳一直居住在一起,相处得还算融洽。天有不测风云,2011年5月份,儿子因交通事故意外去世。老两口在承受老年丧子的悲痛之余,也不禁担心起以后的生活。不出老两口所料,2012年3月份,儿媳向老两口提出要老两口搬出去住,除明确表示以后自己不能再赡养两位老人外,还要求分割登记在老两口儿子名下的这套房产。老两口认为他们当初把房子过户到儿子名下时,是有条件的,即儿子和儿媳要负责老两口的养老送终。现在儿子已经去世,儿媳又表示不能赡养他们,那么儿媳就不应该争这份房产。

【法律分析】

附义务的赠与合同,又称附负担的赠与合同或附条件的赠与合同,是指赠与人在赠与财产或者财产权利时,要求受赠人承担一定义务为附加条件的赠与合同。附义务赠与,若附加条件合法,则赠与有效;若附加条件违法,则赠与无效。本案中老两口和儿子、儿媳之间签订的协议就是属于附义务的赠与合同。老两口将房屋过户到儿子名下,视为对儿子和儿媳两个人的赠与。儿子和儿媳作为共同受赠人都应该按照协议的约定,履行承担老两口生养死葬的义务。

【处理意见】

本案中儿媳以老两口的儿子去世为由,拒绝履行赡养义务是错误的。现在,既然老两口的儿子已经去世,儿媳又明确表示不再赡养老人,则老两口可以撤销和儿子、儿媳签订的附条件赠与协议,并要求儿媳返还已登记在自己儿子名下的房屋。因此,儿媳既不履行赡养义务,又想分割房产,不仅有悖情理,亦于法无据。

【法律条文】

《婚姻法》第二十一条

《老年人权益保障法》第二十二条　老年人对个人的财产,依法享有占有、使用、收益和处分的权利,子女或者其他亲属不得干涉,不得以窃取、骗取、强行索取等方式侵犯老年人的财产权益。老年人有依法继承父母、配偶、子女或者其他亲属遗产的权利,有接受赠与的权利。子女或者其他亲属不得侵占、抢夺、转移、隐匿或者损毁应当由老年人继承或者接受赠与的财产。老年人以遗嘱处分财产,应当依法为老年配偶保留必要的份额。

《合同法》第一百九十条　赠与可以附义务。赠与附义务的,受赠人应当按照约定履行义务。

《合同法》第一百九十二条　受赠人有下列情形之一的,赠与人可以撤销赠与:(1)严重侵害赠与人或者赠与人的近亲属;(2)对赠与人有扶养义务而不履行;(3)不履行赠与合同约定的义务。赠与人的撤销权,自知道或者应当知道撤销原因之日起一年内行使。

【友情提示】

赠与附义务的,受赠人应当按照约定履行义务。受赠人不履行赠与合同约定的义务的,赠与人可以撤销赠与。赠与人的撤销权,自知道或者应当知道撤销原因之日起一年内行使。根据合同法的上述规定,赠与人向受赠人给付赠与物后,受赠人若不履行其义务,赠与人有权请求受赠人履行义务或者撤销赠与。赠与人要特别注意,必须在 1 年内行使撤销权。

8. 子女放弃继承权能成为不赡养父母的理由吗

【经典案例】

赵某育有二女一子,大女儿已经结婚成家,婚后仍与老人一起生活;小女儿因家庭困难,在年幼时就送人领养,以后因故一直没有音讯;小儿子在外地工作。2012 年春节前后,大女儿向街道居委会反映,她在外地的弟弟对母亲不尽赡养义务。老人快 80 岁高龄了,而且患有高血压等多种疾病,每年要住院好多次。大女儿既要护理老人又要照顾自己的子女,并且负担老人的住院费用,经济上、精神上都十分困难,要求弟弟分担赡养责任。居委会接到反映后,经过调查,认为大女儿反映情况属实,所提意见比较合理,遂与外地的小儿子联系,要求他赡养老人,但遭拒绝。小儿子认为当初在分家产时,他就放弃了继承权,赵某的财产都由大女儿一人继承,所以赡养老人应由大女儿独自承担。经多次协调,仍没有结果,为此双方关系弄得很僵。为维护赵某的权益,居委会决定支持老人起诉。

【法律分析】

赡养人的赡养义务是法定的，成年子女有赡养扶助父母的义务，包括在经济上供养、生活上照料和精神上慰藉老人。赡养老人不能附条件，子女对父母的赡养义务是法定义务，子女不得以放弃继承权或者其他理由拒绝履行。子女不履行义务，父母有权利要求赡养人付给赡养费。

【处理意见】

本案中，赵某年事已高，身体欠佳，正是需要子女给予经济上扶助、生活上照料、精神上慰藉的时候，做子女的应该同心协力，共同承担赡养老人的义务，而不得推卸自己的责任。小儿子以放弃继承权为理由拒绝履行自己的法定义务是十分错误的，应和其姐姐共同分担赡养老人的费用。何况根据《继承法》第二十五条的规定，放弃继承是继承人在继承开始后，遗产分割之时作出放弃继承的意思表示。被继承人尚未死亡，继承还未开始，继承人表示放弃继承是没有法律效力的。

【法律条文】

《婚姻法》第二十一条

《老年人权益保障法》第十九条　赡养人不得以放弃继承权或者其他理由，拒绝履行赡养义务。赡养人不履行赡养义务，老年人有要求赡养人付给赡养费的权利。赡养人不得要求老年人承担力不能及的劳动。

【友情提示】

子女对父母有赡养扶助义务，这种义务是法定的、无条件的、必须履行的，赡养人不得以任何理由，附加任何条件来拒绝履行这一义务，任何附加条件或以各种理由拒绝履行赡养义务的行为都是违法的。这个官司老人肯定能赢。

9. 女儿出嫁后仍有赡养父母的义务吗

【经典案例】

老刘夫妇只有一个女儿，于1995年出嫁后一直在男方家做家庭主妇。老刘夫妇所在单位因为经济效益不好，现均为下岗职工，每月靠领取失业救济金度日。2012年刘老汉病重住院，刘老太要求女儿帮助支付医疗费，女儿以无经济收入为由拒之。刘老太找到当地妇联组织，希望得到妇联组织的帮助。妇联组织找到老刘的女儿和女婿，并从法律和情理上进行了耐心的劝解，最后老刘的女儿和女婿同意拿出一部分钱给父亲治病。

【法律分析】

我国的传统思想是养儿防老，重男轻女。尤其是农村中的老人，自己也认为赡养老人是儿子的事，在老人遗产的继承、家庭财产的分割上都是儿子有份，女儿没有，这种观念是错误的。在这样的观念支配下，一些女儿尤其是已经出嫁的女儿，往往忽视对父母的赡养义务。女儿同样得到了父母的抚养，应平等地享有权利，承担义务。根据我国的法律规定，成年子女都有赡养父母的义务。也就是说，在履行赡养父母的义务上，男女是平等的，不因女儿出嫁而取消她的赡养义务。

【处理意见】

女儿出嫁后仍应赡养父母。现实生活中，有些出嫁女因没有参加工作而导致自己没有直接的经济收入，但她们从事家务劳动与丈夫在外谋取生活资料的劳动具有同等价值。刘某女儿的丈夫在外的劳动所得属夫妻共同财产，夫妻对共同财产有平等的处理权。所以，刘某女儿虽然在家做家庭主妇，但仍有赡养父母的义务，她可以从夫妻共同财产中支付一部分款项为自己的父亲支付医疗费。刘某夫妇在遭到女儿的拒绝后将此事反映到其女儿所在地的妇联是正确的，因为家事还是应以调解作为主要的处理手段。在无法进行调解或达成调解协议而其女儿又拒不履行的情况下，刘某夫妇可以到法院通过起诉的方式起诉自己的女儿以维护自己的合法权益。

【法律条文】

《婚姻法》第二十一条

《老年人权益保障法》第十九条

【友情提示】

子女对父母有赡养扶助的义务。这里所说的子女包括已婚、未婚的，所以根据法律规定，女儿同样有赡养老人的义务，而且不能免除，这和女儿出嫁后仍享有对父母财产继承权的道理是一样的。

10. 媳妇对公婆、女婿对岳父母有法定的赡养义务吗

【经典案例】

赵老头与老伴膝下只有一个儿子，老伴3年前病故。他们有平房三间。2011年5月儿子因病死亡。2012年6月儿媳李某向赵老头提出说，丈夫已故，婚姻关系已消失，她没义务赡养，叫赵老头自谋生路。赵老头年事已高，没有劳动能力，又缺乏生活来源，不知道怎么办？

【法律分析】

媳妇对公婆、女婿对岳父母没有法定的赡养义务。首先，赡养人的范围只包括老年人的婚生子女、非婚生子女、养子女、有抚养关系的继子女以及有负担能力的孙子女、外孙子女，不包括儿媳、女婿，即法律并未规定儿媳对公婆、女婿对岳父母负有赡养义务。其次，赡养人的配偶不是法定的赡养人。虽然法律规定赡养人的配偶应当协助赡养人履行赡养义务，但协助的义务不是赡养义务，且此规定只适用于夫妇关系存续期间。若赡养人同其配偶解除婚姻关系，或者赡养人死亡，那么，配偶一方协助赡养的义务就自动解除了。老人的儿子去世后，儿媳不尽赡养义务不违反法律规定。同时《继承法》第12条规定，丧

偶儿媳对公婆，丧偶女婿对岳父、岳母尽了主要赡养义务的，可以作为第一顺序继承人。我国法律是鼓励丧偶儿媳赡养公婆、丧偶女婿赡养岳父母的。

【处理意见】

公婆与儿媳之间，岳父母与女婿之间，虽然按父母子女关系相称，但并非法律上的父母子女关系，不具有父母子女间的权利和义务。因此，儿媳对公婆，女婿对岳父母，没有法定的赡养义务。本案中赵老头没有权利要求儿媳履行赡养义务。

【法律条文】

《婚姻法》第二十一条

【友情提示】

由于儿媳与公婆之间、女婿与岳父母之间不属于父母子女关系，他们之间就不存在法律上的权利义务关系，他们只是一种因为婚姻的缔结而形成的姻亲关系。

11. 儿子可以因与父母签订断绝父子关系的协议而不再负担赡养义务吗

【经典案例】

刘大伯和李大嫂是夫妻，生育了一子二女，生活在农村的刘大伯和李大嫂含辛茹苦地将三个子女抚养成人。1995 年老两口因为儿子婚事的问题发生了激烈的矛盾，父母强烈反对儿子和同村的一女孩结婚，由于儿子不从，夫妻俩竟提出要求断绝父子关系。1995 年 10 月双方签订了一份脱离父子关系的协议，协议约定：双方同意断绝父子关系，儿子刘某无权继承父母的财产，也不用负赡养的义务，此后发生任何事情双方毫无瓜葛，各自负责。从此，刘大伯、李大嫂与儿子形同陌路。现刘大伯和李大嫂年事已高，丧失了劳动能力，也无经济来源，生活十分困难，遇到生病更是雪上加霜，偶尔两个女儿给点补贴但不够用，而此时其儿子刘某经济相当宽裕。2012 年 3 月,当刘大伯要求儿子刘某尽点赡养义务时,儿子刘某以双方已断绝父子关系为由拒绝赡养。

【法律分析】

民法通则规定,民事法律行为是公民或者法人设立、变更、终止民事权利和民事义务的合法行为。民事法律行为应当具备下列条件:行为人具有相应的民事行为能力;意思表示真实;不违反法律或者社会公共利益。本案中刘大伯虽与儿子签订了“断绝父子关系”的协议,但这一协议违反了法律或者社会公共利益,我国不允许婚生父母子女关系的协商解除,所以这份协议没有法律依据,是无效的协议。

【处理意见】

刘大伯与儿子之间的父子血缘关系并不因该协议而解除,作为儿子当然有赡养父母的义务。故刘大伯之子拒绝尽赡养义务的理由不能成立。当然,刘大伯与李大嫂的两个女儿也是有赡养义务的。

【法律条文】

《婚姻法》第二十一条

《老年人权益保障法》第十九条

【友情提示】

婚生父母子女之间的权利义务关系由于是法律强制性规范内容,是不能通过双方的约定而解除的,双方所谓的解除父母子女关系是无效的民事行为。

12. 老人养子不教,子女要赡养吗

【经典案例】

邹老伯虽年近七旬,但身板硬朗。因与妻子感情破裂,邹老伯与妻子于1990年4月由法院调解离婚。离婚后,他就再没和自己的四个儿子见过面。2003年,邹老伯在四川隆昌盗窃交通设施,被判刑7年,后减刑20个月,现已经刑满释放。出狱后,邹老伯因体弱多病,又无经济来源,自己独自住在九龙坡区九渡口一个搭建的棚子里,靠吃低保生活。但低保费不能维持正常生活,老人遂起诉4个儿子,要求每人每月给付200元赡养费。法庭上,当法官问及几个儿子为何不给付赡养费时,邹老三一脸愤怒地说:“他(指父亲)从小就没好好抚养、教育过我们,带我们一起去偷偷摸摸,没养成好习惯。”老幺也愤愤不平地说:“在我们还小的时候,他就不让我们学好,教我们偷东西。”成年后,老三和老幺分别因盗窃和抢夺罪入狱。出狱后一直没找到工作,现在靠母亲生活。“他当初没有尽到抚养教育义务,我们凭什么要来赡养他?”老大和老二均称,老人完全没有尽到一个做父亲的责任,“我们不认这样的父亲。”

【法律分析】

婚姻法规定,父母对子女有抚养教育的义务,子女对父母有赡养扶助的义务,二者互不影响,不能因为父母未尽义务,子女就可以不尽自己的义务。我国相关法律并未将履行抚养义务作为享受赡养义务的前提,赡养人的赡养义务是由法律明文规定了的,赡养人不得以任何理由推卸责任;同样,在赡养老年人这个问题上也是不能附加任何条件的。

【处理意见】

本案最终双方达成调解协议,两个小儿子暂不支付赡养费,老大和老二每月各支付赡养费200元。同时法官也希望4个儿子能常去看看老人,给他精神上的安慰。

【法律条文】

《婚姻法》第二十一条
《老年人权益保障法》第十九条

【友情提示】

生活中有些赡养人往往漠视对老年人的法定赡养义务，以种种理由如声称老年人偏心、老年人早年犯过严重错误等逃避自己应尽的赡养义务，其实这些理由、借口都是站不住脚的。

13. 作为孙子的韩大和韩二是否有赡养爷爷的义务

【经典案例】

韩大爷是海南某村村民，现已年逾八旬。生有一个儿子韩珠，无闺女。韩珠生有两子，分别为韩大、韩二，均已成家立业。韩珠生前非常孝敬父母，韩大爷的吃穿住行都被儿子照顾得无微不至。2012 年四月份，韩珠因意外得病身亡。对于韩大爷的赡养问题，两个孙子纷纷予以拒绝，认为父亲韩珠已死，他们无赡养爷爷的义务，拒韩大爷于门外。作为孙子的韩大和韩二是否有赡养爷爷的义务呢？

【法律分析】

孙子女、外孙子女对祖父母、外祖父母的赡养义务是一种有条件的义务，其条件如下：第一，被赡养人（祖父母、外祖父母）需要赡养。被赡养人需要赡养是首要条件，如不需要赡养，就没有强调此义务的必要。第二，被赡养人（祖父母、外祖父母）的子女已经死亡或无力赡养。“子女已经死亡”、“子女无力赡养”是指被赡养人，即祖父母、外祖父母的子女均已死亡或均不具有赡养能力。只要有子女在世或有子女具备赡养能力，祖孙之间就不发生赡养义务关系。不具有赡养能力,可能是完全不具有,也可能是部分不具有。如有的是具有赡养行为能力,但缺乏赡养的经济条件;有的是具有赡养的经济条件,但没有履行赡养义务的行为能力。在这种情况下,祖父母、外祖父母的子女失去什么方面的赡养条件,孙子女、外孙子女就会在什么方面与祖父母、外祖父母发生赡养义务关系。第三,赡养人(孙子女、外孙子女)是有负担能力的成年人。实际上是两点要求:一是已经成年,二是有负担能力。如果孙子女、外孙子女未成年,或者虽成年但确实不具有负担能力,当然就不可能产生祖孙间的赡养权利义务关系。法律规定中的"负担能力",应从"赡养能力"的角度进行理解,包括经济负担能力和监护能力,不应片面地认为仅是经济上的问题。以上三个条件,必须同时具备,才产生孙祖间的赡养义务关系。

【处理意见】

本案中,作为韩大爷唯一的子女韩珠已经先韩大爷死亡,没有其他的赡养义务人,因此,作为韩大爷孙子的韩大和韩二当然具有赡养义务。韩大和韩二认为作为孙子没有赡养义务的认识是错误的。在韩大或者韩二不尽赡养义务的情况下,韩大爷可以向法院起诉要求两孙子承担赡养义务。

【法律条文】

《婚姻法》第二十八条　有负担能力的祖父母、外祖父母,对于父母已经死亡或父母无力抚养的未成年的孙子女、外孙子女,有抚养的义务。有负担能力的孙子女、外孙子女,对于子女已经死亡或子女无力赡养的祖父母、外祖父母,有赡养的义务。

【友情提示】

孙子女对祖父母履行赡养义务应当注意以下几个问题:第一,孙子女、外孙子女对祖父母、外祖父母赡养义务的产生不以是否同居一家、共同生活为限制。第二,孙子女和外孙子女为同一顺序赡养义务承担人。孙子女、外孙子女对祖父母、外祖父母的赡养义务,在法律上是没有先后顺序的。有负担能力的都应承担赡养责任。第三,如果孙子女、外孙子女均有负担能力,可采取协商的办法由一方承担或几方共同承担。协议不成,法院可根据维护老人利益的原则进行裁决。第四,孙子女、外孙子女对祖父母、外祖父母赡养义务无对价条件。孙子女、外孙子女对祖父母、外祖父母赡养义务关系的产生，并不以是否对孙子女、外孙子女尽过抚养义务为条件。第五，有负担能力的孙子女、外孙子女均拒绝承担赡养义务时，受赡养的祖父母、外祖父母可请求法院强制义务人履行其义务。

第二篇

遗产继承纠纷

一、遗产确认、继承权确认纠纷

1. 继承从何时开始的

【经典案例】

梁某和戴某是一对新婚夫妻，在2012年春节期间驾车回家的路上因为超速，遭遇车祸，梁某当场死亡，戴某在被送往医院之后抢救无效也死亡。两人生前没有订立遗嘱。现有遗产如下：存款84 000元，房屋一套，价值60万元。梁某和戴某无子女，梁某有父母，戴某只有母亲。现在双方父母为了遗产相互争夺，诉至法院。

【法律分析】

继承从被继承人死亡时开始。根据《继承法》第二条的规定，继承人取得遗产的权利，“从被继承人死亡时开始”。这里所说的死亡，包括生理死亡和宣告死亡。生理死亡是指公民因病、因意外事故或者被人杀害等原因而死亡；宣告死亡是指公民因战争、不可抵抗的自然灾害或者其他原因下落不明，经利害关系人申请，人民法院依照民事诉讼法中的特别程序规定依法推定其死亡。因此，被继承人生理死亡或被宣告死亡的时间就是继承开始的时间。生理死亡时间，应以医院出具的“死亡证明”为准；没有医院死亡证明的，可以以公安机关注销死亡人户口登记所确定的日期为死亡的日期。失踪人被宣告死亡的，以人民法院判决中确定的失踪人的死亡日期（以法院判决下达的日期作为死亡日期），为继承开始的时间。不管是生理死亡还是宣告死亡，都产生同样的法律效果。

【处理意见】

本案中由于戴某和梁某是夫妻,梁某先于戴某死亡。由于两人没有遗嘱,根据法定继承的规定:首先确定各自的遗产份额。由于两人共有存款 84 000 元,房屋一套估价为 60 万,那么每人一半。戴某的遗产有存款 42 000 元,房屋财产 30 万元。梁某的继承人有戴某、梁某父母共三人,平均分为三份,每人一份。戴某的继承人只有其母一人,全部由其母继承。所以梁某的父母可以得到 28 000 元存款,20 万的房屋价值。戴某的母亲可以得到 56 000 元存款,40 万的房屋价值。

【法律条文】

《继承法》第二条　继承从被继承人死亡时开始。

最高人民法院《关于贯彻执行 <中华人民共和国继承法> 若干问题的意见》

第一条　继承从被继承人生理死亡或被宣告死亡时开始。失踪人被宣告死亡的,以法院判决中确定的失踪人的死亡日期,为继承开始的时间。

第二条　相互有继承关系的几个人在同一事件中死亡,如不能确定死亡先后时间的,推定没有继承人的人先死亡。死亡人各自都有继承人的,如几个死亡人辈分不同,推定长辈先死亡;几个死亡人辈分相同,推定同时死亡,彼此不发生继承,由他们各自的继承人分别继承。

【友情提示】

被继承人死亡时间特别重要,确定死亡时间关系到继承开始的时间,被继承人死亡时间的不一样会导致不同的继承结果。

2. 遗产有哪些

【经典案例】

2000 年山西一男子郭某只身来到洛阳打工,在打工期间认识原洛阳郊区某村民张某,二人于 2003 年登记结婚,2005 年婚生一女郭燕,2006 年二人共同新建房屋 4 间。2008 年二人因感情不和而离婚,婚生女儿由女方抚养,于是张某带着女儿搬到同村的父母家中,把此宅基房产送给郭某。2011 年郭某与外地另一女子黄某相识,黄某系离婚,身边带有女儿秦某 5 岁,于是郭某与黄某结婚后,三人共同生活此宅基地内。2012 年郭某在一次意外中不幸去世,留下存款 6 万元。郭某的母亲及姐姐和黄某共同办完丧事后,对宅基地及存款的分配发生争议。郭某的母亲及姐姐认为黄某系再婚无权分配郭某的财产,黄某则认为郭某的母亲没有与郭某生活更无权分配财产。双方争执不下,诉至法院。

【法律分析】

民间的继承纠纷,常常是因为遗产范围不清而引起的,到底什么是被继承人的遗产呢?遗产必须具备三个条件:(1)必须是公民死亡时遗留的财产。如果该公民的财产在他生前就处理了,如死者生前已赠与或出卖了,那就不能算他的遗产。(2)必须是公民个人所有的财产。不能是被继承人生前通过借用、租赁等方式使用的他人财产,也不能是公民与他人共有的财产。如果是公民与他人共有财产,只有把他人财产分出以后,其余部分才能作为该公民的遗产。(3)必须是合法的财产。非法取得的财产,如抢劫、偷盗、贪污获得的财物,不是合法财产,应予追索。特别需要注意的是:被继承人死亡后,单位给予他的未成年子女、丧失劳动能力的父母、无生活来源的配偶的生活费、抚恤金、补助费,不属于死者遗产,其他家庭成员无权继承。

【处理意见】

本案是一起因遗产继承而发生的纠纷,对继承纠纷案件分析,主要分为以下三个步骤:

第一步,确定遗产的范围。本案中,涉及郭某的财产为:宅基房产 4 间、存款 6 万元。本案中,6 万元为夫妻共同财产 ,所以只有 3 万元及 4 间房产才是郭某的遗产。

第二步,确定继承的方式和继承人的范围。继承开始后,无遗嘱的,按照法定继承办理;有遗嘱的,按照遗嘱继承;有遗赠扶养协议的,按照协议办理。法定继承的顺序是:第一顺序:配偶、子女、父母;第二顺序:兄弟姐妹、祖父母、外祖父母。子女,包括婚生子女、非婚生子女、养子女和有扶养关系的继子女。

本案中,郭某的法定继承人有:郭某的母亲、郭某的配偶黄某、郭某与张某婚生女儿的郭燕、与郭某形成抚养关系的继女秦某共4人。

第三步,分割遗产(一般情况下各法定继承人继承遗产要均等)。故郭某的母亲、女儿郭燕、继女秦某分别继承一间房屋和7500元;郭某的配偶继承一间房屋和7500元加上属于自己的3万元共37 500元。

【法律条文】

《继承法》第三条　遗产是公民死亡时遗留的个人合法财产,包括:(1)公民的收入;(2)公民的房屋、储蓄和生活用品;(3)公民的林木、牲畜和家禽;(4)公民的文物、图书资料;(5)法律允许公民所有的生产资料;(6)公民的著作权、专利权中的财产权利;(7)公民的其他合法财产。

【友情提示】

注意遗产与夫妻共同财产和家庭共同财产的区分:夫妻在婚姻关系存续期间所得的财产为夫妻共同所有,除有约定的以外。如果分割遗产,应当先将夫妻共同所有的财产的一半分出为配偶所有。

3. 死亡赔偿金能否视为死者的遗产

【经典案例】

李玉玲(女)和高山(男)于2005年相识,同年依据民间风俗举办了结婚仪式,并育有一子高风,但一直没有办理结婚登记手续。2009年秋,高山在北京打工时,从正在施工的高楼上坠地身亡,后被认定为工伤,建筑公司给予高某家属死亡赔偿金共计50余万元人民币。其中,丧葬费22 356元,一次性工亡赔偿金178 848元,父母赡养及子女抚养金217 620元,其他补贴81 176元。当时,高山的弟弟高岭受李玉玲、高风和高山的父母的委托,代表他们领取了该50余万元的赔偿金。死者高山的丧葬事宜办理完毕之后,其弟高岭和其父母将50余万元据为己有,没有给高山的妻子李玉玲及其子高风一分钱,并不打算给。李玉玲及其子高风遂将高岭及其父母告上法庭。

【法律分析】

我国法律明文规定,工伤死亡的,死者的家属可以请求赔偿义务人支付一定数额的死亡赔偿金,而对死亡赔偿金的性质及归属并没有明确规定,但根据目前的法律规定以及审判实践,工伤的死亡赔偿金不是遗产,理由如下:第一,遗产是公民死亡时遗留的个人合法财产。可以理解为遗产是公民死亡时存在的个人合法财产,而死亡赔偿金是在受害人死后才产生的,在公民死亡时并不现实存在。因此,将死亡赔偿金作为遗产处理并不符合遗产的法律特征。第二,2005 年 3 月 22 日,最高人民法院就广东省高级人民法院《关于死亡赔偿金能否作为遗产处理的请示》作出了(2004)民字第 26 号《关于死亡赔偿金能否作为遗产处理的复函》,内容为:“空难死亡赔偿金是基于死者死亡对死者近亲属所支付的赔偿。获得空难死亡赔偿金的权利人是死者近亲属,而非死者。故空难死亡赔偿金不宜认定为遗产。”从该规定可以看出,死亡赔偿金是专属于死者近亲属的财产。该复函虽系个案答复,但也充分体现出死亡赔偿金不宜认定为遗产的价值所向,对审判实践具有重要的参考价值。第三,最高人民法院《关于确定民事侵权精神损害赔偿责任若干问题的解释》第九条规定死亡赔偿金为精神抚慰金,是属于精神损害方面的赔偿,精神损害赔偿是间接损失,是不能继承的。在司法实践中,各地法院也是依据该项解释认定死亡赔偿金不是遗产的,同时认为死者的死亡赔偿金不属于《继承法》第 3 条规定的遗产的任何一项,因此死亡赔偿金不是遗产。

【处理意见】

本案中,李玉玲与高山没有取得结婚证,只能按非法同居关系对待,不属于夫妻关系,李玉玲不能参与死亡赔偿金的分配。其子高风虽系非婚生子,也应同婚生子享有同等权利,其应该参与死亡赔偿金的分配。该 50 万元死亡赔偿金在扣除实际发生的丧葬费后,对父母赡养及子女抚养金 217 620 元,分配时应适当倾向于高山年幼的儿子高风,对一次性工亡赔偿金 178 848 元、其他补贴 81 176 元这两项应由高山的父母和儿子三人平均分配。将死亡赔偿金作为专属于死者近亲属的财产进行赔偿,可以充分体现出对死者近亲属生存权的关注,与我国《宪法》规定的精神相一致,同时也可以更好的体现“以人为本”

的现代司法理念。

【法律条文】

《继承法》第三条

【友情提示】

死亡赔偿金是一种特殊的财产，是受害人近亲属因受害人死亡导致的生活资源的减少和丧失，是对受害人家庭损失的弥补，对死者家庭利益的赔偿，也是对死者家属失去死者所造成的精神损失的补偿，而不应属于死者的遗产范畴。死亡赔偿金的受益人只能是死者的近亲属。

死亡赔偿金虽然不属于死者遗产，但是在死亡赔偿金的处理分配中，是按照《继承法》的规定在死者的法定继承人之间按继承顺序加以分割的。

4. 网络游戏中的顶级装备（虚拟财产）是否可以作为遗产

【经典案例】

陆某（男）与李某（女）于2007年12月结婚。陆某一直迷恋网络游戏，并且在游戏里认识了杨某，双方在网络里也结为夫妻。由于两个人在网络游戏里配合默契，他们得到了游戏里的最高装备“屠龙刀”。当时就有人出现金人民币5万元要购买，他们两个人都没有舍得卖。2010年12月陆某去世，李某与杨某为主张“屠龙刀”的所有权而引发纠纷。

【法律分析】

所谓财产就是能够为人所拥有，具有价值的物资以及可以换取物资的钱财。那么合法财产就是通过合法途径取得，受到法律保护的这些物资以及钱财。一般情况下，财产具有经济价值和使用价值，具有被人所占有、使用、收益、处分的属性。本案中这把“屠龙刀”能不能被李某继承，关键还要看这“屠龙刀”

是不是属于陆某的遗产。从继承法所列举的财产类型来看,网络游戏虚拟装备明显不在所列其中。继承法虽然采用列举的方式说明了属于自然人遗产的财产类型,但是从其立法宗旨来看,自然人遗产的范围并不仅限于所列举的这些财产类型。随着社会的发展,新鲜事物不断涌现,自然人财产的范围也必将随着扩大。而法律又不可能将所有财产类型一一列举出来。那么网络中的"屠龙刀"是不是就属于第七款规定的公民其他合法财产呢?

【处理意见】

本案中陆某作为网络游戏玩家,为了得到这游戏装备"屠龙刀",不但付出了脑力和体力劳动,耗费了大量时间,而且支付了上网费用和游戏卡充值费用。所以说,陆某为了得到这"屠龙刀"是支付了对价的。那么在支付了以上的对价后,就可以通过操控虚拟人物控制这些装备。所以这"屠龙刀"就像我们日常生活中的煤气和电一样,虽然无形,但仍然可以为人所控制、占有。其次,作为财产的使用价值,其实包括满足人们物质上和精神上需求,而这游戏装备"屠龙刀"正是满足了人们精神层面的需求。对于游戏玩家而言,没有比拥有一把顶级游戏装备更有面子和成就感的了。所以这游戏装备"屠龙刀"是有现实的使用价值的。在陆某和杨某刚刚打出"屠龙刀"的时候,就有玩家出现金五万元购买,也就是说这"屠龙刀"可以在现实之间转让、交换。这把"屠龙刀"是杨某和陆某共同努力获得的,所以应该归杨某和陆某共同所有。陆某去世了,李某作为陆某唯一合法继承人,只能继承陆某的共有份额。

【法律条文】

《继承法》第三条

【友情提示】

在现实生活中,这种网络游戏装备(虚拟财产)的交换也是客观存在的,所以游戏装备具备财产的基本属性,应当属于玩家所有的无形私人财产,与有形财产在本质上并无不同,是可以作为遗产由它的继承人继承的。

5. 抚恤金是不是属于遗产

【经典案例】

2003 年原告丁某、林某之子丁智勇同张某结婚,同年生育被告丁小某。2009 年丁智勇与张某经法院调解离婚,被告丁小某随张某共同生活,2012 年丁智勇因交通事故不幸身亡。现张某已下岗在药店做临时营业员,原告丁某系县公安局退休干警,另有四个子女,原告林某无业在家。丁智勇的个人账户还有工资 13 000 元及单位所发抚恤金 12.5 万元。现两原告与被告为了这 12.5 万元起诉至法院,本案中 12.5 万元如何分割?

【法律分析】

抚恤金是指公民因工伤、交通或其他意外事故的发生造成伤残或死亡的,国家或有关单位按相关法规规定发给伤残者本人或死者家属一定金额的慰问金及生活补助费。我国的抚恤金分为两种,一种是发给伤残者本人的,另一种是发给死者家属的。这两种性质的抚恤金在遗产继承中的结果是不同的,应分清情况,区别对待:(1)发给死者家属的抚恤金和生活补助费不是对死者的经济补偿,而是有关单位给予其家属的物质帮助和精神安慰,发给谁就属于谁的。从发给之日起该种抚恤金已成为家属的个人财产,而不能作为死者的遗产被继承;(2)如果抚恤金和生活补助费是有关单位发给伤残者本人的,这就属于伤残者本人所有,一旦伤残者亡故,此部分抚恤金、补助费就成为遗产,继承人可以依法继承。

【处理意见】

抚恤金不是遗产。本案中,只有作为丁智勇父母的两原告和作为丁智勇儿子的被告丁小某是直系亲属,而张某已与丁智勇离婚,不再是丁智勇的配偶。另外,原告丁某作为县公安局退休干警,有退休工资,生活是有保障的,所以只有原告林某与被告丁小某有资格分配抚恤金。综上所述,12.5 万元中的抚恤金部分应由原告林某和被告丁小某平均分配，其余部分由两原告和被告平均分配。本案中除去抚恤金之外的钱都是丁智勇的遗产，应该按照遗产继承，在两原告和被告间平均分配。

【法律条文】

《继承法》第三条

劳动和社会保障部《因工死亡职工供养亲属范围规定》二至四条

第二条　本规定所称因工死亡职工供养亲属，是指该职工的配偶、子女、父母、祖父母、外祖父母、孙子女、外孙子女、兄弟姐妹。

第三条　上条规定的人员，依靠因工死亡职工生前提供主要生活来源，并有下列情形之一的，可按规定申请供养亲属抚恤金：（1）完全丧失劳动能力的；（2）工亡职工配偶男年满60周岁、女年满55周岁的；（3）工亡职工父母男年满60周岁、女年满55周岁的；（4）工亡职工子女未满18周岁的；（5）工亡职工父母均已死亡，其祖父、外祖父年满60周岁，祖母、外祖母年满55周岁的；（6）工亡职工子女已经死亡或完全丧失劳动能力，其孙子女、外孙子女未满18周岁的；（7）工亡职工父母均已死亡或完全丧失劳动能力，其兄弟姐妹未满18周岁的。

第四条　领取抚恤金人员有下列情形之一的，停止享受抚恤金待遇：（1）年满18周岁且未完全丧失劳动能力的；（2）就业或参军的；（3）工亡职工配偶再婚的；（4）被他人或组织收养的；（5）死亡的。

【友情提示】

抚恤金不属于遗产的性质，享受抚恤金待遇的人必须同时具备三个条件：一是必须是死者的直系亲属、配偶；二是依靠因工死亡职工生前提供主要生活来源的人；三是领取抚恤金的人如果具备了独立的生活能力或被他人供养时就应停止享受抚恤金的待遇。归纳起来就是说，抚恤金只是给生前紧紧依靠死者的直系亲属的一种精神和经济上的抚慰。

6. 保险赔偿金是否属于遗产

【经典案例】

刘某和张某是夫妻,张某在2012年11月遇车祸身亡,由于他生前投保过人身保险,并将刘某作为受益人。因此,保险公司向刘某赔偿了23万元的保险金。后来,刘某的公公婆婆得知此事后,认为这笔保险金是儿子的遗产,他们也应该享有继承权。请问,刘某丈夫张某的这笔人身保险金是遗产吗?刘某的公公婆婆有继承权吗?

【法律分析】

与抚恤金相类似,保险金也分为两种情况:(1)公民在保险单中指定了受益人的,一旦保险事故发生,被指定的受益人将取得保险赔偿金。这是投保人生前对自己的财产所作的赠予,属投保人生前已处分的财产,它不是投保人的遗产,它已成为受益人的合法财产,不能被继承,也不能用来偿还投保人生前的债务。(2)如果保险人在保险合同中未明确指定受益人,在发生保险事故后理赔所得的保险金就成为投保人的遗产,可依法由投保人的继承人继承。

【处理意见】

本案张某在投保时将刘女士作为受益人,所以张某死亡的保险金就只能由受益人享有。刘女士丈夫张某的这笔23万元保险金应归刘女士所有,其公公婆婆没有继承权。

【法律条文】

《继承法》第三条

《保险法》第六十四条　被保险人死亡后,遇有下列情形之一的,保险金作为被保险人的遗产,由保险人向被保险人的继承人履行给付保险金的义务:(1)没有指定受益人的;(2)受益人先于被保险人死亡,没有其他受益人的;(3)

受益人依法丧失受益权或者放弃受益权,没有其他受益人的。

最高人民法院关于保险金能否作为被保险人遗产的批复(1988年3月24日):人身保险金能否列入被保险人的遗产,取决于被保险人是否指定了受益人。指定了受益人的,被保险人死亡后,其人身保险金应付给受益人;未指定受益人的,被保险人死亡后,其人身保险金应作为遗产处理,可以用来清偿债务或者赔偿。在处理本案时,应本着上述原则,适当注意保护债权人的利益,合情合理解决。

【友情提示】

对于保险金是否属于遗产范畴,不能一概而论。对于财产保险来说,保险金属于保险人的遗产。对于人身险来说,应分情况而定:指定了受益人的保险金不是遗产,未指定受益人的保险金是遗产,二者在继承关系中有着显著差异。

7. 丧事礼金是否属于遗产

【经典案例】

2012年4月23日,黄某某因公死亡,单位发放了抚恤金104 753.20元,保险公司赔付保险金168 013.36元。黄某某死亡后,为其办丧事,其单位预付了40 411.80元,其妻子唐某某收得礼金28 900元。在黄某某与唐某某共同生活期间,共有财产价值共计85 247.00元,共同债务为57 000元,到黄某某死亡时止,黄某某工资卡上余额为13 066.68元。黄某某死亡后,其母亲郭某某、儿子黄文某(黄某某前妻所生)因与唐某某就财产分割发生争议,郭某某、黄文某将唐某某作为被告诉到法院,要求继承黄某某的财产。在审理过程中,对如何分割黄某某的财产及抚恤金、保险金不存在争议,但对礼金的性质及分配问题存在两种不同的意见:一种意见认为该28 900元的丧事礼金不属于死者的遗产,但分配原则还是按遗产的分配原则来分割,郭某某、黄文某及唐某某各得9 633元。另一种意见认为丧事礼金的法律性质应当是对死者近亲属具有赠予性质的抚慰金,同时包含有较多的人情往来因素,是一种特殊的抚慰金,并非死者的遗产，不应当完全适用继承法的规定处理，应当依据礼金的来源情况进行确权、分割。

【法律分析】

丧事礼金是指死者近亲属为死者操办丧事，死者亲属、朋友及死者近亲属的亲属、朋友所赠送的现金。丧事礼金的来源主要有：（1）死者的亲友所送的礼金；（2）死者父母的亲友所送的礼金；（3）死者的子女亲友所送的礼金；（4）死者的配偶亲友所送的礼金；（5）死者的兄妹亲友所送的礼金。从丧事礼金的来源，我们可以看出：丧事礼金并不是送给死者的，而是送给死者的近亲属的，其来源是多方面的，死者已经死亡，已不可能接受他人所送的礼金。"遗产"是自然人死亡时遗留的个人合法财产。所以，丧事礼金并非死者死亡时遗留的个人财产，故丧事礼金不可能成为死者的遗产。作为送给死者的近亲属的丧事礼金，应当是对死者近亲属的抚慰，属于对死者近亲属的抚慰金，这种礼金同时还包含了很多人情往来的因素，依据民间习俗是需要收礼金者在送礼者操办有关丧事时返送的。故可以认为丧事礼金的法律性质应当是对死者近亲属具有赠予性质的抚慰金，同时包含有较多的人情往来因素，是一种特殊的抚慰金，并非死者的遗产，不应当完全适用继承法的规定处理。

【处理意见】

在丧事礼金的分配问题上可以依据该礼金的权属进行相应的分配。具体分配方式为：（1）对死者的亲友所送的礼金，由死者的近亲属共同共有，在分配时可按份平均分配；（2）对死者父母的亲友所送的礼金，属于死者的父母所共有，分给死者的父母；（3）对死者的子女亲友所送的礼金，属于死者子女按份共有，依据送礼者的名单是可以分清各自的份额的，故可按各自的份额进行分割；（4）对死者的配偶亲友所送的礼金，属于死者配偶单独所有，应分给死者的配偶；（5）对死者的兄妹亲友所送的礼金，属于死者兄妹按份共有，依据送礼者的名单也是可以分清各自份额的，可按各自的份额进行分割。

【法律条文】

《继承法》第三条

【友情提示】

丧事礼金的分配,应当注意结合相应的民族风俗习惯、《继承法》、《民法通则》的有关规定,对丧事礼金要先分清礼金的来源、权属问题,礼金的来源可以要求原、被告双方提供礼金登记簿进行确认,再进行相应的分割。属于死者近亲属个人所有的,分给所有者个人;属于死者的某几个近亲属所共有的,依据共有情况,进行相应的份额分割。

8. 宅基地可以作为遗产继承吗

【经典案例】

李民系汤阴县菜园镇某村村民,其父母在2003年去世时留有5间房屋,因年久失修,房屋成了危房。2011年初,李民打算将这5间房屋拆了重建。但是拆了以后,村委会却通知李民不能建房,并且要收回这块宅基地。李民认为自己是合法继承父母的遗产,村委会不应该将宅基地收回。为此,李民将村委会告上法庭,要求村委会立即停止侵害。

【法律分析】

公民对宅基地只有使用权没有所有权,所以不可以作为遗产继承。但建造在宅基地上的房屋产权属于公民自有,可以继承。我国实行"房地一体"原则,村民依法继承的房屋,其宅基地与房屋不分离,村民可以仍然享有宅基地的使用权。

【处理意见】

李民依法继承的是房屋,而不是宅基地使用权,只是因为房地一体,继承房屋时就当然享有宅基地使用权。但是,一旦将房屋拆除就不再享有宅基地使用权,村委会可以收回该宅基地,法院可以判决驳回李民的诉讼请求。

【法律条文】

《继承法》第三条

《土地管理法》第八条 宅基地属于农民集体所有,村民个人只享有宅基地的使用权,所以宅基地不能成为公民个人合法财产进行继承。

【友情提示】

宅基地使用权不能继承,只能因房屋继承后而一并转移给继承人。作为继承的宅基地使用权人,只能使用该房屋和加以必要的维护,如果房屋一经拆除,就失去了重新建造的权利,只能将多占的这一份宅基地退还村里。

9. 城镇居民能不能继承农村的自留地

【经典案例】

李某、李王氏系原告陈某公婆。李某、李王氏1993年相继去世,李某生前是某区某村经济合作社社员,曾在该村分得自留地一块。陈某之夫李强系城镇居民,1997年去世。陈某于1982年迁至其他区某处居住。被告安某居住于李某生前所在村,2006年4月,安某在自家院西院墙外,李某所分自留地上修建砖结构、彩钢板顶西房2间。陈某认为,安某建房之地是在陈某家宅基地,此处原有其家2间土房,安某擅自将土房拆除,建造房屋,侵犯了其合法的财产权,故诉法院,要求安某拆除所建西房。陈某提供了该村经济合作社第二分社出具的证明,证明其在安某建房之处有房产,安某擅自将其房屋拆除,另建西房。安某表示,上述证据不能证明陈某在该地有房产,更不能证明其拆除了陈某的房屋。安某提供了建房申请批示表,以证明其西房建于空地上。经陈某申请,法院至某村经济合作社第一分社、第二分社调查。第一分社表示,原被告争议的土地是当年村集体分给李某的自留地,地上有无房屋不清楚;第二分社表示,李某只是在其分社有股金,证明上关于李某曾在安某建房处居住的表述是在原告家人自述下写上的,不清楚该地是否有房屋。

【法律分析】

根据查明的事实,安某的西房是在李某早年所分自留地内所建。自留地是我国实行农业集体化以后留给农民个人经营的少量土地,陈某是城镇居民,且不在当地居住,不具有该地的使用权。

【处理意见】

陈某关于安某建房所在土地属其宅基地,该地上曾有其家2间土房的主张,某村第二分社负责人明确表示否认其中关于“李某去世前在安某建房处居住”的表述,而安某提供的建房审批表上明确标明四至,指出“西至空地”,该表的平面图也标明西墙外是空地。故判决驳回原告陈某的诉讼请求。

【法律条文】

《继承法》第三条

【友情提示】

我国土地属于国家或者集体所有,所有权是国家的或者集体的,个人只享有土地的使用权或者土地上的建筑物的所有权。

10. 公有住房可以继承吗

【经典案例】

杜女士母亲有一套公有住房,其姐姐一直和母亲居住在一起,她母亲在2011年9月去世了,母亲只有她和姐姐两个孩子。在其母亲去世后,杜女士的姐姐杜甲就将这套公有房屋的承租人变更为自己的名字。杜女士得知消息后一直想不通,她对这套公有住房是否有“继承权”?

【法律分析】

公房又称为公有房屋，一般是指国家所有的房屋。公有住房的使用权人所持有的《公有住房租赁证》是房屋产权人与承租人之间就该房屋的使用权所达成权利和义务关系的协议。从法律角度上看房屋产权人与承租人双方建立的是房屋租赁法律关系，所以在公房的承租人死亡后，其继承人并不能以继承的方式成为房屋租赁合同中的承租人，因为我国继承法规定的继承权是指公民依照法律规定或死者生前所立的合法遗嘱而取得被继承财产的权利，继承的范围应当是被继承人生前所拥有的合法财产，但作为公有住房的承租人对该房屋只享有使用权，而不具有所有权。

对于公房拆迁补偿纠纷，承租人在租赁期限内死亡，其共同居住两年以上的家庭成员继续履行原契约，并依法办理更名手续的，该同住人就是拆迁房屋的承租人，有权参与拆迁补偿并获得补偿款。如果承租人死亡，其中一同居住人擅自将租赁关系变更到本人名下的，该居住人可以参与拆迁，但其他人有异议的，可以主张撤销更名，并同时参与补偿，或要求已参与补偿的人分配补偿款。如果有关部门已在拆迁前下达公房收回通知的，任何人无权参与拆迁补偿。相关权利人有异议，认为该行政行为违法的，可以对收回房屋提起行政诉讼。

【处理意见】

公有住房的使用权不可以作为遗产来继承。在承租人死亡之后，原有的房屋租赁关系自然消失，承租人的使用权因其死亡而不复存在，但是作为承租人的家庭成员有优先承租该公房的权利，这种权利绝不是由继承而来，而是在原承租基础上，重新建立的租赁关系。承租人死亡，其生前在本处无本市常住户口的共同居住人与其生前具有本市常住户口的配偶和直系亲属协商一致，要求变更租赁户名的，出租人应予同意。协商不一致的，出租人应当按照下列顺序书面确定承租人：(1)原承租人的配偶；(2)原承租人的子女；(3)原承租人的父母；(4)原承租人的其他直系亲属。本案杜甲将租赁的公有住房变更为自己名下，这是符合法律规定的。

【法律条文】

《继承法》第三条

【友情提示】

"私产房"作为公民死亡时遗留的个人财产,其继承人是享有继承权的,继承人可按照顺序继承相应的遗产。但是"公产房"的所有权是国家、集体或者企业,并非个人的私人财产。因此公房承租人享有的是"承租权"。而承租权并不属于可以继承的个人财产权利,所以公产房不存在继承的问题,也就是说公产房不能作为承租人的财产进行继承分割。不过,对于承租人已经购买了产权的"公有房",其已等同于私产房,应按私有财产处理。

11. 继承纠纷的诉讼时效是多长

【经典案例】

家住北京市门头沟区的李女士的父亲于1973年因病去世,母亲与他人再婚,婚后将所住房屋进行了扩建和翻修。1985年李女士的母亲、继父相继去世。1993年7月,李女士继父与前妻所生的子女取得了该房屋的所有权证。李女士于2009年4月起诉至门头沟区人民法院,认为这套房屋是父母的遗产,自己有继承的权利,要求依法分割。李女士继父的子女不同意李女士的诉讼请求,认为她早就放弃了继承的权利。经审理,法官驳回了原告李女士的诉讼请求。

【法律分析】

根据《中华人民共和国继承法》第八条的规定,继承权纠纷提起的诉讼期限为二年,自继承人知道或者应当知道其权利被侵犯之日起计算,但是,自继承开始之日起超过二十年的,不再保护其权利。

【处理意见】

本案中李女士的父母、继父于二十余年前死亡,继父与前妻所生的子女依法取得了房产所有权证,李女士于二十余年之后提起继承诉讼,已过法律规定的诉讼时效,法院不予支持是正确的。

【法律条文】

《继承法》第八条　继承权纠纷提起诉讼的期限为二年，自继承人知道或者应当知道其权利被侵犯之日起计算。但是，自继承开始之日起超过二十年的，不得再提起诉讼。

最高人民法院《关于贯彻执行<中华人民共和国继承法>若干问题的意见》十五至十八条规定：

第十五条　在诉讼时效期间内，因不可抗拒的事由致继承人无法主张继承权利的，人民法院可按中止诉讼时效处理。

第十六条　继承人在知道自己的权利受到侵犯之日起的二年之内，其遗产继承权纠纷确在人民调解委员会进行调解期间，可按中止诉讼时效处理。

第十七条　继承人因遗产继承纠纷向人民法院提起诉讼，诉讼时效即为中断。

第十八条　自继承开始之日起的第18年后至第20年期间内，继承人才知道自己的权利被侵犯的，其提起诉讼的权利，应当在继承开始之日起的20年之内行使，超过20年的，不得再行提起诉讼。

【友情提示】

诉讼时效特别重要，继承纠纷的时效为一般时效，为2年。

12. 解决继承纠纷的途径有哪些

【经典案例】

姚某早年和妻子离婚，一个人带着孩子和父母一同居住，姚某患有高血压，在2012年8月15日突发脑出血抢救无效死亡。姚某没有订立遗嘱，留下房屋一套（估价为40万），门面一间（估价为120万），存款若干。其死亡时孩子刚满14岁。姚某前妻吕某要求取得孩子的监护权，并要求继承遗产，姚某父母不同意分割遗产，也不同意吕某把孩子领走，双方发生重大分歧。

【法律分析】

根据我国现行法律的规定，发生了继承纠纷，可以通过如下三种途径加以解决：（1）自行协商。继承纠纷发生后，相关当事人可以在完全自愿的基础上，通过互谅互让，就遗产分割的时间、办法和份额协商达成一个各继承人都愿接受的协议，然后按协议分割遗产。协商虽然是在产生纠纷的当事人双方之间进行，但也须遵循一定的原则：第一，平等自愿原则。第二，合法原则。第三，不损害国家、社会利益和他人合法权益的原则。当事人不得为达成协议，为了各自的利益而损害国家和社会的利益，或者侵害第三人的合法权益，否则，这种协商便失去了公正性和合理性，因此，也不受法律保护。（2）申请人民调解委员会进行人民调解。发生继承纠纷后，如有关当事人协商不成，可以由人民调解委员会调解。人民调解委员会以继承法为依据，通过说服教育的方法来调解纠纷，促使当事人在自觉自愿的基础上，互相谅解，互相让步，达成协议。人民调解委员会的调解协议达成以后，各当事人都应当自觉遵守和履行。必要时双方可以到人民法院通过特别程序对调解协议予以司法确认，一旦法院予以司法确认后，该人民调解协议具有强制执行效力。（3）向人民法院提起诉讼。继承纠纷发生后，协商不成，可以不经人民调解委员会调解，直接向人民法院提起诉讼。经过人民调解委员会调解，达不成协议的，任何一方均有权向人民法院起诉。

【处理意见】

本案中姚某死亡时没有遗嘱，按照法定继承，有三人可以继承其遗产：姚某父母和孩子，姚某前妻已经离婚，没有继承权。姚某前妻可以取得孩子的监护权，她是第一顺位的监护人。

【法律条文】

《继承法》第十五条　继承人应当本着互谅互让、和睦团结的精神，协商处理继承问题。遗产分割的时间、办法和份额，由继承人协商确定。协商不成的，可以由人民调解委员会调解或者向人民法院提起诉讼。

【友情提示】

发生继承纠纷可以由双方协商解决，也可以申请调解或者向法院起诉，但是不能申请仲裁。

13. 夫妻吵架之后丈夫自杀，妻子还有继承权吗

【经典案例】

李某和王某2008年4月登记结婚，婚后夫妻之间一直吵吵闹闹。2011年4月份，王某在一次吵架后气不过，喝农药自杀。李某在料理完丈夫的丧事后要求继承丈夫的遗产，遭到王某父母的强烈反对。对于李某是否有资格继承王某的遗产，李某和王某的父母各执一词，互不相让。李某于是在2011年6月起诉至法院请求继承王某的遗产。那么李某有没有丧失对王某遗产的继承权呢？

【法律分析】

继承权丧失是指本来具有继承资格的人因犯有某些严重违反人伦道德的罪行，或有严重的不道德行为，而丧失作为继承人的资格，不再享有继承遗产的权利。继承权丧失的法定事由有以下情形：(1)故意杀害被继承人的(绝对丧失)；(2)为争夺遗产而杀害其他继承人的(绝对丧失)；(3)遗弃被继承人或者虐待被继承人情节严重的，继承人因遗弃被继承人或者虐待被继承人情节严重而丧失继承权的，属于继承权的相对丧失。(4)伪造、篡改或者销毁遗嘱，情节严重的(绝对丧失)。

【处理意见】

本案中被继承人王某因夫妻矛盾自杀身亡，其死亡与李某虽有一定的因果关系，但夫妻矛盾导致一方自杀不属于丧失继承权的法定情形，王某自杀亦非李某主观上所能预见。因此李某并未丧失继承权，其仍有资格继承王某的遗产。

【法律条文】

《继承法》第七条 继承人有下列行为之一的,丧失继承权:(1)故意杀害被继承人的;(2)为争夺遗产而杀害其他继承人的;(3)遗弃被继承人的,或者虐待被继承人情节严重的;(4)伪造、篡改或者销毁遗嘱,情节严重的。

最高人民法院《关于贯彻执行 < 中华人民共和国继承法 > 若干问题的意见》第九条:在遗产继承中,继承人之间因是否丧失继承权发生纠纷,诉讼到人民法院的,由人民法院根据《继承法》第七条的规定,以判决确认其是否丧失继承权。

【友情提示】

我国确认丧失继承权的机关只能是人民法院,其他任何组织或个人均无权确认公民丧失继承权。继承权丧失仅具有相对性,也就是说丧失继承权并不意味着继承人从此失去了对一切被继承人的继承权,而仅仅是丧失了对特定继承人的继承权。因为继承权本身是个相对的概念,即只存在对某个被继承人的继承权,而不存在对全体被继承人的总的继承权。继承人对某个被继承人有依法应丧失继承权的行为时,仅丧失对该被继承人的继承权,而不影响其对其他被继承人的继承权。如某人故意杀死了父亲,便丧失了对其父亲的继承权,但他仍有权继承其母亲和妻子的遗产。

14. 弟弟砍死父亲,哥哥大义灭亲杀死弟弟,妹妹又篡改遗嘱,那么父亲遗产归谁所有

【经典案例】

杨某 1990 年丧偶,未再娶,独自将两儿一女(杨某光、杨某辉、杨某娅)拉扯成人,并帮助他们成家立业。2002 年退休后,杨某利用自己积蓄独自设立了一个百货商店,由于杨某为人厚道,有经商头脑,加之商店地处闹市区,因此生意相当红火,几年下来攒了不少钱。小儿子杨某辉从小被杨某娇惯,养成恶习,

对家庭和工作不负责任，而且吸毒，经常到父亲商店里拿钱，父亲不给即抢，并多次打伤杨某。大儿子杨某光家庭责任感和事业心都强，并孝敬老人，他对弟弟杨某辉的习性和行为一直心含恨气。一次杨某辉因毒瘾发作又来店里要钱，杨某硬是不给，杨某辉拿刀就砍，致杨某头部多处受伤而当场死亡。大儿子杨某光恰巧路过商店看见父亲惨死状况，气愤之极，当即冲进商店将杨某辉打死（此后被判有期徒刑15年）。在外省工作的女儿杨某娅回家在办理父亲丧事时，无意发现父亲的亲笔遗嘱，表明"两儿一女"平分遗产。于是，杨某娅偷改了遗嘱，为自己增加了2万元的继承份额。在分割遗产时，杨某光之妻金某发现遗嘱有篡改迹象，随即向当地居委会和派出所报告了情况。杨某娅非常害怕，后承认自己偷改遗嘱事实。于是，金某认为，杨某辉砍死父亲，杨某娅偷改遗嘱，该兄妹均无权继承，遗产应单独由杨某光继承。杨某娅认为，虽然自己偷改遗嘱，但情节不严重，应有权继承。因此，该继承纠纷起诉至法院，要求法院秉公裁断。

【法律分析】

继承权丧失，是指继承权对被继承人或其他继承人犯有某种罪行或者有其他违法行为，而被依法取消其继承被继承人所有的遗产的资格。《继承法》规定有下列行为的，应丧失继承权：(1)故意杀害被继承人。故意杀害被继承人，直接威胁被继承人的人身安全，本身就是一种最严重的犯罪行为。因而，无论继承人出于何动机而产生故意杀害，也不论是既遂还是未遂，均将丧失继承权。即使被继承人以遗嘱方式将部分遗产指定由该继承人继承的，也可确认遗嘱部分无效，并按继承法第七条的规定处理。(2)为争夺遗产而杀害其他继承人的。该必须条件是：主观动机是争夺遗产，有杀害的故意。如果为了争夺遗产只是伤害的故意或者其他过失杀人的，不应丧失继承权。(3)遗弃被继承人的，或者虐待被继承人情节严重的。(4)伪造、篡改或者销毁遗嘱，情节严重的。我国公民立遗嘱处分个人合法财产受国家法律保护，任何人均不得干涉和破坏。继承人伪造、篡改或者销毁遗嘱，违背了被继承人的真实意愿，直接侵犯了遗嘱继承人的合法权益，是一种违法行为。如果该行为侵害了缺乏劳动能力又无生活来源的继承人的利益，并造成其生活困难的，属于情节严重；如果属于一般情况，未产生严重后果，可以不按丧失继承权处理。

【处理意见】

杨某娅不丧失继承权。继承人伪造、篡改或销毁遗嘱，侵害了缺乏劳动能力又无生活来源的继承人的利益，并造成其生活困难的，应认定其行为情节严重。本案中，杨某娅虽有偷改遗嘱的行为，不构成情节严重，故不丧失继承权。

杨某光虽被判刑 15 年，但享有继承权。《继承法》第七条规定，为争夺遗产而杀害其他继承人的，丧失继承权。也就是说，如果不是为了争夺遗产而是因为其他原因杀害其他继承人，并不丧失继承权。本案中杨某光打死杨某辉的行为的动机是见父亲被害，出于义愤之极。因此，杨某光不丧失继承权。

杨某辉丧失继承权。本案中因杨某辉刀砍父亲头部多处，有杀害被继承人的故意和行为，因此丧失继承权。遗嘱中原由他继承的份额，应当被剥夺，该份额应由其他继承人继承。

法院判决杨某辉故意杀害父亲，杨某光出于义愤打死杨某光，杨某娅篡改遗嘱后承认违法事实且未造成严重后果。判决杨某光和杨某娅共同继承父亲遗产，杨某辉无权继承。

【法律条文】

《继承法》第七条

最高人民法院《关于贯彻执行 < 中华人民共和国继承法 > 若干问题的意见》

第九条　在遗产继承中，继承人之间因是否丧失继承权发生纠纷，诉讼到人民法院的，由人民法院根据继承法第七条的规定，判决确认其是否丧失继承权。

第十一条　继承人故意杀害被继承人的，不论是既遂还是未遂，均应确认其丧失继承权。

第十二条　继承人有继承法第七条第(一)项或第(二)项所列之行为，而被继承人以遗嘱将遗产指定由该继承人继承的，可确认遗嘱无效，并按继承法第七条的规定处理。

第十四条　继承人伪造、篡改或者销毁遗嘱，侵害了缺乏劳动能力又无生活来源的继承人的利益，并造成其生活困难的，应认定其行为情节严重。

15. 正在服刑的罪犯是否享有继承权

【经典案例】

2007年因为抢夺罪李某被判刑8年，现在正在监狱服刑。李某两个哥哥探监时告诉他说："父亲病故（2012年10月），母亲生命垂危，你现在既不能送终又不能赡养老母亲，父母的全部遗产由我们俩平分，你不能继承遗产。"李某不同意，要求继承他应得的份额。一个哥哥说："你都坐牢了，没有资格继承遗产了。"请问，李某还有继承权吗？

【法律分析】

继承人实施了法律规定的行为，才会丧失继承权，对于实施其他犯罪行为被判处徒刑甚至死刑，都不应该剥夺其继承权。

【处理意见】

李某虽被判刑入狱，但并未实施继承法第七条规定的任何一种行为，所以依然享有继承权，与两个哥哥同为法定第一顺序的继承人，平等地继承遗产。他的两个哥哥私分遗产，这是侵犯李某合法权益的违法行为。

【法律条文】

《继承法》第七条

【友情提示】

服刑的罪犯其继承权是否丧失，关键在于其是否符合继承法规定的丧失继承权的法律规定。

二、法定继承纠纷

1. 什么是法定继承

【经典案例】

2009 年 5 月 11 日，李某某、庞某某之子李某兴因中枢性呼吸循环衰竭病逝，因李某某、庞某某身体有病，行动不便，由其女李某玉、李某兰、儿子李某帮等到某省某市处理李某兴的后事，共支付丧葬费和交通费 12 437 元。李某兴住院期间，李某某、庞某某为李某兴垫付治疗费 4 020.76 元。李某兴生前与其妻赵某共同拥有位于某区的房屋一套，建筑面积 79.7 平方米。李某兴有中国农业银行存款 5 202.96 元，病逝后，其生前单位应退其养老金 5 691.04 元、住房公积金 8 682.79 元，共计 19 576.79 元。李某兴病逝前，已两次在某区法院起诉被告赵某离婚，在第二次诉讼过程中，李某兴不幸因病去世。在李某兴病逝后，李某某、庞某某多次要求儿媳赵某分担费用、分割遗产，赵某却置之不理。李某某、庞某某诉至法院。在诉讼过程中，原告李某某、庞某某向法院申请对李某兴生前与其妻赵某共同拥有位于某区的房屋一套进行价格评估。开庭审理前，原告李某某病逝，其儿女李某玉、李某兰、李某帮申请加入到本案诉讼中来，法院同意追加这三人为本案原告。

【法律分析】

在继承开始后，并非所有的法定继承人都能同时参加遗产继承，而是依法律规定，有先有后，分两个顺序。第一顺序：配偶、子女、父母。第二顺序：兄弟姐妹、祖父母、外祖父母。继承开始后，第一顺序继承人继承，第二顺序继承人不得继承。没有第一顺序继承人继承的，由第二顺序继承人继承。根据继承法的规定：丧偶的儿媳对公婆和丧偶的女婿对岳父、岳母尽了主要赡养义务的，作为第一顺序继承人。继承人主要有：(1)配偶。夫妻关系自办理婚姻登记之日起成立。(2)子女。包括婚生子女、非婚生子女、养子女、继子女。尚未出生的胎儿(遗腹子)，在遗产分割时应当为其保留继承份额；出嫁的女儿有同等的继承权。(3)父母。包括生父母、养父母、继父母。(4)兄弟姐妹。包括同父母兄弟姐妹、同父异母的兄弟姐妹或同母异父的兄弟姐妹、养兄弟姐妹和有扶养关系的继兄弟姐妹。(5)祖父母和外祖父母。

【处理意见】

本案赵某作为配偶有继承权，李某某的子女李某玉、李某兰、李某帮有权继承本案的遗产。本案中所涉房屋是李某兴与被告赵某在婚姻关系存续期间所购买，银行存款、养老金、住房公积金等也属婚后所得的财产，应属夫妻共同财产。虽然，李某兴已向法院提起诉讼请求与赵某离婚，但法院还未判决双方离婚，双方的婚姻关系仍然存在，因此，赵某仍然可以第一顺序继承人的身份参与李某兴的遗产分配。本案的遗产应这样分配：李某兴死亡后，应首先对李某兴与赵某的夫妻共同财产住房1套、存款、养老金、住房公积金等进行分割，夫妻共同财产的一半是李某兴的遗产，其第一顺序继承人李某某、庞某某、赵某有权继承李某兴的遗产。李某兴的遗产应先支付为其办理丧事的治疗费、交通费、丧葬费等，剩余的遗产才能由其法定继承人来平均继承。

【法律条文】

《继承法》第九条　继承权男女平等。

《继承法》第十条　遗产按照下列顺序继承：第一顺序：配偶、子女、父母。第二顺序：兄弟姐妹、祖父母、外祖父母。继承开始后，由第一顺序继承人继承，第二顺序继承人不继承。没有第一顺序继承人继承的，由第二顺序继承人继承。本法所说的子女，包括婚生子女、非婚生子女、养子女和有扶养关系的继子女。本法所说的父母，包括生父母、养父母和有扶养关系的继父母。本法所说的兄弟姐妹，包括同父母的兄弟姐妹、同父异母或者同母异父的兄弟姐妹、养兄弟姐妹、有扶养关系的继兄弟姐妹。

【友情提示】

继承开始后,按照法定继承办理:有遗嘱的,按照遗嘱继承或者遗赠办理;有遗赠扶养协议的,按照协议办理。所以公民死亡后留有遗产的,首先看他是否订立遗嘱或者遗赠扶养协议,如果没有就按照法定继承进行。我国大多数公民没有订立遗赠的习惯,我国也缺乏订立遗赠的法律文化,所以在实际生活中,绝大多数继承是按照法定继承来进行的。为了避免遗产继承纠纷,公民可以在生前订立遗赠,对自己的财产进行很好的处理。

2. 法院一审判决离婚,丈夫在上诉期内死亡,妻子可以继承其遗产吗

【经典案例】

2012年4月宋某以与丈夫于某感情破裂为由,向法院起诉要求离婚。法院经审理于2012年6月23日判决二人离婚,并就财产作了处理,于某分得价值2.5万元的财产。2012年6月25日,双方当事人签收了法院送达的一审判决书。2012年6月28日,于某外出跑运输不幸撞车身亡,法院随即作出了终止宋某与于某离婚诉讼的决定。宋某将于某安葬后,于某的弟弟于×明要求继承其兄离婚诉讼中分得的财产,而宋某则认为离婚判决书还未生效,她与于某还是夫妻关系,于某的一切遗产应由她继承。双方争执不下,于×明遂向法院提起诉讼,要求继承于某的遗产。

【法律分析】

本案的关键在于于某死亡时其与宋某的夫妻关系是否还存在。根据民事诉讼法的规定,一审判决的上诉期是15天,在上诉期之间,一审判决是不生效的。过了上诉期后如果当事人没有上诉,一审判决才会生效。

【处理意见】

宋某与于某在判决生效前仍是合法夫妻关系,互有继承权。其间,于某因车祸死亡,导致离婚诉讼终止,二人的夫妻关系一直存续到于某死亡之时,因此,宋某可以第一顺序继承人配偶的身份继承于某的遗产。原告于×明作为于某的兄弟,属第二顺序继承人,根据《继承法》的规定,被继承人有第一顺序继承人时,第二顺序继承人不得继承。

【法律条文】

《继承法》第十条

【友情提示】

民事诉讼案件的审理过程不仅指案件判决以前的审理阶段,还包括上诉期,这起案件的情况符合《民事诉讼法》关于"离婚案件一方当事人死亡,应当终结诉讼"的适用条件,法院依法裁定诉讼终结。由于一审判决未生效,所以两人的婚姻关系存续,配偶有权继承遗产。

3. 离婚后双方都没有再婚,一方能否继承另一方的遗产

【经典案例】

孙某与其妻李某在2010年2月离婚时,人民法院将孙某自有的一套房屋判归李某所有,两人无子女,也无父母。孙某离婚后,离开农村到某城市工作。后来,二人均未再婚,也没收养子女。2012年5月李某病故,因无继承人,归其所有的一套房屋,便被村民委员会收归公有。在外打工的孙某得知此消息后,便回村里要求继承其原妻李某的房屋,那么他可不可以继承原配偶遗产呢?

【法律分析】

夫妻关系存续期间，一方死亡后的遗产，另一方有继承权。因离婚时已经终止了夫妻间的权利与义务关系，当然相互间就不再存在有继承遗产的权利了。

【处理意见】

孙某和原配偶已离婚，从那时起，他们之间就不存在夫妻关系了。由于在离婚时，法院已明确将房屋判归李某所有，即这房屋的所有权已改变为李某所有。既然这间房屋的所有权不是孙某的，孙某与原妻又没有权利与义务的关系，因此，孙某就无权再过问，也无权继承原配偶的遗产。李某的遗产由于无人继承，属于无主财产，归国家或者集体所有。

【法律条文】

《继承法》第十条

【友情提示】

在婚姻关系存续期间，配偶才会是第一顺序的法定继承人。离婚后，婚姻关系解除，就没有夫妻关系，没有继承权。

4. 妻子对丈夫婚前的财产是否享有继承权

【经典案例】

再婚的奚女士，在丈夫去世后与三个继子女为丈夫和丈夫前妻留下坐落于上海市天目路上的一间二层楼房的继承产权份额发生争议，并告上法院。2012 年 7 月 5 日，上海市闸北法院对该案作出一审判决，奚女士享有丈夫婚前财产的三十二分之五 ，三个继子女各享有三十二分之五。2012 年 4 月奚女士向法院诉称，2002 年 6 月其与再婚丈夫胡 ×× （有三个子女，均已成年）相识恋爱并共同生活，2003 年 9 月 30 日登记结婚。婚后，丈夫胡 ×× 身患多种疾病，对其照顾护理直至去世，尽到了做妻子的义务，现要求继承丈夫和丈夫前妻的房屋产权份额。奚女士的三继子女共同辩称，此房屋是其生父胡 ×× 与生母张 ×× 的共同财产，属生父与继母的结婚前的财产，因此继母无继承权。

【法律分析】

夫妻关系存续期间，一方死亡后的遗产(包括其婚前个人财产)，另一方有继承权。

【处理意见】

奚女士和三个继子女都为胡 ×× 的第一顺序法定继承人。位于上海市天目路上的一间二层楼房是胡 ×× 与前妻张 ×× 的夫妻共同财产，该房屋产权的二分之一归张 ×× 所有。因张 ×× 先于胡 ×× 去世，张 ×× 的产权份额由其继承人胡 ×× 和三个亲生子女各继承八分之一，胡 ×× 拥有的产权份额共计八分之五。胡 ×× 去世后，其产权份额由其继承人即奚女士和三个继子女各继承三十二分之五。

【法律条文】

《继承法》第十条

【友情提示】

婚姻关系存续期间的配偶，是合法的第一顺序的继承人，不能剥夺其继承权。

5. 只办理结婚登记尚未同居的配偶享有继承权吗

【经典案例】

王某和胡某恋爱多年，终于修成正果，于 2011 年 12 月办理了婚姻登记手续，拟在农历年底举行婚礼。但是，天有不测风云，王某在去省城购买婚庆用品回来的路上不幸遇到暴风雪，车翻人亡。胡某还没正式过门，飞来横祸就夺走了丈夫的生命，哀伤之余，胡某要求以第一顺序继承人与公婆继承胡某的遗产。这个要求遭到了公婆的拒绝，他们认为，一来，胡某没有经过当地的典礼仪式，二来，胡某与儿子只是领了结婚证，并未同居，因此不应该继承。

【法律分析】

被继承人死亡后，没有留下遗嘱的，进行法定继承。丈夫死亡后，妻子是合法的继承人。只要双方进行了结婚登记，夫妻关系即已确立，另一方就享有继承权，因此，是否进行了典礼仪式，是否同居并不决定是否享有继承权。

【处理意见】

本案中，胡某可以依法继承。胡某和王某已经登记结婚，胡某是王某的配偶，属于第一顺序继承人。

【法律条文】

《继承法》第十条

【友情提示】

夫妻关系是否成立，主要看是否办理结婚登记。如果办理了结婚登记，就是合法婚姻，形成夫妻关系，相互有继承权。

6. 出嫁的女儿有没有继承父母遗产的权利

【经典案例】

2011 年 1 月张女士向法院诉称：父母有两处商品房及五间店面房，父亲去世后，房产被母亲和大哥居住和出租收益，现在要求对房产依法进行分割，并要求分割母亲所得的租金。张女士母亲辩称：丈夫生病期间，女儿没有尽到责任。房产是我和丈夫多年奋斗的共有财产，子女没有份额。张女士大哥辩称：我同意母亲的意见，我确实居住了其中一套住房，但房子不是我的，妹妹已经出嫁，没有继承权。经法院查明原告张女士的父母共生有三女一男，现均已成年，独立生活，1990 年 1 月原告的父亲经有关部门批准在镇上建了五间店面房，2009 年 10 月因旧城改造，政府将位于县城内的两套商品房安置给原告父母。后原告张女士父亲生病住院，母亲与女儿为家庭琐事产生矛盾。2010 年 3 月，原告张女士的父亲去世，原告张女士的母亲及哥哥各居住于其中的一套商品房内，五间店面房由原告母亲以其名义出租，租金亦由其母亲收取。2010 年底，张女士提出要求分割房产，母亲不同意，故向法院起诉。

【法律分析】

《继承法》中男女是平等的，女儿也是子女，有继承权。男女平等主要体现在以下几个方面：(1)所有的继承人不分男女，一律平等地处于其应在的继承顺序之中。(2)所有的继承人不分男女，一律平等地享有继承权。如第十三条规定同一顺序继承人继承遗产的份额，一般应当均等。这里的“一般”是指除有特殊困难、无生活来源、尽了主要赡养义务的可以多分和有能力不尽扶养、赡养义务的继承人不分或少分的以外的继承人，应当均等继承。(3)代位继承的转继承男女平等。儿子先于父亲死亡，孙子女可代替父亲继承祖父母的遗产，女儿先于父亲去世，外孙子女可以代替母亲继承外祖父母的遗产。《继承法》的这些规定，都体现了所有继承人无论男女均有平等地享有继承遗产的权利。

【处理意见】

张女士与其母亲和哥哥享有同等的继承权，应当平均分割遗产。

【法律条文】

《继承法》第九条、第十条

【友情提示】

男女平等，是确保男女有独立的人格权，使男女能在社会政治、经济和家庭生活中平等地行使法律赋予的权利和履行义务。继承遗产与是男是女无关，与是否出嫁无关，与户口在哪也无关。凡在行使继承权时歧视妇女，不尊重妇女的继承权的继承活动，妇女均有权提出异议，必要时可以诉诸法律，以保护自己的合法权益。妇女享有的与男子平等的财产继承权受法律保护。在同一顺序法定继承人中,不得歧视妇女。

7. 胎儿的继承份额应该保留吗

【经典案例】

王某某、李某夫妇婚后生有一子王某。2009 年 10 月,王某与同厂女工任某结婚。2010 年 6 月,正当任某怀孕即将分娩之时,王某不幸遇车祸身亡。王某死后,留下彩色电视机 1 台,台式电脑 1 台,组合音响 1 台及存款 12 万元。处理完王某的丧事,分割王某的遗产时,王某某、李某夫妇与任某发生了异议。任某提出:王某所遗留的财产系夫妻共有财产,其中的一半份额应当归自己所有,不能作为遗产由王某夫妇继承。另外,自己马上就要分娩,孩子出世以后,抚养、教育都要花钱,要求给未出生的婴儿留一份财产。王某某夫妇则主张王某结婚时我们为王某、任某办婚礼花费了许多钱,我们有权继承王某留下的全部遗产的一半,至于给未出生的婴儿预留份额问题,王某某夫妇以婴儿尚未出生,不知死活为由,坚决不同意。无奈,任某只好向法院起诉。

【法律分析】

胎儿继承份额的保留,是指在分割遗产时,如果有胎儿(该胎儿出生后应属于被继承人的范围)的,应当为胎儿保留继承份额。由于胎儿尚不具有民事权利主体资格(在我国,公民的民事权利主体资格始于出生,终于死亡),故胎儿并不具有继承权,但为了保护胎儿的利益,各国都强调在分割遗产时应考虑对胎儿进行特殊保护。胎儿继承份额原则上应按法定继承的原则确定,如果是多胞胎的,则应按胎儿的数量保留继承份额。对胎儿保留份额的处理,依胎儿出生时是死体还是活体而不同:(1)如果胎儿出生时是活体的,则该保留份额为该婴儿所有,可由其母亲代为保管。(2)如果胎儿出生后不久即死亡,则该保留份额为该婴儿所有,但应由该死婴的法定继承人按法定继承处理。(3)如果胎儿出生时即为死胎,则该保留的份额由被继承人的继承人再分割。

【处理意见】

王某所留遗产：存款6万元，组合音响、台式电脑，由任某、王某某、李某、任某未出生的婴儿等额继承。

【法律条文】

《继承法》第二十八条　遗产分割时，应当保留胎儿的继承份额。胎儿出生时是死体的，保留的份额按法定继承办理。

最高人民法院《关于贯彻执行＜中华人民共和国继承法＞若干问题的意见》第四十五条　应当为胎儿保留的遗产份额没有保留的，应从继承人所继承的遗产中扣回。为胎儿保留的遗产份额，如胎儿出生后死亡的，由胎儿的继承人继承；如胎儿出生时就是死体的，由被继承人的继承人继承。

【友情提示】

为胎儿保留的遗产，并不意味着该胎儿立即继承了这份遗产，取得了这份遗产的所有权。这只是为胎儿保留的遗产，只有等到将来胎儿活着出生成为婴儿时，他才能取得这份遗产的继承权，这份遗产才归他所有。通常情况下，这份遗产由他的母亲以法定代理人的身份代为保管和行使有关权利。胎儿出生是死体的，保留的份额按法定继承办理：如果胎儿出生时是活体，但出生后很快就死亡了，为他保留的这份遗产就属于他的遗产，应由他的法定继承人按照法律规定的继承顺序继承。

8. 什么是代位继承

【经典案例】

某归国华侨周丙，早年经商，颇有积蓄。生有一子周甲，一女周乙，二人都已成家另过。周甲有一女儿，周乙有两个儿子。周丙因身体较好一直与老伴单独生活，无需儿女的照顾。2008年5月周乙因病去世，周丙因为经不住失去女儿的打击,一病不起,2010 年 2 月也去世,死后留下房屋数间,存款 40 万元及名人字画若干。周丙生前留有遗嘱,将字画及房屋留给老伴,其他财产未作处理。周丙死后,周丙之妻子表示放弃继承财产。周甲认为,母亲放弃继承,周乙出嫁且早已死亡,自己是唯一的第一顺序法定继承人,欲独吞遗产。周乙之夫则认为,周乙虽然已去世,但其两个独生子应代替母亲周乙作为第一顺序法定继承人继承遗产,遗产应由周甲和自己的两个儿子三人平分。双方争诉至法院。问周乙的两个儿子能否取得对遗产的继承权,遗产是否应三人平分?

【法律分析】

代位继承是指在法定继承中,被继承人子女先于被继承人死亡,由被继承人的子女的晚辈直系血亲代位继承。代位继承的人一般只能继承他的父亲或母亲有权继承的遗产份额。代位继承的特征有:(1)被代位继承人只限于被继承人的先死子女,这里的子女包括被继承人的亲生子女、养子女和有抚养关系的继子女;(2)代位继承人只限于被代位继承人的晚辈直系血亲,即只有被代位人的子女、孙子女、外孙子女等,才可以成为代位人,并不受辈分限制;(3)代位继承人作为第一顺序继承人参加继承,一般只能继承被代位人应继承的遗产份额;(4)先于被继承人死亡的子女具备丧失继承权的条件且被法院判决丧失继承权的,其晚辈直系血亲不得代位继承;(5)代位继承只适用于法定继承,不适用于遗嘱继承。

【处理意见】

在本案中,周乙虽已病故,但其两个儿子作为她的晚辈直系血亲,有权利代替周乙取得对周丙遗产的继承权,但他们的继承份额只能是周乙的应继承份额而不能与周甲三人平均分配。即周甲继承一份,周乙的两个儿子继承一份。当然,遗产继承前必须先将周丙之妻的财产从遗产中分割出来。

【法律条文】

《继承法》第十一条　被继承人的子女先于被继承人死亡的,由被继承人的子女的晚辈直系血亲代位继承。

【友情提示】

不论代位继承人的人数多少,代位继承人参加继承时,不能与其他第一顺序的法定继承人一同按人均分得遗产,而只能共同继承被代位继承人有权继承的份额,如果代位继承人缺乏劳动能力又没有生活来源,或者对被继承人尽过主要赡养义务的,分配遗产时,可以多分。

9. 什么是转继承

【经典案例】

上海市虹口区大连西路 ××× 弄 ×× 号 ××× 室房产,其产权人为赵老太,为 2004 年购买的售后产权房。其丈夫已于 2000 年死亡,赵老太于 2005 年 4 月 1 日因病死亡,赵老太父母于新中国成立前过世。赵老太共生育子女六人。大儿子于 2009 年 4 月死亡;二儿子于 2008 年 5 月死亡;四女儿于 2001 年死亡。三儿子及五女儿、六女儿健在。由于赵老太未留有遗嘱,亲属主张依法继承。

【法律分析】

转继承,是指继承人在继承开始后实际接受遗产前死亡,该继承人的合法继承人代其实际接受其有权继承的遗产。转继承人就是实际接受遗产的死亡继承人的继承人。转继承使用条件有:(1)继承人于被继承人死亡后遗产分割前死亡;(2)继承人未丧失继承权,也未放弃继承权。在具备转继承的条件,适用转继承时,转继承人继承被转继承人应继承的遗产。在法定继承中,转继承人应继承的为被继承人的应继承份额;若被转继承为遗嘱继承人,则其依合法遗嘱应继承的遗产由转继承人承受。

【处理意见】

本案发生了转继承和代位继承的情况。本案中由于大儿子与二儿子晚于继承人死亡,因此发生转继承,大儿子、二儿子的配偶及子女均有继承权,继承其二人份额。由于四女儿先于被继承人死亡,发生代位继承,因此只有四女儿的两名子女享有继承其母亲遗产的权利。

【法律条文】

《继承法》第五十二条　继承开始后,继承人没有表示放弃继承权,并于遗产分割前死亡,其继承遗产的权利转移给他的合法继承人。

《继承法》第五十三条　继承开始后,受赠人表示接受遗赠,并于遗产分割前死亡的,其接受遗赠的权利移转给他的继承人。

【友情提示】

确定转继承人应注意的具体问题:(1)确定先后两个继承法律关系各自的继承人;(2)准确认定有相互继承关系的几个人在同一事件中死亡后的转继承人;(3)注意继承开始的时间,不仅要查明被继承人死亡或宣告死亡的时间,还要查明被转继承人死亡或宣告死亡的时间;(4)被转继承人如丧失或其生前放弃继承权的,注意丧失或其生前放弃继承权的时间;(5)遗嘱继承中的转继承,还必须注意立遗嘱时间和遗嘱生效时间。

10. 婚生子女的生父可不可以继承非婚生子女的遗产

【经典案例】

甲女与乙结婚后几年无子女,后来甲女与丙发生暧昧关系,生了儿子丁。此事只有甲、丙二人知道。丙与妻子戊结婚后也无子女,因此,丙对丁爱若掌上明珠。后丁进入了美术学院,成了有名的画家。后丁结婚,丁婚后也无子女,2008年10月其妻病故后没有再结婚。2011年8月,丁遇车祸身亡,留下的遗产有:存款147 000余元,现金20 000余元,彩电、冰箱等家用电器和家具、衣物若干。甲和乙是丁的当然继承人,但丙却突然向乙言明丁是他的亲生儿子,并要求继承丁的遗产。在乙的逼问下,甲只得说了实情,乙与丙为继承丁遗产发生纠纷？请问，非婚生子女的生父可以继承非婚生子女的遗产吗？

【法律分析】

从丁与丙的关系看，他们是生父子关系。毋庸讳言，丁是非婚生子女，甲与丙不存在合法的婚姻关系，他们各自有配偶，却又发生两性关系，生育丁，这种行为是不道德的，也是违法的。但他们的错误和违法行为并不能改变甲丙与丁之间的血缘关系。换句话说，丁与甲丙是亲生父母子女关系，所不同的他是非婚生子女，这一点甲与丙都明白，虽然乙（当然也包括丁本人）“不知内情”，但并不能因此而改变甲丙与丁之间的父母子女关系。总之，甲与丙共同所生的丁这一法律事实，不会因为他人是否知道而改变。

其次，从丁与乙的关系看，他们之间实际已形成抚养关系，这种关系可视为继父子关系，也可视为实际的收养关系，这一点乙可能不会完全同意，但也是一种无法改变的法律事实。据此，乙对丁的遗产也有继承权。至于甲与丁是亲生母子关系，当然有权继承丁的遗产。

【处理意见】

乙、丙和甲，对丁的遗产都有继承权，应当由他们三人共同继承。

【法律条文】

《继承法》第十条

【友情提示】

非婚生父母子女之间，享有与婚生父母子女之间同等的继承权利，任何人不得加以危害和歧视，在继承问题上均属第一顺序继承人，其继承权是法定的，不可侵害的。

11. 人工授精所生子女有继承权吗

【经典案例】

甲男与乙女系夫妻关系，夫妻婚后长期未生育，2010年在男方不知情的情况下，乙女接受了人工授精手术并怀孕，后丈夫知道了，急切要求女方堕胎，未果。2011年3月乙女生下小孩丙，男方母亲到这对夫妻家知晓后，发生激烈的家庭矛盾，丈夫在争吵中因心脏病发作死亡。男方母亲坚持认为女方所生小孩不享有继承权，乙女认为享有。现乙女为原告告到法院请求婚生子女的继承权。那么乙女通过人工授精所生子女丙能否继承遗产呢？

【法律分析】

在无遗嘱的情况下，按照法定继承开始继承。本案中，死去的男方无遗嘱，故使用法定继承。依《继承法》第十条，获继承权之第一顺位继承人为“配偶、子女、父母”。此中子女指与被继承人构成法律关系之子女，包括婚生子女、非婚生子女、养子女和有扶养关系的继子女。故本案例中，女方所生之小孩是否享有继承权，能否继承遗产得视此小孩是否与男方构成法律关系之子女。

【处理意见】

在本案中，2010年男方在不知情的情况下，女方背着男方接受了人工授精手术并怀孕。依法律对人工授精的界定，人工授精分为同质授精所生子女和异质授精所生子女两种。所谓“同质授精”，是采用人工授精方式，将丈夫的精子植入妻子子宫内，“异质授精”是将非丈夫的精子植入妻子子宫内。由于女方是在男方不知情的情况接受了人工授精手术并怀孕。故可认定为异质授精，男方与此孩子无血缘关系。在男方知道后，男方急切要求女方堕胎，并且在生下小孩之后发生激烈的家庭矛盾，依最高人民法院《关于夫妻离婚后人工授精所生子女的法律地位如何确定》的复函，第3款“在婚姻关系存续期间，如果妻子未经丈夫同意，采用他人精子人工授精生育子女，所生子女与生育妇女丈夫无法律上的父子关系”,可认定由于在婚姻关系存续期间,女方未经丈夫同意,采用他人精子人工授精生育子女,而该丈夫也一直不接受,故该所生小孩与男方无法律上之父子关系。由于所生小孩与男方无法律上之父子关系,不符合《继承法》第十条中规定的作为第一顺位之继承人子女的条件,故女方通过人工授精所生子女不享有继承权,不能继承遗产。

【法律条文】

最高人民法院《关于夫妻离婚后,人工授精所生子女的法律地位如何确定》的复函明确了在婚姻关系存续期间经夫妻协商同意,或虽未协商同意,事后丈夫认可的均适用《婚姻法》关于父母子女关系的规定,对于事先未经得丈夫同意,事后丈夫也不认可的,只确认了与其生育妇女的关系,对生育妇女而言,人工授精所生子女可视为非婚生子女,不管属于何种形式而生,均适用《婚姻法》的相关规定。

【友情提示】

女方通过人工授精所生子女其法律地位不是当然确定的。对于人工授精所生子女是否享有继承权,甚至是否享有与婚生子女同等的法律地位,应依具体情况根据《关于夫妻离婚后人工授精所生子女的法律地位如何确定》而确定。

12. 未登记的养女能否继承亲生父母的遗产

【经典案例】

原告陈某于1988年8月被彭某夫妇收养,此时原告尚未满一周岁,后原告一直随彭某夫妇生活,以父母和子女相称。彭某夫妇当时并没有在民政部门办理收养登记手续。彭某夫妇在收养原告三年多后生育一女王某。原告成年后出嫁,才与彭某夫妇分开生活,但仍以父母子女来往相待。王某结婚后和彭某一直共同生活。2009年6月28日,彭某在上高县泗溪镇被他人驾驶的摩托车撞伤，送往医院后去世。彭某留有低保和计生奖金计756元、存款7 541元、房屋若干间，还有肇事方补给彭某家属的195 083元死亡赔偿金。陈某要求分割遗产，但是王某认为虽然母亲彭某与陈某生活了一段时间，但始终没有到当地的民政部门办理收养登记，同时双方的家属也没有签订任何的收养协议，况且陈某也没有尽到对彭某的赡养义务，所以彭某的遗产应该由自己一人继承，陈某没有继承权。原告陈某起诉到法院要求分割继承。

【法律分析】

《婚姻法》和《继承法》的相关规定，明确了养子女与婚生子女享有平等的权利和义务。如果养子女的养父母死亡，对养父母生前的合法个人所有的财产，享有与养父母的婚生子女同样的权利，均属于第一顺序继承人。如果养子女对养父母尽了赡养义务，同时对生父母扶养较多，养子女可依《继承法》第十条的规定享有继承养父母的合法个人财产，同时还可依《继承法》第十条对继承人以外的依靠被继承人扶养的缺乏劳动能力又没有生活来源的人，或者继承人以外的对被继承人扶养较多的人，可以分给他们适当的遗产。

【处理意见】

原告从小就随彭某夫妇生活，一直以父母与女儿相称，成年后也保持来往。原告负担了彭某的丧葬费。邻居及村组织亦公认他们是养父母和养子女关系，因此，本案应按收养关系对待，权利义务适用养父母与养子女之间的法律关系。本案原告陈某与被告王某作为彭某的第一顺序继承人，依法一般应该均分遗产，但考虑到被告与彭某生活时间较长、照顾较多等实际情况，按照四六比例分配遗产较恰当。法院经审理认定陈某与彭某按收养关系对待，一审判决彭某遗产及死亡赔偿金按照四六比例分配。

【法律条文】

《继承法》第十条

《关于贯彻执行民事政策法律若干问题的意见》亲友、群众公认，或有关组织证明确以养父母与养子女关系长期共同生活的，虽未办理合法手续，也应按收养关系对待。

【友情提示】

死亡赔偿金是在受害人死亡后，侵权行为人对其近亲属所作的一种带有精神抚慰性质的补偿，其权利主体是死者的近亲属。并非死者的财产，它不属于遗产的范畴。司法实践中主要参照遗产的分配原则来处理较为公平。

13. 继子女能否继承继父母遗产

【经典案例】

原告刘某之母任老太于1982年与被告张某之父张老汉再婚，当时张老汉有子女三人，大姐已出嫁（19岁），张某（6岁）最小。任老太有子女四人，刘某为老大（当时10岁）。任老太与张老汉二人婚后未生育子女，与张某及其二姐共同生活。再婚前张老汉有2间旧房，后卖与他人，1993年其以自己的名义，用家庭所有成员挣的约600元的工分，购买了村委会饲养处，一直闲置未用。1999年，张某向大姐借款3 000元，又和二姐各出部分钱共投资4千多元，在饲养处的使用范围内建起5间北房，2001年张某又进行了装修，一直居住至今。2004年，张老汉因患病生活不能自理，刘某于2007年底将任老太接到家中生活。2008年6月，张老汉去世。2011年9月，任老太去世。因母亲生前立遗嘱一份，表示其应得的财产归刘某所有，遂刘某诉至法院，要求按照遗嘱继承其母应得的房产4.5间。诉讼中，刘某提供了三个妹妹出具的不继承母亲遗产的书面意见，张某大姐和二姐参加诉讼，表示将房屋中属于自己的份额让与张某。

【法律分析】

与继父母有扶养关系的继子女对继父母的遗产享有继承权，因为有扶养关系的继子女与继父母之间形成了法律上的拟制血亲关系，继子女也就能像婚生子女一样继承被继承人的遗产，成为被继承人的法定继承人。那么在法律上扶养关系主要表现在以下几个方面：第一，继父母对未成年的继子女履行了抚养义务即继子女受继父母经济上的供养和生活上的抚养、教育；第二，继父母对已成年但系限制行为能力或无行为能力的继子女履行了抚养义务;第三,继子女对继父母履行了赡养义务:继子女在经济上供养继父母和在生活上扶助继父母。

【处理意见】

被继承人死亡,生前未立遗嘱,其遗产应按法定继承进行分割。张某三姐弟及任老太均为第一顺序继承人,可依法继承张老汉的遗产。后任老太尚未继承即死亡,其个人财产及应继承的遗产均由其继承人继承。张老汉与任老太再婚前的两间房屋已卖掉,不能作为张老汉的遗产。再婚后购买的饲养处,宜认定为张老汉夫妻、张某及其二姐的共有财产。本案中张某姐弟俩出资翻建北房也应认定为张老汉家庭共有财产,但考虑姐弟俩新建房屋时投入较高,故张老汉夫妻俩所占房屋的份额较少。原、被告各占房屋的比例,依据现有证据并采纳双方合理意见依法予以确认。两个姐姐均表示自己的房屋份额让与张某,法院不持异议。最终,法院判决五间北房中十分之九的份额归张某所有,十分之一的份额归刘某所有。

【法律条文】

《继承法》第十条

【友情提示】

继父母与继子女之间的关系主要是看他们之间有没有形成抚养关系。如果继子女其生父或生母再婚时,继子女已经长大成人,分居另过,或其生父、生母再婚后,继子女未与继父或继母共同生活,而由祖父母或外祖父母抚养教育成人,继子女对继父或继母也未尽过赡养扶助义务的,则不能视为继子女与继父母之间形成了抚养关系,继子女也就不能继承继父母的遗产。只要能具备继父母对继子女的抚养和继子女对继父母的赡养的情形之一,就可认定为继子女与继父母形成了扶养关系,依据法律规定继子女与继父母之间就互相享有继承权。

14. 养子能否兼得生父遗产

【经典案例】

况刚于1986年出生，当其3岁时，由于父母无力抚养，其父况炳南和其母遂将其送与无生育能力的周昆夫妇收养。2011年况炳南病逝，留有祖屋瓦房6间，况刚的大哥况健遂将瓦房6间等遗产分给了况刚的五个哥哥，况刚向况健等5人提出，自己也是况炳南的亲生儿子，也有权继承遗产，但遭拒绝，况刚遂起诉要求和五个哥哥共同继承遗产。

【法律分析】

收养是领养他人子女为自己子女的民事法律行为，使原来没有父母子女关系的人们之间产生法律的父母子女关系。收养关系一经成立，养子女与养父母之间的关系基本上等同于亲生父母子女间的关系，也就是说，养子女与生父母之间不存在父母子女关系，因此在相互之间也就不能互相继承遗产。

【处理意见】

本案中况刚既被送养，他与生父母之间就没有了父母子女关系，况刚也就不能继承生父的遗产了。

【法律条文】

《婚姻法》第二十六条　养子女和生父母间的权利和义务，因收养关系的成立而消除。

【友情提示】

被收养人要想获得自己亲生父母的遗产只有一种情况，即：被收养人对养父母尽了赡养义务，同时又对生父母扶养较多的，除可依继承法第十条的规定继承养父母的遗产外，还可依继承法第十四条的规定分得生父母的适当的遗产。这种规定也是权利义务相一致原则的体现。

15. 寄养的孩子能继承亲生父母的遗产吗

【经典案例】

朱永福年幼时,母亲就去世了,父亲把他送到农村亲戚家寄养。朱永福快成年了,才回到父亲身边一起生活。朱永福结婚后,父亲才又成了家。嫁过来的继母有两个儿子,都已经结婚另过。2011年,老父亲去世,留下一处房产,生前并没有留下遗嘱。对于这处房产,继母和两个儿子认为朱永福是被农村亲戚收养的小孩,根本没有继承权。朱永福很是气愤,于是把继母告到了法院,要求得到自己应得的继承份额。

【法律分析】

寄养有三种:第一是不在自己家里抚养;第二是把子女托付给别人抚养;第三是暂安置某处供养。根据相关法律规定:"寄养"与"收养"的一个重要区别就是寄养是在不变更监护权的基础上进行,寄养儿童进入家庭寄养,由寄养家庭负责养育,被寄养儿童享受政府给予的生活、医疗与教育费用。一般家庭寄养都是长期性行为,基本上以"年"为单位。

【处理意见】

朱永福只是被寄养,而非收养,所以他依然有权继承其父遗产。法院最终确认,朱永福虽然小时候在农村亲戚家长大,但只是寄养,并非收养,所以他与父亲的父子关系还存在,有权继承父亲的遗产。另外,法院还认定,朱永福父亲与继母结婚时,继母的儿子都已成年,也并未与他们共同生活,没有抚养关系,所以不享有继承权。朱永福应当与继母两人平分朱永福父亲留下的房产。

【法律条文】

《继承法》第十条

【友情提示】

在司法实务中足以改变亲子法律关系的，是收养而非寄养。收养关系的成立是有严格的成立要件和法定程序的，并由县级以上人民政府的民政部门进行审理登记，登记后才能生效。被收养人与生父母及其他近亲属关系的权利义务关系，因收养关系的成立而消除，被收养人不再有权利继承生父母的遗产。

16. 与公婆共同生活的儿媳可以继承公婆的遗产吗

【经典案例】

吴某的丈夫2006年8月因病去世，吴某为抚养两个年幼的子女(一个8岁，一个5岁)而未改嫁，和公婆一起生活，并履行对公婆的赡养义务，2011年11月公婆相继去世，留下三间房子和一些家具。吴某丈夫的大哥说，老人留下的财产只他一个人有继承权，儿媳没有继承权，要吴某搬家。吴某对公婆的遗产能不能继承？吴某的子女对爷爷奶奶的遗产可以继承吗？

【法律分析】

丧偶儿媳只要仍然长期与公婆在一起生活，并且对公婆尽了赡养、扶助义务直到公婆死亡时为止的，应当有继承权。吴某的丈夫早于父母死亡，他对父母遗产继承的权利应当由他的两个子女代位继承。吴某的子女尚未成年，吴某可以以法定代理人的身份，代理他们行使权利。

【处理意见】

吴某有没有继承权，是看她有没有尽有主要的赡养义务。本案吴某与公婆同住，对公婆尽了主要赡养义务，享有对公婆遗产的继承权。吴某公婆的遗产分为三份，吴某丈夫的大哥一份，吴某一份，吴某的两个子女代位继承一份。

【法律条文】

《继承法》第十一条　被继承人的子女先于被继承人死亡的，由被继承人的子女的晚辈直系血亲代位继承。代位继承人一般只能继承他的父亲或者母亲有权继承的遗产份额。

《继承法》第十二条　丧偶儿媳对公、婆，丧偶女婿对岳父、岳母，尽了主要赡养义务的，作为第一顺序继承人。

【友情提示】

儿媳对公婆的财产、女婿对岳父母的财产有无继承权主要是看儿媳对公婆、女婿对岳父母有没有履行赡养义务，如果他们之间存在赡养关系，那么儿媳对公婆的财产、女婿对岳父母的财产就有继承权。

17. 继承中权利义务一致的原则是怎样的

【经典案例】

王小平 1993 年与李玉梅结婚，并成为女方家庭的成员。从此，王小平对父母未尽赡养义务，父母病危时，经其弟弟两次通知，亦未曾回来探望和照料老人。2010 年 5 月，王小平的父母相继病故，遗有房屋四间。王小平回来要求继承父母遗产，其弟王小安、王小顺不让其继承，为此，王小平向法院提起诉讼。

【法律分析】

我国《继承法》充分地体现了权利义务相一致的原则，其主要表现在以下几个方面：（1）在确定继承人的范围、继承顺序上，两个继承顺序的划分依据，不仅是血缘关系、亲属关系，而且还有权利义务关系。（2）在同一顺序继承人中，对被继承人尽了主要扶养义务或者与被继承人共同生活的继承人，分配遗产时，可以多分；有扶养能力和有扶养条件的继承人，不尽扶养义务的，分配遗产时，应当不分或者少分。（3）丧偶儿媳对公婆、丧偶女婿对岳父母本无继承权，但是根据权利与义务相一致的原则规定，丧偶儿媳对公婆、丧偶女婿对岳父母尽了主要赡养义务的，应当享有继承权，并列为第一顺序继承人。（4）有些人虽不是法定继承人，但对死者尽了较多扶养义务的，继承法规定可以分给他们适当的遗产。（5）遗嘱继承或者遗赠附有义务的，继承人或者遗赠人应当履行义务，没有正当理由不履行义务的经有关单位或者个人请求，人民法院可以取消他们接受遗产的权利。

【处理意见】

根据我国继承制度的权利与义务相一致的原则，享有继承权和能够分到遗产不是一回事。王小平自从结婚成为女方家庭成员后，不尽赡养父母的义务，父母病危时，亦不回来探望和照料，故依照继承法的规定，是不应分给他遗产的。

【法律条文】

《继承法》第十三条　同一顺序继承人继承遗产的份额，一般应当均等。对生活有特殊困难的缺乏劳动能力的继承人，分配遗产时，应当予以照顾。对被继承人尽了主要扶养义务或者与被继承人共同生活的继承人，分配遗产时，可以多分。有扶养能力和有扶养条件的继承人，不尽扶养义务的，分配遗产时，应当不分或者少分。继承人协商同意的，也可以不均等。

【友情提示】

权利义务相一致的原则规定不能机械地适用。例如，对生活有特殊困难的缺乏劳动能力的继承人，分配继承时，应当予以照顾，这里就包括因年老体弱或者残疾，或者未成年等原因，未能对被继承人尽赡养义务的那些继承人，还是能够得到比同一顺序的其他继承人较多的遗产。又如，继承法第二十八条规定："遗产分割时，应当保留胎儿继承份额。"胎儿还未出生，自然还谈不上尽什么义务的问题，但为了保障他们出生后的生活，也给保留应继份额，这样才能保护这些特殊的继承人的合法权益，更好地发挥遗产的经济效用。

18. 法定继承就是由所有的继承人平分遗产吗

【经典案例】

张大爷一直和儿子一家(三口人)住在平房里,两个女儿早已成家住在别处。2007 年,张大爷住了大半辈子的棚户区终于动迁了,办理动迁手续的事都是与他同住的儿子去跑的。最终,动迁办确定安置人口为 4 口人,平房动迁应得补偿款 24 万元。不久,张大爷的儿子又添 2 万元钱,以张大爷的名义与一二手房房主签了买房合同,但在办理房产过户手续时,在产权人一栏填上了自己的名字。不久后,张大爷突发脑出血去世。张大爷的两个女儿认为,平房动迁的补偿款里有四分之一是父亲的遗产,就应当由三个子女平分,不能只给一人。协商不成,三兄妹走上了法庭。

【法律分析】

法定继承不等于平分。法定继承是指在没有遗赠扶养协议和遗嘱或者在遗赠扶养协议和遗嘱无效的情况下,继承人根据法律确定的继承人范围、继承顺序以及遗产分配的原则,取得被继承人遗产的继承方式。根据《继承法》第十条规定,法定继承第一顺序继承人为配偶、父母、子女。但是,法定继承并不等于平分,法律规定尽了主要赡养义务的继承人,可以适当多分。

【处理意见】

法院最终判决,属于张大爷的那 6 万元动迁补偿款确实是他的遗产。有法定继承资格的,是张大爷的三个儿女。不过,因为张大爷的儿子确实在老人生前尽了主要赡养义务,可以适当多分。张大爷儿子得 3 万元,张大爷的两个女儿各得 1.5 万元。

【法律条文】

《继承法》第十三条

【友情提示】

这类案例在现实生活中是比较常见的，要避免这类问题的发生，一方面被继承人可以在生前立下遗嘱，指明遗产分割的方式；另一方面，继承人在继承过程中应当遵守遗嘱和法律，在合理合法的前提下进行遗产继承，只有这样才能真正避免纠纷的发生。

三、遗嘱继承纠纷

1. 遗嘱继承优于法定继承吗

【经典案例】

王某夫妻共有三子两女。王某夫妻双方于2008年8月立下公证遗嘱将自己的房产和所有的财产都留给小儿子王××继承。2011年2月王某夫妻相继去世。5个子女对父母留下的遗产开始争夺,都认为自己应该继承遗产。小儿子王××拿出父母所立的公证遗嘱,说只有自己才有继承权,其他子女对该遗嘱不予认可,同时不协助办理更名过户手续。小儿子王××无奈诉至法院。

【法律分析】

按我国继承法的规定,遗嘱继承要优于法定继承,也就是说只要被继承人生前立下对财产处分的遗嘱,且该遗嘱合法有效,那么该遗产就必须按被继承人的意见执行。而法定继承是在无遗嘱、遗赠等情况下才得以适用。在继承纠纷中对如下问题要给予高度关注:第一,遗嘱中处分的财产是否为立遗嘱人全部合法拥有。特别是对于夫妻共有财产或家庭共有财产,立遗嘱人不能全部予以处分,只能依法处分属于自己的份额。第二,是否为立遗嘱人亲自行使。只有立遗嘱人才有权处分自己的财产,而亲自行使才反映出其真实意思表示。但在实践中,老人的儿女代书遗嘱、儿女作为遗嘱的见证人、儿女们在老人生前就达成协议分割老人财产的现象大量存在,因无法反应是否为老人的真实意思表示,且形式、内容均不合法,最终导致遗嘱无效。所以,确立遗嘱要符合继承法中有关遗嘱种类的规定。如本案就采用了公证遗嘱的方式。第三,发生争议要尽早起诉。继承纠纷一旦发生,经协商无果要尽早起诉。一旦其他继承人故去就会发生转继承,该故去继承人的子女就会参与继承纠纷。不但增加了参与案件人员的数量,也可能因人员分散居住,导致无法送达法律文书,增加案件审理的难度。故要尽快起诉。

【处理意见】

本案中的王某夫妻双方就是分别立下遗嘱,分别对自己享有的份额作了处分,法院判决王某家的小儿子王 ×× 才有继承权,故本案的判决体现了遗嘱继承高于法定继承的法律精神。

【法律条文】

《继承法》第五条　继承开始后,按照法定继承办理;有遗嘱的,按照遗嘱继承或者遗赠办理;有遗赠扶养协议的,按照协议办理。

《继承法》第十六条　公民可以依照本法规定立遗嘱处分个人财产,并可以指定遗嘱执行人。公民可以立遗嘱将个人财产指定由法定继承人的一人或者数人继承。公民可以立遗嘱将个人财产赠给国家、集体或者法定继承人以外的人。

【友情提示】

遗嘱继承纠纷案件的注意事项:第一,遗嘱继承人依遗嘱取得遗产后,仍有权按照有关法定继承的规定,取得遗嘱未处分的遗产;第二,遗嘱人未保留缺乏劳动能力又没有生活来源的继承人的遗产份额,遗产处理时,应当为该继承人留下必要的遗产,所剩余的部分,才可参照遗嘱确定的分配原则处理。但要注意的是继承人是否缺乏劳动能力又没有生活来源,应按遗嘱生效时该继承人的具体情况确定。也就是判断继承人的情况以被继承人死亡时间为准。第三,继承权纠纷提起诉讼的期限为 2 年,自继承人知道或应当知道其权利被侵害之日起计算。但是,自继承开始之日起超过 20 年的,不得再提起诉讼。

2. 什么样的遗嘱才有效

【经典案例】

吴某母亲在2011年11月去世后，其弟弟吴乙突然拿出一份遗嘱，说吴某现在居住的房子是他的，要吴某立刻腾房，吴乙不让吴某看遗嘱，吴某不愿意，其弟弟吴乙于2012年1月起诉到法院。吴某在法院取传票的时候发现遗嘱上有年、月、日，而见证人兰某的签名却没有年、月、日，内容也有出入，吴某母亲的名字也用的是她20多年前的名字，她以前认识字也会写，可是这遗嘱的签字不是她写，是见证人握着她的手写的。法院现查明吴某无房，也没有能力租房，是一个重病人，孤身一人。同时查明吴某母亲留下的房产是房改房，是在吴某父亲去世后实行公房改革，用父亲的工龄买的，因为母亲没有工作，没有工龄。

【法律分析】

依据我国继承法的规定，公民可以通过立遗嘱处分个人财产，可以立遗嘱将个人财产指定由法定继承人中的一人或者数人继承。遗嘱有五种法定形式：公证遗嘱、自书遗嘱、代书遗嘱、录音遗嘱、口头遗嘱。遗嘱的生效要件包括：(1)遗嘱人在立遗嘱时必须具有完全行为能力即遗嘱能力，只有完全行为能力人才能正确表达自己的真实意愿并清晰自己的行为将产生的后果。遗嘱人是否具有遗嘱能力，以订立遗嘱时为准；(2)遗嘱人在订立遗嘱时意思表示真实；(3)遗嘱的内容必须合法；(4)遗嘱的形式必须符合法律规定。

【处理意见】

遗嘱的内容必须是遗嘱人的真实意思表示，应由遗嘱人本人亲自作出，不能由他人代理。如是代书遗嘱，也必须由本人在遗嘱上签名，并要有两个以上见证人在场见证。本案由于只有一个见证人，不符合代书遗嘱的有效规定，是一份无效遗嘱。继承人吴某无生活能力也无生活来源，应当为其保留必要份额。

【法律条文】

《继承法》第十七条　公证遗嘱由遗嘱人经公证机关办理。自书遗嘱由遗嘱人亲笔书写,签名,注明年、月、日。代书遗嘱应当有两个以上见证人在场见证,由其中一人代书,注明年、月、日,并由代书人、其他见证人和遗嘱人签名。以录音形式立的遗嘱,应当有两个以上见证人在场见证。遗嘱人在危急情况下,可以立口头遗嘱,口头遗嘱应当有两个以上见证人在场见证。危急情况解除后,遗嘱人能够用书面或者录音形式立遗嘱的,所立的口头遗嘱无效。

《继承法》第二十二条　无行为能力人或者限制行为能力人所立的遗嘱无效。遗嘱必须表示遗嘱人的真实意思,受胁迫、欺骗所立的遗嘱无效。伪造的遗嘱无效。遗嘱被篡改的,篡改的内容无效。

最高人民法院《关于贯彻执行＜中华人民共和国继承法＞若干问题的意见》第四十一条规定,遗嘱人立遗嘱时必须有行为能力。无行为能力人所立的遗嘱,即使其本人后来有了行为能力,仍属无效遗嘱。遗嘱人立遗嘱时有行为能力,后来丧失了行为能力,不影响遗嘱的效力。

【友情提示】

具有严格的人身性质的行为(如遗嘱、婚姻登记、收养子女),不能由代理人代理。自书遗嘱由遗嘱人亲自书写,不能亲自书写遗嘱的,采取代书遗嘱、录音遗嘱、口头遗嘱时,应当由两个以上的见证人在场见证,但不论哪种形式的遗嘱,只能是遗嘱人自己的意思表示。

3. 公证遗嘱的效力最高吗

【经典案例】

赵老太夫妻俩1976年在北京购得两间房,并先后生育子女3人。大儿子结婚后,搬出另过。1998年赵老太丈夫病逝,其遗产未作分割,赵老太与两个女儿继续共同生活。1999年和2003年其长女和次女先后出嫁,分别搬出去另过，赵老太便独自生活，直至2008年1月病故。赵老太去世前立下公证遗嘱："将房屋我应有的部分都留给我的大女儿赵甲。"而且将房屋产权证也交给了长女赵甲。赵老太的大儿子赵乙在2011年10月向大妹妹赵甲索要自己应有的房屋产权份额。与此同时，赵老太的小女儿则表示将自己应继承的房屋产权赠给姐姐赵甲。而赵老太的大女儿赵甲认为："母亲立有遗嘱，并没有我哥哥的份儿。而且原告起诉已超过《继承法》规定的两年诉讼时效。"

【法律分析】

立遗嘱人可以在法律允许的范围内，按照法律规定的方式对其遗产或其他事务作出个人处分，并于遗嘱人死亡时发生效力，这种处分行为就是遗嘱。遗嘱人订立遗嘱的方式有自书遗嘱、代书遗嘱、口头遗嘱、录音遗嘱、公证遗嘱等，其中以公证遗嘱的证明力最高。公证遗嘱，是指遗嘱人生前订立并经公证机关公证的遗嘱。申请遗嘱公证应提供的材料：(1)申请人为境内的，应提供居民身份证、户口簿；境外的，应提供护照或其他境外身份证件；(2)立遗嘱涉及的财产凭证(如：房地产权证、存款证明、股权证明等)；(3)立遗嘱人的亲属关系证明及相关的婚姻状况证明；(4)立遗嘱人若已写好遗嘱(草本)的，也可提供。遗嘱中指定遗嘱执行人的，应提交执行人的身份证明。

【处理意见】

本案赵老太太女儿有两间房八分之七的份额。赵老太丈夫去世后，她和3个子女均未明确表示放弃继承，应视为接受继承。因此两间房中一间应归赵老太所有，另一间作为其遗产应由赵老太及3个子女共同继承，每人占四分之一。赵老太去世后，两间房仍未分割，处于共有状态，其中有赵老太长子和次女对其父遗产的法定继承份额。根据赵老太的遗嘱，她所有的两间房八分之五的产权由其长女继承，加上赵老太次女将一间的四分之一产权赠与其姐，则赵老太长女共享有两间房八分之七的产权。而赵老太长子还有两间房八分之一的产权。

【法律条文】

《继承法》第十六条、第十七条

【友情提示】

办理公证遗嘱的注意事项:第一,办理遗嘱公证,遗嘱人应当亲自到公证处办理,不能委托他人代办。第二,立遗嘱人应神智清晰,能真实地表达自己的意思,无受胁迫或受欺骗等情况。第三,原来已在公证处办过遗嘱公证的,现要变更或撤销原遗嘱公证的,应当提交原来的遗嘱公证书并到原公证处办理。第四,立遗嘱人死亡后,遗嘱继承人应当持遗嘱公证书、死者死亡证明,及本人身份证件到公证处办理继承权公证。如遗嘱受益人不在法定继承人范围的,为受遗赠人。则受遗赠人必须在知道受遗赠后二月内到公证处办理接受遗赠的声明书公证。

4. 多份遗嘱并存,哪份遗嘱才具有法律效力

【经典案例】

李老汉与其老伴共育有三女一子,其子在2009年因病先逝,留有一子李某(19岁)。李老汉的老伴不久也去世了。李老汉看着失去父亲的孙子李某,在征求三个女儿的意见后将自己的遗产留给孙子李某。于是李老汉于2009年10月立下遗嘱,将自己的遗产全部赠送给孙子,并到某公证处进行了公证。2011年2月,因遗嘱内容需进行一些变更,李老汉又到该公证处重新立了一份遗嘱,但遗嘱中还是将自己的遗产赠送给孙子,该份遗嘱写明要求公证处撤销2009年所立的公证遗嘱,并又进行了公证。2012年1月,姑侄之间因赡养老人而产生了一些不愉快,三个女儿不同意李老汉将遗产赠送给孙子,要求李老汉到公证处去撤销遗嘱,重新分配。于是李老汉又到公证处要求撤销先前所立遗嘱,但当时只找到2009年的公证遗嘱,于是公证处撤销了该公证遗嘱,并收取了李老汉交纳的相关费用。2012年3月李老汉又立遗嘱,将自己的遗产重新进行分割,但没有进行公证。2012年4月李老汉去世。姑侄之间为了遗产继承的问题而发生争吵。侄子手持公证遗嘱起诉到法院,要求按照公证遗嘱继承爷爷的遗产,而姑姑们也不甘示弱,在庭审中出示了李老汉的自书遗嘱,并提出

侄子持的公证遗嘱已被撤销，而且侄子没有为爷爷养老送终，要求按照自书遗嘱进行遗产分割。一方持的是公证遗嘱，一方持的是自书遗嘱，孰是孰非？

【法律分析】

遗嘱的方式包括公证、代书、自书、录音、口头等。公证遗嘱，立遗嘱人必须亲自到公证机关或者请公证人员现场办理，不得委托他人代理。自书遗嘱，由遗嘱人亲笔书写遗嘱全文，并亲笔签名，注明年、月、日。代书遗嘱，由遗嘱人指定两个以上见证人在场见证，由其中一人根据遗嘱人授意代书，注明年、月、日，并由代书人、其他见证人和遗嘱人签名。口头遗嘱，一般只有在危急情况下（生命垂危）方能采用。应当有两个以上见证人在场见证。危急情况解除后，遗嘱人能够有书面或者录音形式遗嘱的，原先所立的口头遗嘱失效。遗嘱人立多个遗嘱的情况下，公证遗嘱具有最高的效力。没有公证遗嘱的，以最后所立的遗嘱为准。

【处理意见】

本案法官经过慎重的思考，决定利用姑侄之情进行调解，使已经裂口的亲情弥合。法官分头工作，动之以情、晓之以理，耐心而细致，入情又入理，但终因双方分歧太大，互相不肯谅解和让步，调解终告失败。无可奈何之下，因公证遗嘱没有撤销，法官只能根据法律和证据作出判决，判决侄子胜诉。

【法律条文】

《继承法》第十七条

《继承法》第二十条　遗嘱人可以撤销、变更自己所立的遗嘱。立有数份遗嘱，内容相抵触的，以最后的遗嘱为准。自书、代书、录音、口头遗嘱，不得撤销、变更公证遗嘱。

【友情提示】

遗嘱人申请撤销或变更公证遗嘱的，应到原公证处办理撤销遗嘱声明书或新遗嘱，撤销遗嘱声明书或新遗嘱应写明原立遗嘱的时间、经办公证处和公证书编号，并将声明书或新的公证书附原公证卷内一份，但立遗嘱人必须是真实意思并还具有表达真实意思之能力。

5. 遗嘱中确定的房屋已拆迁，遗嘱还有效吗

【经典案例】

葛老太夫妇育有子女五人，其二人原在东四大街有平房八间并居住在此。1976年，葛老太的老伴去世。1984年，葛老太取得了八间房屋的所有权证，随后葛老太便和五子女对该处房屋进行了分家析产，约定葛老太占有60%左右的份额，2000年3月，葛老太立有公证遗嘱，写明东四八间房屋是其与老伴夫妻共有财产，在其去世后，其在此房中的个人份额留给长子。2003年3月，该八间房改造拆迁，葛老太被安置了住房一套并取得拆迁款48万元。2003年4月，葛老太与五子女协商对拆迁款进行分割，葛老太取得了30余万元。2010年8月，葛老太去世。此后，五子女因继承产生纠纷。2011年9月，葛老太的四个子女作为原告将长子诉至法院，要求对葛老太遗产依法继承，长子以公证遗嘱为据，不同意诉讼请求。

【法律分析】

公证遗嘱是指经公证机关公证的遗嘱。公证遗嘱是方式最为严格的遗嘱，较之其他的遗嘱方式更能保障遗嘱人意思表示的真实性。公证遗嘱是所有的遗嘱形式中最具有效力的一种，自书、代书、录音、口头遗嘱，不得撤销、变更公证遗嘱。

【处理意见】

葛老太在其夫去世后，对位于东四的房屋与子女进行了分析，确定了自己的份额后立公证遗嘱，将其在东四房屋中的个人份额留给长子继承，该遗嘱在形式以及内容上均不违反法律规定，为有效的遗嘱。在立遗嘱后，遗嘱所涉及的房屋被拆迁，葛老太取得涉诉的房产及补偿款，未涉及他人财产利益，故本案所涉财产应为葛老太原房屋个人份额转化而来。虽然遗嘱中所指明的地点上的房屋实物已不存在，但并非财产实质上的灭失，而是形式上的转化，故葛老

太的公证遗嘱不能视为被撤销，葛老太四子女所主张的公证遗嘱已失效亦无依据，不予采信，故对其要求葛老太的现有遗产按照法定继承的请求不予支持。葛老太长子有继承权。

【法律条文】

《继承法》第十七条

【友情提示】

公证的法律效力最为明显，因此对于公证遗嘱本身的要求也是最严格的。办理好遗嘱公证，有利于预防、解决纠纷。这样既能够解除当事人的身后之忧，又能体现公证的价值。

6. 自书遗嘱具备什么条件

【经典案例】

张教授与夫人李教授均是某高校退休教师。李教授于1990年去世。张教授和李教授有三个儿子，长子张大、次子张二(1991年去世，未婚无子女)、三子张三。张教授与李教授原一直承租学校的公房，直到1998年2月张教授向校方申请购买其承租的公房。张教授在办理购房手续时在《购买某学校公有现住宅楼房申请表》中的备注需作说明事宜一栏中填写“购房后此房产权人为我的次子”。此后，张教授于1998年3月至1999年7月交纳了全部购房款20 700元。但此房因故至张教授去世前未办理产权证，2001年1月张教授因病去世。2003年，校方通知购房人开始办理产权证，由于张教授已经去世，张三要求校方将产权证登记在自己名下，校方告知其应先行办理公证，公证处在核实情况时，要求张大签字认可产权登记在张三个人名下，张大认为该房系父亲遗产，张大与张三对该房产享有同等权利。张大、张三因此房产产生争议，张三为得到本案争议房产将本案诉至法院，诉讼请求为：确认原告父亲张教授将房屋产权归于原告所有的遗嘱合法、生效。原告诉称：原、被告的父亲张教授于

1998年2月申请购买校方房屋，在申请表中明确写明将该房的产权办理在次子名下。然而，由于种种原因，产权证迟迟没有办下来。2001年张教授病故。2003年年底，校方开始办理产权证，由于张教授已经病故，校方要求原告张三办理公证，公证处在核实情况时，要求被告张大签字认可，然而被告拒不合作。张教授在购房申请表中的备注需作说明事宜一栏中记录的是张教授的真实意思表示，由其本人书写，并且申请时间明确，应当视为合法、生效的自书遗嘱，被告的行为妨碍了原告取得自己的合法权利，故现要求确认原告父亲张教授将房屋产权归于原告所有的遗嘱合法、有效。被告辩称：申请表中的语句不符合遗嘱的形式要件、内容不合法，备注中的语句表达不明确，不同意原告的诉讼请求。

【法律分析】

遗嘱是指，自然人生前按照法律规定的方式，以书面或口头的形式，对其个人财产及与财产相关的其他事务进行预先处分，并于其死亡后发生法律效力的一种民事行为。公民设立合法有效的遗嘱须符合以下四个条件：（1）立遗嘱人必须具有立遗嘱能力，即具有完全民事行为能力；（2）遗嘱是立遗嘱人的真实意思表示，完全出于本人自愿，自己意图，并非受他人欺骗或威胁；（3）遗嘱内容处分的是立遗嘱人自己个人财产，对缺乏劳动能力，无生活来源的人以及胎儿保留必要份额；（4）具备遗嘱的法定形式要件。只有同时具备上述四项条件，公民所立的遗嘱才是合法有效受法律保护的遗嘱。自书遗嘱，由立遗嘱人本人亲笔书写，签名，注明年、月、日。遗书中处分个人财产符合以下条件的按自书遗嘱对待：（1）立遗嘱人的真实意思表示；（2）遗书中有死者本人的签名；（3）注明了年、月、日；（4）无其他相反证据。

【处理意见】

法院认为：公民在遗书中涉及死后个人财产处分的内容，确为死者真实意思的表示，有本人签名并注明了年、月、日，又无相反证据的，可按自书遗嘱对待。本案中，张教授在购房申请表备注栏的语句中，第一，没有表达其死亡后对其房产如何处理的意思表示；第二，该备注中没有张教授本人签名；第三，该备注中没有注明年、月、日。本案原告主张备注栏的注明语句是张教授的自书遗嘱，但事实上，该备注栏的内容没有体现立遗嘱人死后处理个人财产的意思表示，且没有立遗嘱人签名，没有注明年、月、日，无论从内容上还是从法定形式上均不符合自书遗嘱的合法有效条件。本案中，张教授在购买公有现住宅楼房申请表的备注需作说明事宜一栏中，虽写明“购房后此房产权为我的次子所有”，但该意思表示并非其本人对其死后个人财产处理的意愿，故此，该申请表上对争议房屋的处理意见并非遗嘱。法院判决驳回原告张三的诉讼请求。

【法律条文】

《继承法》第十六条

《继承法》第十七条　第二款　自书遗嘱由遗嘱人亲笔书写，签名，注明年、月、日。

最高人民法院《关于贯彻执行 < 中华人民共和国继承法 > 若干问题的意见》第四十条公民在遗书中涉及死后个人财产处分的内容，确为死者真实意思的表示，有本人签名并注明了年、月、日，又无相反证据的，可按自书遗嘱对待。

【友情提示】

公民所立的遗嘱内容应明确表达本人在死后对个人所有财产的处理意见，遗嘱内容里的语句应通顺，意思表达要明确无歧义。在遗嘱中明确继承人或受赠人的姓名或名称。合法有效的自书遗嘱，在立遗嘱人本人书写的遗嘱内容明确无歧义的同时，还必须严格符合法律规定的自书遗嘱的形式要件，即立遗嘱人本人签名，注明年、月、日。

7. 打印的自书遗嘱是否有效

【经典案例】

李先生生前（2010 年 7 月 6 日）立下一份遗嘱，将自己的全部遗产交由儿子李甲继承。拟好后，李先生请朋友张先生为他打印，在打印好的遗嘱上亲笔签名，还有两名证人现场见证，并签字。2011 年初，李先生去世。李先生的女儿认为，父亲生前虽留有遗嘱，但遗嘱不是他亲笔书写，也没给母亲留下应有份额，这份遗嘱应是无效遗嘱。所以，诉至东城区法院，要求对李先生留下的遗产进行继承。李先生的儿子李甲认为，父亲所立遗嘱是他的真实意思表示，并有他的签字，从形式到内容都符合法律规定，应认定为有效遗嘱。遗嘱已明确写明，父亲的个人财产归自己所有，因此，不同意原告的诉讼请求。

【法律分析】

公民有权处分自己的个人合法财产，法律规定遗嘱方式，是为了体现公民的真实意思表示。《继承法》第十六条规定，公民可以立遗嘱将个人财产指定由法定继承人的一个或者数人继承。第十七条规定，自书遗嘱由遗嘱人亲笔书写，签名，注明年、月、日。本案中，李先生的遗嘱不是他亲笔所写，也不完全符合法律关于代书遗嘱的规定，但遗嘱人意思表示的方式可以是多种多样的。如交付遗嘱的草稿、直接口述、电话指示以及托人转达等等。李先生生前将自己拟制的遗嘱委托他人打印，遗嘱从形式上虽不是李先生亲自书写，但订立遗嘱及遗嘱的内容是李先生的真实意思表示，遗嘱上有他的亲笔签名，并有两个无利害关系的证人现场见证并签字，由此也可证明，遗嘱是被继承人的真实意思表示，所以应认定遗嘱有效。

【处理意见】

李先生所立的遗嘱是由他本人事先草拟好，再交由他人代为打印，同时，请张先生代为打印时，有两名证人现场见证，所以应认定遗嘱有效。最终，法院一审判决驳回了李先生女儿的诉讼请求。

【法律条文】

《继承法》第十七条

【友情提示】

遗嘱是由他本人事先草拟好，再交由他人代为打印，他人代为打印只是立遗嘱人实现意思表示的一种方式和途径，两者是目的和手段的关系。只要有立遗嘱人本人的签名、时间，是本人真实的意思表示，这种遗嘱都是有效的。

8. 代书遗嘱需要什么形式

【经典案例】

原告是廖某扬与梁碧珊的儿子,香港居民,在香港居住生活。被告李某是廖某扬的表侄女。廖某扬是香港居民,晚年回家乡顺德勒流居住生活,期间被告李某一直与廖某扬共同生活,由被告李某照料廖某扬的起居饮食,廖某扬与被告李某以父女相称。2011年6月20日廖某扬在佛山市中医院住院治病期间,由廖某扬口授,广东华顺律师事务所的律师李惠华代为打印了一份《遗嘱》,《遗嘱》的内容为“我决定待我去世后,在香港地区范围内,属于我的财产全部归我的儿子廖某继承;我晚年在老家顺德生活,李某是我的表侄女,从1995年开始与我共同生活,一直以父女相称,我在患病期间都是由她照顾的,在国内范围属于我所有的一切财产由李某继承,任何人不得争执。”廖某扬在《遗嘱》上亲笔签名,并盖上指印。李惠华律师对该《遗嘱》作出见证书,在见证书上签名并加盖广东省华顺律师事务所的公章。廖某扬立遗嘱时在场的人除了李惠华律师外,还有廖某扬的朋友梁丽冰、佛山中医院的护士程丽球、廖某扬的护理人员雷忠香,但她们均没有在遗嘱上签名。2011年11月19日,廖某扬因故死亡。

【法律分析】

遗嘱是遗嘱人对自己的财产或其他事项所作的处理,应当由遗嘱人自己完成。但是,遗嘱人不识字或因生病等不能书写,或者不愿意自己书写的,可以委托他人代写遗嘱。代书遗嘱需要具备的条件:(1)遗嘱人口述遗嘱内容,由见证人代替遗嘱人书写遗嘱。代书遗嘱不是代书人按照自己的意思设立遗嘱,而是代书人按照遗嘱人的意思表示,如实地记载遗嘱人口述的遗嘱内容,而不可对遗嘱内容作出任何更改或修正。(2)代书遗嘱必须有两个以上见证人在场见证,其中一人可为代书人。见证人一般是遗嘱人指定的,并经本人同意的公民,不能以组织的名义为遗嘱见证人。继承法对见证人数量上的要求,主要是为了保障代书遗嘱确实是遗嘱人真实意愿的表露,也为了防止日后就遗嘱的效力发生纠纷。(3)代书人、见证人和遗嘱人必须在遗嘱上签名,并注明年、月、日。代书人书写完毕的遗嘱,应交由其他见证人核实,并向遗嘱人当场宣读,经遗嘱人认定无误后,由代书人、其他见证人和遗嘱人签名,并注明具体日期。在场见证的人为3人或更多的,都在遗嘱上签名更好,少则也得保证两人签名。代书人、见证人和遗嘱人必须亲笔签名,不允许他人代签。(4)遗嘱代书人应当具有完全的民事行为能力,不能是未成年人或者精神上、智力不健全的人。

【处理意见】

本案遗嘱人廖某扬在立《遗嘱》时,从事法律职业、有法律工作能力的李惠华律师代为打印遗嘱,廖某扬在有四个无利害关系的见证人在场见证下,在《遗嘱》上亲笔签名并按指印,李惠华律师及广东华顺律师事务所见证。虽然除李惠华以外的见证人没有在《遗嘱》上签名,但他们均可以见证廖某扬的签名及指印的真实性,该《遗嘱》在形式上稍有欠缺,但内容合法,又有充分证据证明为遗嘱人廖某扬的真实意思表示,为有效遗嘱。原告认为该《遗嘱》不是廖某扬的真实意思表示,认为《遗嘱》的签名和指印不是廖某扬的亲笔签名和亲手指印,证据不充分,且从原告提供的证据可以反映原告亦知道廖某扬立遗嘱一事,对原告要求确认《遗嘱》无效的诉讼请求,不予支持。法院判决:驳回原告廖某的诉讼请求。

【法律条文】

《继承法》第十七条

【友情提示】

遗嘱代书人必须不是继承人、受遗赠人,也不是与继承人有利害关系的人。继承人、受遗赠人因其直接参加继承,同继承存在着直接而重大的利害关系,如果让他们担任遗嘱代书人,难免会弄虚作假,损害其他继承人的利益,甚至出现篡改遗嘱、歪曲遗嘱本意、增加或减少遗嘱内容等行为,给其他继承人的利益造成损害。即使作为遗嘱代书人的继承人、受遗赠人本人没有恶意,也没有弄虚作假从中渔利,但因为其特殊的身份,必然引起其他人的猜疑,引发不必要的纠纷。因此,继承人、受遗赠人及与其有利害关系的人不能作遗嘱代书人。

9. 代书遗嘱的效力如何认定

【经典案例】

1998年4月,高女士和她的母亲同住的一套房屋拆迁,安置给高女士和她母亲一套房产,该房产是使用权房,高女士用她母亲的工龄自己出资把这套房屋买下,房产证上登记的是她和她母亲两个人的名字。2009年5月高女士的母亲病危,由于高女士还有两个兄弟,为了避免纠纷高女士想让母亲留下一个遗嘱,将房子都留给自己,老人也是这个意思。但是老人年纪大了而且没有文化,不会写字,高女士就想起用代书遗嘱的方式解决这个问题。2009年8月1日高女士通知母亲的一个朋友孙婆婆和一个邻居卢先生第二天赶到母亲所在的医院,写代书遗嘱,遗嘱的内容是高女士的女儿事先打印好的。结果第二天由于邻居卢先生临时有事上午没有及时赶到,只有孙婆婆一个人来了。孙婆婆到了以后高女士把打印好的遗嘱拿出来,当着孙婆婆的面念了一下,念完后问母亲写得对不对,母亲点头说没有问题,母亲在上面签了字,然后再递给孙婆婆,孙婆婆看了一下,在见证人上面签了字。下午卢先生赶了过来,看了一下遗嘱,跟高女士的母亲确认没问题后也在上面签了字,高女士拿到遗嘱后觉得没有问题就把此事放下了。2010年3月高女士的母亲去世了,去世后就房产的分割问题,大家不能达成一致,两个兄弟认为自己也有份,坚决不肯放弃继承,高女士就把遗嘱拿出来了,两个兄弟对遗嘱提出了质疑,认为遗嘱无效,遂起诉到法院要求确认遗嘱无效并且按照法定继承分割房产。

【法律分析】

遗嘱继承包括公证遗嘱、自书遗嘱、代书遗嘱、录音遗嘱和口头遗嘱,在这几种遗嘱中效力最高的是公证遗嘱,公证遗嘱的撤销也要通过公证遗嘱的方式行使,其他形式的遗嘱与公证遗嘱发生冲突时以公证遗嘱为准。代书遗嘱应当有两个以上见证人在场见证,由其中一人代书,注明年、月、日,并由代书人、其他见证人和遗嘱人签名。下列人员不能作为遗嘱见证人:(1)无行为能力人、限制行为能力人;(2)继承人、受遗赠人;(3)与继承人、受遗赠人有利害关系的人。

【处理意见】

本案中由于代书遗嘱是高女士自己书写的，而且两位见证人又没有同时进行见证，所以代书遗嘱无效，法院经过审理支持了高女士兄弟二人的观点，遗嘱无效，只能按照法定继承来解决。

【法律条文】

《继承法》第十七条

【友情提示】

代书遗嘱起码应当注意以下问题：(1)代书遗嘱一定要两个见证人在场见证并签字。(2)见证人必须具备行为能力。(3)见证人必须是没有利害关系的见证人。(4)见证人必须同时在场见证。(5)见证人必须全程见证。全程的意思是从写遗嘱到立遗嘱人签好字的整个过程必须见证，包括书写遗嘱、宣读、见证签字。(6)遗嘱的内容必须有一位见证人亲笔书写。(7)必须是立遗嘱人亲笔签字。(8)必须书写日期。

10. 录音遗嘱需要什么条件才有效

【经典案例】

原告刘甲诉称，被继承人贺某是我和三被告的母亲，贺某生前由我和被告刘乙轮流赡养，每家四个月，后其于2011年12月30日去世。贺某去世前，其所在的大兴区黄村镇某村实行农民土地承包政策三十年不变，增人不增地，减人不减地。贺某于2005年1月1日与该村村委会签订了土地承包经营合同，并拥有确权确利土地1.2亩，其去世后仍享有土地承包经营的收益。2008年春节前，贺某分得村委会发放的土地承包经营收益款13 500元，该款由刘乙领走，我向其主张该笔遗产，刘乙拒不给付。我要求法院判决我对被继承人贺某在大兴区黄村镇某村人均确权的1.2亩确权确利土地收益享有法定继承权。被告刘乙辩称,刘甲所称我母亲的确权确利土地1.2亩及其收益属实。但在2007年4月1日,轮到原告刘甲赡养母亲贺某,因贺某2006年的收益款12 000元已由我领取,原告刘甲与我为此款分配产生矛盾,刘甲未按期接母亲到其家居住,贺某此后由我继续赡养。贺某去世前,通过录音立下遗嘱,声明土地受益权由我继承。该遗嘱由我、被告刘丙、被告刘丁以及刘丁的朋友郭某做见证人。

【法律分析】

录音遗嘱生效的要件有:(1)必须由遗嘱人亲自制作,并亲自叙述遗嘱的全部内容;(2)必须请两个以上的见证人在场作证;(3)录音开始时,遗嘱人、见证人必须分别说明自己的姓名、性别、年龄、籍贯、职业、所在工作单位和家庭住址等;(4)遗嘱人必须说明制作录音遗嘱的具体地址和年、月、日、时;(5)录音制作完毕,应当密封保存,并在封面上由遗嘱人、见证人签名,注明年、月、日。然后,由遗嘱人或交见证人保管;(6)继承开始,由见证人及继承人到场并检验封皮的完好情况。

【处理意见】

本案中被告刘乙出示录音光盘,证明被继承人贺某留有录音遗嘱,1.2亩土地的受益权由被告刘乙继承。但因该录音遗嘱的见证人中被告刘乙系遗嘱继承人,被告刘丙、刘丁系本案的法定继承人,与刘乙存在利害关系,见证人郭某与被告刘丁系朋友关系,故被告刘乙所出示录音光盘内容不符合录音遗嘱的条件,遗嘱继承不能成立。贺某在大兴区黄村镇某村享有1.2亩确权确利土地收益系事实,原告刘甲作为被继承人贺某的儿子,对贺某的上述遗产应享有法定继承权,对于其要求确认对被继承人贺某1.2亩确权确利土地的收益享有法定继承权的请求,应予支持。据此,法院判决原告刘甲对被继承人贺某在北京市大兴区黄村镇某村1.2亩确权确利土地的收益享有法定继承权。

【法律条文】

《继承法》第十七条、第十八条

【友情提示】

提醒广大民众,在需要立遗嘱的情况下,应当尽量选择公证遗嘱和自书遗嘱的形式，如果选择以代书、录音或口头的方式立遗嘱，应当选择两个以上符合法律规定的遗嘱见证人，以保证遗嘱的真实有效。录音遗嘱应当由遗嘱人亲自制作，并有两个以上见证人在场见证。遗嘱人在录制完遗嘱后，应将记载遗嘱的录音磁带、录像磁带、光盘等封存，遗嘱人、见证人在封口上签名并注明年、月、日。启封时应当有见证人、继承人、受遗赠人以及其他利害关系人到场。

11. 口头遗嘱的效力怎样确定

【经典案例】

李强与前妻何兰离异后，大女儿李丽随母亲共同生活。之后，李强与周玉登记结婚，又生下小儿子李军。2011 年 3 月，李强因病入住医院，5 月 15 日，他的病情突然加重，医院下了病危通知书。在进入手术室前，李强当着两位护士和两位医生的面，交代自己的一处房屋给周玉和李军，自己在银行的 50 万元存款给大女儿李丽，自己市值约 20 万元的股票给前妻何兰。之后因抢救得当，李强被从病危状态救了回来。2011 年 5 月 19 日，李强脱离危险，神志清醒，能够正常交流。好景不长，2011 年 6 月 26 日，李强突然病重死亡。在处理遗产时，家人产生了争议。何兰及李丽认为，应按照李强在 2011 年 5 月 15 日的遗嘱分割遗产，周玉及小儿子李军不同意。两方争执不下，周玉及李军一纸诉状将何兰及李丽告上法庭，要求依法分割遗产。法院审理过程中，李丽申请了医院的两位护士和两位医生出庭作证，证明了李强在病危时曾立下口头遗嘱，对自己的财产进行了处理。周玉及李军则认为口头遗嘱无效。

【法律分析】

口头遗嘱是遗嘱人以口头形式订立的遗嘱。遗嘱人在危急情况下可以立口头遗嘱，口头遗嘱应当有两个以上见证人在场见证。危急情况解除后，遗嘱人能够用书面或者录音形式立遗嘱的，所立的口头遗嘱无效。依据《继承法》的规定，口头遗嘱必须满足以下几个条件：（1）口头遗嘱只能在危急情况下“订立”，只有在这种情况下立的口头遗嘱才有法律效力。（2）若“危急情况解除”

而立遗嘱人能够用书面或者录音形式立遗嘱的，口头遗嘱即失效。即如果处在危急状况中的立遗嘱人恢复了采用其他方式立遗嘱的能力时，该口头遗嘱即视为无效，应另用其他的方式立下遗嘱。（3）口头遗嘱必须有“两个以上证人在场见证”方为有效。（4）遗嘱人要以口述形式表示其处理遗产的真实意思。

【处理意见】

法院认为，李强在5月15日时病情处于十分危急的状态，可以立口头遗嘱，但5月19日之后，李强已经脱离危急状态，直至2011年6月26日死亡。在此期间，李强完全可以用书面或录音等其他形式立下遗嘱。我国《继承法》规定：遗嘱人在危急情况下可以立口头遗嘱，口头遗嘱应有两个以上见证人在场见证；危急情况解除后，遗嘱人能够用书面或录音形式立遗嘱的，所立的口头遗嘱无效。因此李强的口头遗嘱应属无效，李强的继承人应按照法定继承方式继承遗产。

【法律条文】

《继承法》第十七条、第十八条

【友情提示】

口头遗嘱最为简便但最难认定，难点就在于其是在特殊危急情况下订立的，事后往往没有客观依据，也难以查证。法律规定了口头遗嘱需要有两个以上的证人见证，但仅凭证人证言认定又会存在很多问题，比如证人证言的真实性、证人数量问题等等。所以要特别注意订立口头遗嘱之后，当危急状况解除，应及时采用合法的遗嘱形式，使口头遗嘱的内容有效。

四、遗赠与遗赠扶养协议纠纷

1. 什么叫遗赠

【经典案例】

1995年3月，胡老伯买下了他和老伴一直住着的公房，产权人登记为胡老伯。当时，为购此房，儿子胡先生和儿媳提供了部分资金给胡老伯。购房后，胡老伯曾承诺此房产权在其百年后归儿子儿媳所有，并将该房产证交给了儿子胡先生保管。后来该房仍一直由胡老伯夫妇居住。2008年3月，胡先生把他的户口迁入该房。2011年5月，胡老伯将该房的房产证书挂失后补办新证，并立下遗嘱，表示在他过世后将他在室内的产权份额遗赠与孙子胡小强。胡先生夫妇认为，他和妻子出资购买了该公有住房的产权，父亲胡老伯曾立下字据，表示该房系胡先生夫妇出资，由父母居住，最终房屋产权及使用权属归他们夫妇所有，可在母亲去世后，父亲竟瞒着他们挂失了产权证后补办，现诉请法院要求确认他们夫妇为该房产的共同产权人。胡老伯则不同意儿子儿媳的诉讼请求。他辩称，当时他以公积金及向儿子借款购买了该公房的产权，产权人为他自己。购买住房时确有将产权给儿子的想法，但鉴于儿子对待他的种种态度，现在不想将房产给儿子。

【法律分析】

遗赠，是指公民以遗嘱方式将其遗产中财产权利的一部分或全部赠给国家、集体组织、社会团体或法定继承人以外的个人，在遗嘱人死后发生法律效力的法律行为。立遗嘱人为遗赠人，接受遗赠的人为受遗赠人。遗赠具有以下法律特征：（1）遗赠是单方面的法律行为。遗嘱人通过遗嘱将个人财产遗赠给他人时,并不需要征得其同意。遗赠人在生前亦可单方取消该遗赠。同样,受遗赠可以接受遗赠,也可不接受遗赠。(2)遗赠是无偿的、自愿的,死后才发生法律效力的法律行为。(3)受遗赠人是法定继承人以外的其他人,包括国家、集体组织和社会团体和个人。(4)遗赠的标的只能是遗产中的财产权利,而不能是财产义务(如债务)。如果遗产中的所有权和债权的标的之价值大于债务标的之价值,遗赠人可将全部遗产赠给受遗赠人,最终受遗赠人应得到财产利益。(5)受遗赠权不能由他人代替行使。当受遗赠人先于遗赠人死亡,其受遗赠权便自然消失。当受遗赠人不愿接受遗赠,他也不能将该遗赠财产转给他人。但是,当继承开始后,受遗赠人表示接受遗赠,并于遗产分割前死亡的,其接受遗赠的权利转移给他的继承人。(6)清偿遗赠人的债务优先于执行遗赠。(7)遗赠人行使遗赠权不得违背法律规定。如遗嘱应当对缺乏劳动能力又没有生活来源的继承人保留必要的遗产份额。

【法律意见】

法院认为,原告胡先生夫妇表示此房的购房款均由两原告支出,但即使是由两原告全额支付购房款,原告并非该公有住房同住人,无权主张产权。原告提供的协议仅系被告承诺将住房赠与两被告的意思表示,但由于产权未变更登记,在赠与标的之产权未转移前,原告也无权主张产权。现两原告主张通过其出资而取得房屋产权的请求,缺乏依据,法院难以支持。法院最终判决,原告的诉讼请求不予支持。

【法律条文】

《继承法》第二十五条　受遗赠人应当在知道受遗赠后两个月内,作出接受或者放弃受赠的表示。到期没有表示的,视为放弃受遗赠。

【友情提示】

遗赠是一种单方面的法律行为。遗赠人在立遗嘱时,不必征求受遗赠人的同意,即可在其遗嘱中作出遗赠的规定。此遗嘱在遗赠人死亡后即发生法律效力,并不受受遗赠人接受遗赠与否的影响。遗赠必须在遗赠人死亡之后才能发生法律效力,而生前赠与只能在赠与人生前发生法律效力。

2. 囚犯临终遗赠房产是否可以

【经典案例】

张某与张小姐的母亲于1999年离婚，张小姐随母亲共同生活。离异后，张某与马女士相识并以夫妻名义共同生活。几年来，张某与马女士一直居住在南汇区某处一幢二上二下房屋内。2004年2月，张某因犯盗窃罪被羁押于安徽白茅林农场改造，期间，马女士以妻子名义多次进行探望和书信往来，并看管了张某的房屋。2009年12月，张某在劳改农场生病，写下一份字据，称"家产房屋赠与马女士"。2010年12月张某死亡。2011年2月，张小姐即向马女士提出要继承父亲的房产，双方发生纠纷。马女士遂持张某的"遗赠"字据提起诉讼，要求确认其对房产的继承权。原告马女士诉称，其与张某共同生活多年，虽未办理结婚登记，但张某服刑后，其尽了妻子义务，给予张某经济上的资助及精神上的安慰。现依据张某亲笔所立的"遗赠"字据一份，要求确认其对房产的继承权。被告张小姐则辩称，马女士要求确认继承权及产权归属的请求不能成立。马女士提供的所谓"遗赠"字据并非父亲的自书遗嘱，马女士对讼争房产不能享有任何权利。即使马女士所称属实，马女士没有在法定期限内作出明确的接受遗赠的意思表示。据此，张小姐认为，马女士的请求不能成立，要求驳回。庭审后，为查清张某所写字据是否为其真实意思表示，法官专程去张某去世前的劳改农场调查。经查证，张某去世前神志清楚，其写的字据为其真实意思表示。

【法律分析】

遗赠虽是遗赠人单方的意思表示，也必须具备一定的条件才能发生效力。这些条件主要有以下几项：第一，遗赠人须有遗嘱能力。无遗嘱能力的无民事行为能力人、限制民事行为能力人不能遗赠。第二，遗赠人须为缺乏劳动能力又没有生活来源的继承人保留必要的遗产份额。第三，遗赠人所立的遗嘱符合法律规定的形式。遗赠人的遗嘱是否符合法定形式，以遗嘱设立当时的法律要求为准。第四,受遗赠人须为法定继承人范围以外的人,且在遗赠人的遗嘱生效时生存之人。第五,受遗赠人未丧失受遗赠权。关于丧失受遗赠权的事由,我国继承法中没有明文规定,通说认为,应当适用关于丧失继承权的规定。第六,遗赠的财产须为遗产,且在遗赠人死亡时执行遗赠为可能和合法。如果遗赠财产不属于遗产,或者于遗赠人死亡时该项财产已不存在或因其他原因不能执行或执行是不合法的,则遗赠为无效。

【处理意见】

本案张某的遗赠是有效的,是自己真实意思的表示。但是受遗赠人马女士没有在知道受遗赠后 2 个月内明确表示接受遗赠,视为放弃受遗赠。本案法官多次主持调解,双方终于达成以上调解协议。原告马女士与被告张小姐达成一致意见:讼争房产归张小姐所有,张小姐支付马女士补偿款 7 万元。

【法律条文】

《继承法》第二十五条

【友情提示】

受遗赠人应当在知道受遗赠后 2 个月内,作出接受或放弃受遗赠的表示,到期没有表示的,视为放弃受遗赠,这点与法定继承不一样,应当引起注意。

3. 立遗嘱人将财产遗赠给自己同居“二奶”有效吗

【经典案例】

四川省泸州市某公司职工黄某和蒋某 1983 年结婚,但是妻子蒋某一直没有生育,后来只得抱养了一个儿子,由此原因给家庭笼罩上了一层阴影。1994 年,黄某认识了一个名叫张 × 英的女子,并且在与张认识后的第二年同居。黄某的妻子蒋某发现这一事实以后,进行劝告但是无效。1996 年底,黄某和张 × 英租房公开同居,以“夫妻”名义生活,依靠黄某的工资(退休金)及奖金生活。

2001年2月，黄到医院检查，确认自己已经是晚期肝癌。在黄某即将离开人世的这段日子里，张×英面对旁人的嘲讽，以妻子的身份守候在黄某的病床边。黄某在2001年4月18日立下遗嘱："我决定，将依法所得的住房补贴金、公积金、抚恤金和卖泸州市江阳区一套住房售价的一半（即4万元），以及手机一部遗留给我的朋友张×英一人所有。我去世后骨灰盒由张×英负责安葬。"2001年4月20日黄某的这份遗嘱在泸州市纳溪区公证处得到公证。2001年4月22日，黄某去世，张某根据遗嘱向蒋索要财产和骨灰盒，但遭到蒋某的拒绝。张遂向纳溪区人民法院起诉，请求依据继承法的有关规定，判令被告蒋某按遗嘱履行。从2001年5月17日起，法院经过4次开庭之后判决原告败诉。

【法律分析】

遗赠是一种民事法律行为，遗赠人行使遗赠权不得违背法律规定：遗赠人行使遗赠权，只能处理其个人所有合法财产，不得侵害国家、集体或他人利益；不得滥用遗赠权而侵害缺乏劳动能力又没有生活来源的继承人的合法权益；也不得以遗赠财产的方式逃避其依法应当缴纳的税款和债务，否则其遗赠无效。

【处理意见】

法院认为尽管本案中的遗赠是遗赠人真实意思表示，但是黄某将遗产赠送给"第三者"的这种民事行为违反了民法通则第七条"民事活动应当尊重社会公德，不得损害社会公共利益，破坏国家经济计划，扰乱社会经济秩序"，因此法院驳回原告张×英的诉讼请求。

【法律条文】

《民法通则》第七条　民事活动应当尊重社会公德，不得损害社会公共利益，破坏国家经济计划，扰乱社会经济秩序。

【友情提示】

继承法、婚姻法这些特别法的规定都不能离开民法通则的指导思想。执法机关、审判机关不能机械地引用法律，而应该在充分领会立法本意的前提下运用法律。在判决本案时，法官直接引用民法通则的基本原则，而没有机械地引用继承法的规定，是合情合理的。如果法官按照继承法的规定，支持了原告

张 × 英的诉讼主张,那么也就滋长了“第三者”、“包二奶”等不良社会风气,而违背了法律要体现的公平、公正的精神。

4. 遗赠能不能撤销

【经典案例】

原告李老太(美国籍华人),2006 年 7 月在南京探亲期间生病,得到两被告李某和兰某(系老太亲戚)的照顾。原告李老太与两被告李某和兰某经协商,将自己名下一处建筑面积为一百余平方米的房屋赠与李某和兰某,签订了遗赠协议。在签订协议的过程中,双方还委托律师作了见证。2012 年 3 月 7 日,李老太太向法院提起诉讼,她以当时系突发疾病住院,病中头脑糊涂,其间被告安排律师将文件准备妥当,自己因而签字的,认为被告预设陷阱,采取欺诈、哄骗手段诱使所致,请求撤销双方当初的遗赠协议。两被告抗辩称:双方完全是在自愿、依法前提情况下签订协议的,原告所述纯属无中生有,请求法院驳回其诉讼请求。

【法律分析】

遗产赠与的撤销情形有三:(1)受赠人严重侵害赠予人或者赠予人的近亲属。受赠人如果严重侵害赠予人或赠予人的近亲属时,这表明,赠予合同赖以存在的感情基础将不复存在,与之相适应,赠予合同也将失去存在意义,因此,法律赋予赠予人有权撤销赠予。(2)受赠人对赠予人负有扶养义务而不履行。对赠予人有扶养义务而不履行的,赠予人可以依法行使撤销权。这里的扶养应是广义上的扶养,包括抚养、扶养和赡养三种类型。(3)受赠人不履行赠予合同约定的义务。一定的负担,接受一定的约束。而受赠人如果不按约定履行该负担的义务,是一种对自己诺言和对赠予人意愿的违背,从某种角度上讲,也是有损赠予人的利益的。

【法律意见】

法院认为,虽然双方签订的遗赠协议具有民事合同的性质,但其中内容主要涉及遗赠扶养范围，该类合同包含很强的身份关系，故除适用合同法外，还应适用其他相应的法律规定。对于具有身份关系的合同，应当允许合同当事人在一定条件下具有撤销权。本案中，原告在美国具有永久居留权，常年身处国外，两被告并不具备承担对原告生养死葬的义务的客观条件；其次，被告事实上尚未实际履行该协议中约定的义务，目前亦不具备实际履行的条件；再次，在原告还有法定继承人的情况下，按该协议的强烈的身份属性，应当允许原告自由选择由谁来承担生养死葬的义务。最后法院判决撤销原告与被告之间签订的遗赠协议。

【法律条文】

《继承法》第二十一条　遗嘱继承或者遗赠附有义务的，继承人或者受遗赠人应当履行义务。没有正当理由不履行义务的，经有关单位或者个人请求，人民法院可以取消他接受遗产的权利。

最高人民法院《关于贯彻执行<中华人民共和国继承法>若干问题的意见》第四十三条附义务的遗嘱继承或遗赠，如义务能够履行，而继承人、受遗赠人无正当理由不履行，经受益人或其他继承人请求，人民法院可以取消他接受附义务那部分遗产的权利，由提出请示的继承人或受益人负责按遗嘱人的意愿履行义务，接受遗产。

【友情提示】

在这里我们要提醒一些老年朋友，在签订这种遗赠协议或者遗嘱的时候一定要明确双方的权利义务，最好在遗赠协议或者遗嘱达成之后能去公证部门作一个公证或者由律师做一个律师见证，这样一来，法律效力更容易保证。老人们通过遗赠扶养协议来保障自己的晚年是一种比较正确的做法。但是有时候受赠人拿了房子之后就翻脸不认人了，拒绝赡养，这个时候老人可以撤销遗赠扶养协议。

5. 什么叫遗赠扶养协议

【经典案例】

85岁的董大爷无儿无女,老伴已去世多年,虽有房产和积蓄,但由于年老多病,日常生活难以自理。换了几次保姆,董大爷都不称心,后来他的一个远房亲戚的儿子李某下岗以后来照顾他。几年来,虽说李某无微不至的照料使他非常满意,可董大爷总觉得这不是长久之计,心里还是不踏实。于是,为了解决好自己的养老问题,他想和李某签订遗赠扶养协议,以便安度晚年。

【法律分析】

遗赠扶养协议是指遗赠人与扶养人达成的关于扶养人承担遗赠人的养老责任,遗赠人负有义务将其遗产赠与扶养人的协议。遗赠扶养协议可分为以下两类:一类是公民之间的遗赠扶养协议。遗赠人是没有子女或子女不在身边、独立生活存在困难而需要他人照顾的老人。他享有受扶养人扶养的权利,负有死后将其遗产遗赠给扶养人的义务。另一类是公民与集体所有制组织之间的遗赠扶养协议。遗赠人一般是缺乏劳动能力又缺乏生活来源的鳏寡孤独的"五保户"老人,他们享有受其所在集体所有制组织扶养的义务。集体所有制组织,一般是指"五保户",承担其生养死葬的义务,享有受"五保户"遗赠财产的权利。

【处理意见】

双方可以签订遗赠扶养协议,下面是遗赠扶养协议书的范文。附:

遗赠扶养协议书

遗赠人:×××,性别,年龄,汉族,住×××(称甲方)

扶养人:×××,性别,年龄,汉族,住×××。(称乙方)

甲方现年事已高,体弱多病,现经与乙方协商,根据《继承法》的有关规定,达成本协议,内容如下:

1、由乙方承担甲方的衣、食、行、医疗、殡葬等费用，直至甲方遗赠人“百年”为止。

2、乙方享有受赠甲方全部财产的权利。包括位于 ×××*** 号房屋五间，西房三间以及其他附属建筑；甲方的全部生活用品及存款等。

3、甲、乙双方应信守承诺，自觉履行本协议书的权利义务，永不反悔。

4、双方指定 ××× 村民委员会(居委会)负责监督本协议书的履行。

5、本协议书一式三份，甲、乙双方和 ××× 村委会(居委会)各持一份，具有同等效力。

立遗赠人：签字

扶养人：签字

见证人：×××

【法律条文】

《继承法》第三十一条　公民可以与扶养人签订遗赠扶养协议。按照协议，扶养人承担该公民生养死葬的义务，享有受遗赠的权利。公民可以与集体所有制组织签订遗赠扶养协议。按照协议，集体所有制组织承担该公民生养死葬的义务，享有受遗赠的权利。

《老年人权益保障法》第二十四条　鼓励公民或者组织与老年人签订扶养协议或者其他扶助协议。

【友情提示】

遗赠扶养是一种双向、有偿的法律行为。遗赠人享有受扶养的权利，负有将个人财产遗赠扶养人的义务；扶养人享有接受遗赠的权利，负有承担遗赠人生养死葬的义务。签订遗赠扶养协议，其目的在于使那些没有法定赡养义务人或虽有法定赡养义务人但无法实际履行赡养义务的孤寡老人，以及无独立生活能力老人的生活得到保障。需要特别注意的是：如果签订遗赠扶养协议的老年人在扶养人不尽扶养义务时，可以请求取消扶养人受遗赠的权利。

6. 无行为能力人或者限制行为能力人订立的遗赠扶养协议有效吗

【经典案例】

中国人民大学教授张隆栋生后留下一处房产。为了这套房产，生前照顾其11年的保姆雷女士手持遗赠扶养协议(2008年11月订立)，将张教授的养女张某告上法院，请求法院将该套房屋判归自己所有。法院查明教授张隆栋之妻吴某自1995年起患有老年痴呆症，属于无民事行为能力人，于2003年11月去世。2006年，张隆栋被诊断出患有双相情感障碍。此后多年间，张隆栋数次发病。2011年11月张隆栋死亡，其死亡前三日，仍有取精神类药品的用药记录。

【法律分析】

遗嘱人立遗嘱时必须有行为能力。无民事行为能力的人或者限制民事行为能力人所立的遗嘱，即使其本人后来有了行为能力，仍属无效遗嘱。立遗嘱人在立遗嘱时有民事行为能力，后来丧失了民事行为能力，不影响遗嘱的效力。但是患有聋、哑、盲等生理缺陷而无精神病的成年人，他们是有完全行为能力的，因此他们也可以立遗嘱。

【处理意见】

依据相关规定，双相情感障碍是一种重性精神疾病，本案张隆栋同样属于无民事行为能力人。因此，张教授订立遗赠扶养协议无效。作为教授夫妇的第一顺序法定继承人，养女张女士应该获得该套房产。

【法律条文】

《继承法》第二十五条

【友情提示】

申请认定公民无民事行为能力或者限制民事行为能力，应当由其近亲属或者其他利害关系人向该公民住所地的基层人民法院提出。利害关系人包括公民的配偶或者其他近亲属、被认定无民事行为能力人或者限制民事行为能力人的债权人、债务人等。申请人应当根据民事诉讼法的规定，以书面形式向人民法院提出申请。申请书应当写明该公民无民事行为能力或者限制民事行为能力的事实和根据，即该公民的精神健康状况，丧失行为能力或者部分丧失行为能力的原因及其表现，是否经医疗诊断以及医生对该公民病情的诊断情况等，都应当在申请书中具体写明。

7. 遗赠扶养协议可以解除吗

【经典案例】

李老先生和老伴在婚后没有生育小孩，两个人生活在一起。在老伴去世后李老先生就一个人居住。2009 年 4 月李老先生的远房侄子找到了李老先生，表示愿意照顾李老先生，为其养老送终。后来，在居委会的参与下，李老先生与远房侄子小李签订了遗赠扶养协议。协议书约定，小李自愿照顾李老先生，平时工作时间安排佣人照顾李老先生，每周探望老人一次，每月陪李老先生住两天，每年带李老先生去做一次体检；若李老先生身体有不适，则立即陪李老先生前往就医；李老先生过世后，现在李老先生所有的和居住的房屋由小李继承；若小李不履行约定，李老先生有权随时解除该遗赠扶养协议。2011 年 5 月，李老先生将小李告上了法庭，要求解除与小李签订的这份遗赠扶养协议。李老先生在法庭上称，小李在签订协议后的几个月是按这个协议履行的，但之后，小李总是以种种理由推托不来看老人。李老先生有一次发烧要求小李送医院，他却理都不理，只让老人自己吃点药。最后，还是好心的邻居帮忙把李老先生送到医院。所以，小李根本没有履行签订的遗赠扶养协议，之所以签订这份协议完全是为了取得李老先生的房子。小李在法庭上称，这份遗赠扶养协议是合法有效的,自己不是没有履行协议,而是履行时有瑕疵,并表示以后愿意履行协议。

【法律分析】

遗赠扶养协议的解除是指协议双方当事人协商一致或由于一方行为致使合法有效的遗赠扶养协议效力归于消失的法律制度。按照遗赠协议,扶养人承担该公民生养死葬的义务,享有受遗赠的权利。扶养人或集体组织与公民订有遗赠扶养协议,扶养人或集体组织无正当理由不履行,致协议解除的,不能享有受遗赠的权利,其支付的供养费用一般不予补偿;遗赠人无正当理由不履行,致协议解除的,则应偿还扶养人或集体组织已支付的供养费用。

【处理意见】

本案中,显然是扶养人小李无正当理由未履行与李老先生签订的遗赠扶养协议,故依据该遗赠扶养协议的约定,李老先生有权解除与小李签订的遗赠扶养协议。

【法律条文】

《继承法》第二十一条

【友情提示】

遗赠扶养协议是双方法律行为,属于一种合同关系。它的订立、变更、解除,需要当事人协商一致。遗赠人取得扶养人供养自己的权利,是以在自己去世后,将自己的财产转归对方为对价。而扶养人必须承担供养义务,才能在遗赠人死后享有取得遗产的权利。如果扶养人不履行义务,是不能继承遗产的。

五、遗产处理纠纷

1. 遗产怎么保管，怎么分割

【经典案例】

刘老汉夫妻2010年6月相继去世时留有房产6间，刘老汉有3个子女(刘甲、刘乙、刘丙)，刘老汉夫妻去世时未留有任何遗嘱。2011年1月该房产面临拆迁，刘甲、刘乙、刘丙协商一致后将拆迁安置事宜委托给大哥刘甲代为处理。2012年6月，拆迁完毕，拆迁补偿款及拆迁安置房都已到位，但大哥刘甲却一直霸占房屋及钱款。请问刘乙、刘丙该如何维护自己的权益?

【法律分析】

一般说来，从被继承人死亡到遗产分割都有一个过程。在这段时间里，是法定继承的，需要通知法定继承人，法定继承人还要作出接受或放弃继承的表示；是遗嘱继承的，需要确认遗嘱的法律效力，还要通知遗嘱继承人和遗嘱执行人。因此，在这期间，如对遗产不加以保管，就有可能使遗产遭受毁损或遗失，也有可能被某个继承人或其他利害关系人隐匿和侵吞等，这就会损害继承人的利益。为了维护全体继承人的利益，从被继承人死亡到遗产分割这段时间，对遗产必须加以妥善保管。根据我国《继承法》规定，存有遗产的人应当妥善保管遗产。所谓存有遗产的人，是指被继承人死亡后，实际控制他的财产的人。存有遗产而依法负责保管遗产的人，称为遗产保管人。存有遗产的人如果不应成为遗产保管人，应及时将遗产交付给遗产保管人保管。遗产保管人既可以是继承人，也可以是遗嘱执行人，还可以是其他人。

遗产保管的具体方法：第一，开具死者遗留财产的清单。第二，指定遗产的保管人。第三,遗产保管人不尽职的,可经继承人或其他利害关系人的申请而更换。第四,遗产保管人或者包括其他人侵吞或故意损坏遗产时,继承人、被继承人生前的债权人可向人民法院提起诉讼,要求返还财产;原物不在,返还财产不可能的,折价赔偿。

【处理意见】

配偶、父母、子女为遗产继承的第一顺序人。只要继承人未发生丧失继承权的情况,都依法享有继承权利。本案中,刘甲、刘乙、刘丙都无丧失继承权之情形,在父母未留有遗嘱的前提下,均合法享有继承权。同时,保管遗产的人,应妥善管理,任何人不得侵吞或争抢。继承人应本着互谅互让的精神,协商处理继承事宜。若未能达成一致,刘乙、刘丙可向人民法院诉讼解决。

【法律条文】

《继承法》第二十四条　存有遗产的人,应当妥善保管遗产,任何人不得侵吞或者争抢。

【友情提示】

遗产保管人应负有以下义务:(1)清点遗产,制作遗产清单;(2)向继承人或其他继承人公开遗产清单;(3)妥善保管遗产;(4)发布寻找继承人或受遗赠人的启事;(5)向(其他)继承人或受遗赠人及时移交遗产。如果遗产保管人违背这些义务,均属于侵权行为。

2. 继承人能不能放弃遗产继承

【经典案例】

1998年8月,张某的父亲因病丧失了劳动能力,张某的弟弟张乙将父亲接到自己家里照顾,而张某却对老人不闻不问。之后的几年,父亲经常住院治疗,张乙始终陪护,并承担了所有的医疗费用,而张某仍是无动于衷。眼见小儿子张乙为了给自己治病花光了家底,老人无奈之下于2003年4月将大儿子张某告上了法庭。没想到,张某为了逃避赡养责任,竟然办理了自愿放弃父亲遗产继承权的公证手续。对张某彻底失望的父亲,最终含泪签署了和解协议,放弃了对大儿子追索赡养费和医疗费的权利。2011年11月,张某的父亲与世长辞,并将遗产全部留给了小儿子张乙。张某万万没有想到,终生穷苦的父亲竟会有数额很大的一笔遗产,身为长子的他感到极度的不平衡,便一纸诉状将自己的亲弟弟张乙告上法庭,声称"放弃继承权声明书"是他在被逼之下进行公证的,并不是其真实意思的表示,要求撤销公证书,重新对父亲的遗产进行继承分割。

【法律分析】

继承权是法律赋予公民的一项基本权利。权利和义务不同,权利是可以被放弃的,因此,继承权可以被继承人放弃。如果放弃继承权的人本身就是遗产的法定继承人,如死者的配偶、子女等,那么,他必须要在遗产被分配之前,公开声明放弃继承遗产,否则会被视为已经接受了遗产。

附:放弃继承权声明书的格式

声明人:×××,女,×年×月×日出生,现在××××。身份证号码××××。

声明人系被继承人×××(身份证号码:××××)的子女。被继承人×××死亡后,遗留房屋一套(×××××)。被继承人×××生前立下遗嘱表示该房屋由×××(身份证号码:×××)继承,现声明人愿意放弃对上述遗产的继承权,绝不反悔,特立此放弃继承权声明书为证。

特此声明!

声明人:

年 月 日

【处理意见】

本案在庭审中,张某提供不出被逼迫公证的任何证据,而法官同时了解到,他对重病父亲不闻不问的行为受到了街坊邻里的指责。法院认为,张某的公证声明合法有效,最终依法驳回了他的诉讼请求。

【法律条文】

《继承法》第二十五条　继承开始后，继承人放弃继承的，应当在遗产处理前，作出放弃继承的表示。没有表示的，视为接受继承。

【友情提示】

在这里需要注意的是：如果继承人因为放弃继承权而导致其不能履行法定的义务，那么继承人这种放弃继承权的行为是无效的。

3. 未经配偶同意放弃遗产继承权是否有效

【经典案例】

原被告1994年登记结婚。2010年5月女方李某父亲去世时，在市内留有住房一套，至今都未继承分割，一直由女方李某母亲居住着。2012年2月16日男方王某起诉离婚。2012年2月24日女方李某即以公证的方式放弃继承该房产，3月两人调解离婚。离婚后，男方王某以放弃继承的房产应是婚姻关系存续期间已由女方继承取得，属夫妻共同财产等为由，起诉到法院，请求判令放弃行为无效，并对争议房产及其他尚未分割财产进行分割。女方李某认为放弃继承父亲财产，无需征得原告同意，且继承遗产与否，并不影响其应尽的义务，其放弃继承的行为应是合法有效。

【法律分析】

女方李某放弃遗产继承权，并不是夫妻关系存续期间实际取得的共同财产，虽放弃行为的后果会影响到男方离婚时可能少分得财产，但不能以此为由抗辩女方的放弃权利，女方放弃遗产继承权，是依法处分个人权利，无需征得他人许可。

【处理意见】

本案被告女方李某的放弃行为，虽然会影响到原告王某可主张的夫妻共同财产的多少，但这只涉及被告对自己权利的处分，却不涉及被告李某对原告王某法定义务的履行，应属合法有效，且在双方离婚时被告并未实际取得可继承房产的份额，故原告要求分割上述房屋的诉讼请求不能得到支持。

【法律条文】

最高人民法院《关于审理离婚案件处理财产分割问题的若干具体意见》第二条　夫妻共同财产是指夫妻双方在婚姻关系存续期间所得的财产。

《婚姻法》第十七条　夫妻共同所有的财产为：……(4) 继承或赠与所得的财产。

【友情提示】

继承开始后，继承人放弃继承的，应当在遗产处理前，作出放弃继承的表示，没有表示的，视为接受继承，继承权的放弃是继承权人单方面的意思表示，无须经他人同意。

4. 因逃债放弃遗产继承权的行为有效吗

【经典案例】

2008年3月，刘明因做生意资金紧张，向同行王先借款20万元，后因民间借贷纠纷刘明被王先诉诸法院，2009年6月，法院判决刘明向王先归还借款20万元及利息。判决生效后，王先向法院申请强制执行，法院执行回款12万元。2010年4月，法院以刘明无财产可供执行为由裁定中止执行。2010年6月，王先获悉刘明在其母亲死亡后通过与其弟签订书面协议形式放弃了对被继承人名下房屋产权份额的继承权，被继承人的遗产均由刘明之弟一人继承。王先认为刘明在无其他财产可供执行的情况下，放弃继承权的行为致使其不能履行法定义务，事实上侵犯了自己作为债权人的权利，据此诉至法院，请求法院依法确认刘明与其弟签订的放弃对被继承人(其母亲)遗产继承权的协议行为无效。

【法律分析】

放弃继承权的要件有:第一,放弃继承权的主体,必须是已取得继承权的人。次顺序的继承人虽为放弃继承权的意思表示,也不生任何效力。继承开始时已受胎的胎儿,有继承权,其放弃继承权由其准法定代理人行使。限制民事行为能力人放弃继承权,应征得其法定代理人的同意。但法定代理人代理放弃继承权的,不得损害继承人的利益。第二,放弃继承权的意思表示,须在继承开始后做出。在继承前放弃继承权的,不生效力。继承人是否放弃继承权,直接关系到其他继承人和遗产债权人的利益。为使继承法律关系尽早脱离不稳定状态,应当对放弃继承权的期限做出严格限制。第三,放弃继承权不能用默示的方式。因为继承人放弃遗产对其他继承人和遗产债权人的利益有重大影响,且放弃继承有对世的效力,应当以有公信力的方式为之。第四,放弃继承权不得附保留条件。

【处理意见】

继承人因放弃继承权,致其不能履行法定义务的,放弃继承权的行为无效。因此,刘明放弃继承权行为与其不能履行法定义务的后果之间具有法律上的因果关系。王先的诉讼请求,于法有据,应予支持。

【法律条文】

最高人民法院《关于贯彻执行＜中华人民共和国继承法＞若干问题的意见》第四十六条　继承人因放弃继承权,致其不能履行法定义务的,放弃继承权的行为无效。

【友情提示】

债务人在明知负有巨额法定还款义务的情况下，依然实施放弃继承权的行为，有恶意损害债权人债权的主观故意，事实上也致使其丧失了与其可继承的遗产部分价值相对应的履行能力，这种行为是无效的。

5. 姐姐放弃遗产继承权，弟弟因此获得的遗产属于其夫妻共有吗

【经典案例】

李某与张某（男）2002 年结婚，2011 年上半年公婆去世未留遗嘱，留下一套房子价值 60 万元。2011 年 8 月，张某在国外的姐姐、弟弟（无其他继承人）在继承父母留下的这处房产时，分别发电子邮件给张某，表示放弃继承父母留下的这套房子，将遗产留给张某。最终房子由张某继承，并于 2011 年 9 月份办理了产权过户手续，房产证上是张某的名字。2012 年 1 月李某准备离婚，那么该处房产是否是夫妻共同财产呢？

【法律分析】

李某公婆去世后未留下遗嘱，那么由李某的丈夫张某和其姐姐、弟弟三人按照法定继承对该遗产进行分割。在继承开始后，张某的姐姐、弟弟以电子邮件的形式声明放弃遗产继承，属于以书面形式向其他继承人作出的放弃继承的意思表示，该行为有效。因继承人放弃继承的，继承追溯到继承开始的时间，即在李某丈夫的姐姐、弟弟放弃继承后，李某丈夫成为李某父母遗产的唯一合法的继承人，因此该房产由李某的丈夫全部继承。

【处理意见】

本案张某继承父母遗产属法定继承，并且是在他们婚姻关系存续期间继承的，因此李某丈夫继承的房产属于夫妻共同共有，即夫妻共同财产。

至于李某说的房产继承后只登记在张某名下并不影响李某已经取得的该房产的共同共有权。李某已经在继承开始时与张某共同取得该房产的共有权。李某丈夫继承的这处房产全部为李某夫妻共同财产。如果李某现在提出离婚，将对整个房产进行分割。本案中，如果男方的姐姐、弟弟在继承自己的遗产份额后再将自己取得的份额赠与男方并明确说明赠与个人，则根据《婚姻法》的

规定,男方因赠与取得的财产为个人财产,而非夫妻共同财产。此时,只有男方按照法定继承的遗产才属于夫妻共同财产,即价值20万元的部分。这样离婚时,也就只能对该部分夫妻共同财产进行分割。

【法律条文】

《婚姻法》第 ×× 条夫妻在婚姻关系存续期间,继承或赠与所得的财产,除遗嘱或赠与合同中确定只归夫或妻一方的财产外,为夫妻共同所有,即夫妻共有财产。

【友情提示】

因继承或者受遗赠取得的物权,自继承或者受遗赠开始时发生效力。

6. 对继承人清偿债务有什么要求

【经典案例】

张某某、张某娟、张某杰、张某系兄妹关系,他们与初某君系继母子女关系,初某枫与初某君系姐妹关系。1977年初某君与张家四兄妹的父亲张凤山登记结婚,初某君为初婚。1987年12月5日张凤山因病去世,2009年5月15日初某君因病去世。初某君于2009年4月23日书写遗言一份,内容为:"我欠债情况如下:初月82 000元、初阳5 000元、初续枫12 500元、初立家11 500元,共计111 000元,请代为偿还"。此外,初某君还书写遗言一份,内容为:"另有两点说明:(1)此房并非张家遗产,张凤山去世时,我们所住的房子是公司的公有住房,每月交房租,因我也是本厂职工,转入我的名下,继续租住。1996年房改时,按规定买下了此房,此购房款全由我自付,张家子女未有参与。(2)购房所用款并非用张凤山去世时的遗产所买。张凤山去世时,家中当时共有储蓄6 400元,当时我未按遗产分给他的子女,因他尚有一个儿子正在监狱服刑,我明白他生前的意愿,当时此款没有动用。1992年他儿子出来后,我先后拿出来给他开饭店或做服装生意的本钱,他共用了6 000余元,对他的其他兄姐也做了一些支付，如装修新房或结婚等，全部付给他的子女多而有余，所以购房之款和此款也没有任何关系。87 年张凤山去世时家中之款 6 000 余元的支付情况：……总支付 10 300 元。”初某君书写了上述遗言后，交给了初某枫，后又将沈阳市某区茶山南二路 3 号 1-1-2 号房屋所有权证交给他人转交其弟弟初立家。2005 年 9 月 24 日初续枫以初某君书写的上述遗言，向原审法院提起诉讼，要求张某某、张某娟、张某杰、张某以初某君的遗产清偿所欠债务 12 500 元。

【法律分析】

由于遗产既包括积极遗产（如物权、债权），也包括消极财产（如债务），继承人在继承积极遗产时也必须继承消极遗产。也就是说，必须对被继承人的债务进行清偿。对被继承人债务的清偿要求如下：（1）限定继承原则。继承人概括继承被继承人遗产、需偿还被继承人生前遗留的个人合法债务的，仅以所得积极遗产为限负责清偿，超过继承人所继承遗产的价值总额，继承人可以不负清偿的责任。但继承人自愿偿还的不在此限。（2）遗产已被分割而未清偿债务时，如有法定继承人又有遗嘱继承人和受遗赠人的，先由法定继承人用其所得遗产清偿债务；不足清偿时，剩余的债务由遗嘱继承人和受遗赠人按比例用所得遗产偿还；放弃继承或受遗赠的，不再承担偿还债务的责任。（3）继承人分担债务原则。即继承人之间依其得到的积极财产的比例来清偿被继承人的债务。（4）执行遗赠不影响债务清偿。

【处理意见】

法院判决如下：被告张某某、张某娟、张某杰、张某在继承初某君遗产后按相应的继承份额共同偿还初某君欠原告初某某款 12 500 元。

【法律条文】

《继承法》第十九条

最高人民法院《关于贯彻执行民事政策法律若干问题的意见》第六十七条

【友情提示】

债务不得影响预留的份额。为缺乏劳动能力又没有生活来源的继承人保留的遗产份额，不得因债务清偿受到影响。

7. 遗产继承纠纷案件需要提供哪些证据

【经典案例】

2003 年 5 月,李老汉的妻子过世。2004 年李老汉与岳女士登记结婚了。2005 年李老汉就立了份遗嘱并进行了公证。遗嘱内容大致为:“我有一处楼房,是与前妻的共同产权,在我去世后,将此房产中属于我的部分,遗留给现在的妻子岳女士,别人无权继承。”李老汉过世后,岳女士认为,老人生前立有遗嘱,自己对房屋理当拥有产权。而李老汉的七个子女们却认为,父亲生前没有征得子女同意便将家庭成员共同拥有的财产立了遗嘱,这份遗嘱是无效的。因为这套房产是在 1996 年房改时由公房转为私房的。要说李老汉的儿女们为何要和岳女士争个明白呢? 问题也就在公房转私房这件事上。当时,李老汉的前三个子女都已成家另过,老六、老七仍在读书,家中老四、老五成了顶梁柱。房改时,已经上班的老五李伟交了 7 000 多元的房改款,事后又给家里装了电话,换了铝合金窗户等装修费用共用去 2 000 多元。当时李老汉和前妻说定,以后李伟结婚的话,这房子就归他。当时,兄妹几人都表示同意。后来,李伟结婚时就将此房作为了新房。李伟觉得,岳女士想“独霸”房产没有道理,因为房改时,共同居住的人都已有经济收入,自己的四姐李梅对该房也进行了投资,该楼房实际上是共同财产。况且,三姐李玲因有残疾,生活困难,父亲却未予考虑。因此,父亲是无权单方处置共同财产的。岳女士见继承遗产有了争端,便一纸诉状将李老汉的七个子女告上了法庭,要求继承并分割遗产。

【法律分析】

打官司最重要的是证据,那么继承纠纷需要哪些证据呢?

(1)证明当事人(原告、被告及第三人)诉讼主体资格的证据。证明当事人是合法继承人的,应提交结婚证、户口本、身份证或公安机关、村委会、居委会等有关部门出具的证明。如果当事人为无行为能力、限制行为能力或精神病人的还应提交监护人的身份证明资料,如身份证或户口本。

（2）证明法定继承或遗嘱继承法律关系成立的证据。第一，证明法定继承法律关系成立的证据；第二，遗嘱继承的，除应提交被继承人死亡证明书外，应提出如下证据：公证遗嘱的，应提交公证机关的公证书；代书遗嘱的，应提交代书遗嘱书并提供两个以上无利害关系的在场见证人；自书遗嘱的，应提交由遗嘱人亲笔书写、签名并注明年月日的自书遗嘱书；以录音形式立遗嘱的，除应提交有关录音外，应提供两个以上无利害关系的在场见证人；口头遗嘱的，应提供两个以上无利害关系的在场见证人。

（3）证明被继承人财产范围的证据。证明有房产的，应提交房产证或购房合同、交款发票或出资证明；证明有银行存款并申请法院调查的，应提交银行账号；证明有股票并申请法院调查的，应提交股东代码、资金账号；证明有车辆的，应提交行驶证、车牌号；证明被继承人在公司拥有股权的，应提交公司的工商登记情况、出资的证明等；证明被继承人有债权债务的，除提交借据以外，必须有相关的证据佐证。

【处理意见】

在被继承人确立遗产范围时，应先把家庭共有财产中属于子女的份额划分出来，但李老汉在立该份遗嘱时却未考虑家庭共有人的财产及三女儿（李玲）是残疾人的现状，却将遗产指定给了岳女士继承，这违反了继承法的相关规定，故李老汉所立遗嘱部分有效。经价格部门认证，李老汉的争议房价值为 51 862 元。法庭认为，按照继承法及该案特点，该房产应按四人即被继承人李老汉、李老汉前妻、被告李梅、李伟共有。按房价 51 862 元四人每人可享有 12 965 元。七被告与被继承人李老汉对老汉前妻部分遗产 12 965 元按法定继承分别为 1 620 元。故被继承人李老汉的遗产份额为 14 586 元（12 965 + 1 620），考虑到李玲身有残疾，缺乏生活来源，被继承人李老汉应给李玲留下必要的遗产份额，即 14 586 元由原、被告等 8 人共同分配的数额 1 823 元享有。按照李老汉的部分有效遗嘱，剩余 12 762 元由原告岳女士继承。

【法律条文】

《继承法》第十七条

【友情提示】

继承案件,在诉讼中要提交必要的证据或证据线索,以证明自己的主张或反驳主张。当事人在平时要注意证据的收集、保存,这样才能维护自己的合法权益。

第三编

收养纠纷

1. 收养人收养孩子需具备哪些条件

【经典案例】

颜树良(1971年出生)系颜绍聘、颜绍财之弟,无独立生活能力。2000年以前,颜树良随母亲与颜绍聘共同生活,颜绍财每年出1 000元赡养母亲。2000年颜绍聘结婚后,颜树良与颜母共同生活,颜绍聘、颜绍财每年供应粮食及钱物。2002年颜母死后,颜树良"收养"颜亨忠的女儿颜群(13岁)为养女,其责任田、自留地等包给颜亨忠耕作,颜亨忠定期交一定数额的粮食和钱物给颜树良,多收成部分归自己所有。2011年11月30日,颜树良死亡,留有部分遗产。颜亨忠以长期帮助颜树良耕种责任田和女儿颜群已被颜树良收养为由,要求继承遗产。

【法律分析】

收养是指公民依法领养他人子女作为自己的子女,从而使收养人与被收养人建立拟制亲子关系的民事法律行为。领养他人子女者为收养人,即养父母;将子女或者儿童送给他人收养的父母、其他监护人和社会福利机构称为送养人;被他人收养的人为被收养人。

收养必须符合法律规定的条件和程序,才能发生法律效力。收养人必须具备以下条件:(1)收养人必须无子女(华侨收养三代以内同辈旁系血亲的子女、公民收养孤儿或残疾儿、继父母收养继子女在此限)。(2)收养人必须有抚养、教育被收养人的能力。抚养、教育能力包括收养人必须无疾病(严重的传染病或精神病),并有可靠的经济收入。(3)收养人必须年满30周岁(收养孤儿或残疾儿、继父母收养子女不在此限)。(4)收养人只能收养一名子女(收养孤儿或残疾儿、继父母收养子女不在此限)。如果是有配偶者收养子女,须夫妻共同收养。无配偶的男性收养女性的,年龄应相差在40周岁以上,但收养三代以内同辈旁系血亲的子女可以不受此限。

【处理意见】

本案颜树良生前无独立生活能力,不具备抚养、教育被收养人的能力,所以他不具备收养条件,收养颜群是无效的。颜绍聘、颜绍财系被继承人颜树良的法定继承人,有权对遗产进行分割。第三人颜亨忠长期承包耕种颜树良责任田的行为,是有偿劳务,不能认定为无偿扶养,颜亨忠主张女儿颜群已被颜树良收养,庭审中不能提供证据证明,不享有继承权。

【法律条文】

《收养法》第六条 收养人应当同时具备下列条件:(1)无子女;(2)有抚养教育被收养人的能力;(3)未患有在医学上认为不应当收养子女的疾病;(4)年满三十周岁。

【友情提示】

婚姻家庭关系应建立在诚信、无偿的基础上,收养人必须具备"有抚养教育被收养人的能力"这一条件,如果收养人不具备收养条件,那么收养关系肯定无效。

2. 被收养人应具备什么样的条件

【经典案例】

浙江省永康市同堂村村民徐某某,系徐甲、徐乙胞兄,因年过四十未婚,于1995年与失去前夫的章某结为夫妇,婚后两年未生育。1997年9月中旬,原告徐某出生第十五天即被徐某某、章某夫妇收养。1999年、2000年养母、养父先后去世,原告徐某当时年仅三岁。因无合适监护人,原告亲生父母王某、金某不忍心看着年幼的原告失去依靠,毅然举家租住在同堂村,担负起对原告的监护责任至今。期间原告村委会给原告申报落户、分了责任田,并按孤儿给予照顾,对原告生父母担任原告监护人给予大力支持,使原告能重新享受人间真情的关爱,使其能健康成长。养父去世后的2000年11月,本案被告徐甲、徐乙、王某、金某四人签订了"协议书",将原告徐某所有的养父遗产处分给"亲胞兄弟所有"。此后徐甲、徐乙依"协议书"占有原告养父遗产(主要是三间房屋)至今。2012年,村里分配土地征用款时,以原告不继承养父遗产、已由生父母监护为由,不给原告享受村民待遇。

【法律分析】

收养法规定被收养人应具备的条件有:(1)应是不满14周岁的未成年人;(2)被收养人得不到生父母的扶养。有三种得不到生父母扶养的不满14周岁的未成年人可以作为被收养人:第一,丧失父母的孤儿,主要是指其父母已经死亡和人民法院宣告其父母死亡的不满14周岁的未成年人;第二,查找不到生父母的弃婴和儿童,指被生父母或者监护人遗弃的婴儿和未满14周岁的其他未成年人;第三,生父母有特殊困难无力抚养的子女,指其生父母双方因身体健康方面的原因或者家庭经济方面的原因,遭到特殊的困难,丧失了扶养子女的能力,致使其陷于得不到生父母扶养的境地;(3)收养年满10周岁的未成年人的,应当征得被收养人的同意。

【处理意见】

本案原告徐某与徐某某、章某之间所形成的事实收养关系,虽未按照有关收养的法律和政策办理收养手续,但原告与徐某某夫妇之间已实际形成父母子女间的权利义务关系,且该关系也已被群众所公认,并将原告作为徐某某夫妇的养女载入了徐氏宗谱,因此原告与徐某某夫妇之间的事实收养关系成立。本案所争讼的财产房屋为徐某某登记所有,是徐某某婚前财产,且章某先于徐某某亡故,因此该房产应属徐某某的个人遗产。原告作为徐某某夫妇的唯一法定继承人,其对徐某某的遗产享有继承权。被告王某、金某擅自处分未成年人的财产,与被告徐甲、徐乙签订的处分原告继承权的协议书,侵害了原告的合法财产继承权,故协议书无效,徐某某的遗产应由原告徐某依法继承。现由被告徐甲、徐乙占有的徐某某的遗产应归还原告徐某继承和享有。法院判决:(1)确认徐甲、徐乙、王某、金某四人于2000年所签订的协议书中处分原告继承权的内容无效。(2)被告徐甲、徐乙应在本判决生效后三个月内,将其所占有的同堂村徐某某的遗产房屋三间返还原告继承所有。

【法律条文】

《收养法》第四条 下列不满十四周岁的未成年人可以被收养:(1)丧失父母的孤儿;(2)查找不到生父母的弃婴和儿童;(3)生父母有特殊困难无力抚养的子女。

《民法通则》第十八条 监护人应当履行监护职责,保护被监护人的人身、财产及其他合法权益,除为被监护人的利益外,不得处理被监护人的财产。

《民法通则》第六十一条 民事行为被确认为无效或者被撤销后,当事人因该行为取得的财产,应当返还给受损失的一方。有过错的一方应当赔偿对方因此所受的损失,对方都有过错的,应当各自承担相应的责任。

【友情提示】

解决该类继承纠纷案件中,在确定法定继承人时,如涉及案件当事人事实收养关系是否成立的问题,应适用当时有关收养的规定,当时没有规定的,可比照《收养法》有关规定处理。同时,根据当事人提供的相关证据进行综合分析认证。如果案件当事人自幼被送养时,送养一方没有明确告知接受方让其收养,并且也未履行相关程序,即使被送养人在接受一方家庭中生活期间改为接受一方的姓,并不能据此必然认定被送养人与接受方形成事实上的收养关系,还应结合其他事实综合加以认定。

3. 送养人应当具备什么样的条件

【经典案例】

乔万嵘与王倩原系夫妻,于2011年3月16日经秦皇岛市海港区民政局登记协议离婚,婚生男孩乔梦宇(时年3岁)由王倩抚养,乔万嵘每月负担孩子抚养费350元。2012年3月,经朋友介绍,王倩背着乔万嵘,将乔梦宇送给王森、杨潮夫妇收养,并与收养人签订了送、收养协议(未经公证)。3个多月后,乔万嵘得知此事,于2012年7月8日,以王倩不尽抚养义务,擅自将乔梦宇送给他人抚养为理由，向北京市海淀区人民法院起诉，要求变更子女抚养关系，将乔梦宇判归自己抚养。

【法律分析】

作为送养人，应具备的条件是：（1）必须是具有完全的民事行为能力的生父母。但父母对未成年人有严重危害可能的不受此限制；（2）有特殊困难无力抚养自己子女。但收养三代以内同辈旁系血亲的子女可不受此限制。继父母收养继子女的也不受此限制。（3）如果被收养人是没有父母的孤儿，其监护人可作为送养人，但必须征得有抚养义务的人同意。如果被收养人是无监护人的孤儿，社会福利机构可以作为送养人。（4）生父母送养子女，须父母共同送养。但生父母一方不明或者找不到的可以单方送养。如果配偶一方死亡，另一方送养未成年子女的，死亡一方的父母有优先抚养的权利。

【处理意见】

本案王倩未经乔万嵘同意，将孩子送他人收养，违反《收养法》第十条“生父母送养子女，须双方共同送养”的规定，是无效行为。考虑到王倩未能尽到抚养、教育孩子的责任，由其继续抚养，对孩子健康成长无益，故对乔万嵘的请求应予支持。法院判决：王倩与王森、杨潮之间子女送、收养关系无效，王森、杨潮将乔梦宇送交乔万嵘。乔梦宇由乔万嵘抚养，王倩每月负担孩子抚养费350元。

【法律条文】

《收养法》第五条　下列公民、组织可以作送养人：（1）孤儿的监护人；（2）社会福利机构；（3）有特殊困难无力抚养子女的生父母。

【友情提示】

夫妻双方送养孩子必须符合法律规定，双方均需同意。同时要注意的是：双方不得以送养子女为理由，违反计划生育的规定再生育子女。这一规定是指生父母送养子女以后，不得以送养子女后无子女或者子女少为理由，再申请生育指标并生育子女。这就意味着独生子女是不宜作为被送养人的。否则，送养独生子女后，生父母又不可能被批准再生育，将导致生父母终生遗憾。

4. 收养成年人可以吗

【经典案例】

葛某与丁某系夫妻，有一女，女婚后远嫁，不便照顾父母生活。葛某夫妇为年老后有人照顾，于 1982 年将男青年李某（当时 26 岁）收为养子，但未办理有关收养手续，仅按农村风俗举办了仪式。此后李某搬至葛某夫妇家共同居住，同村居民均认为李某是葛某夫妇养子。在共同生活后，葛某夫妇对于李某结婚、生子、建房及经济上给予很大帮助。2009 年 11 月，李某与葛某夫妇发生争吵后，李某提出分家居住。2010 年 3 月，葛某夫妇诉至法院，要求李某履行赡养义务。本案中葛某夫妇的诉讼请求能否得到支持？

【法律分析】

收养关系一经法定程序成立，即发生收养的拟制效力。养父母与养子女之间产生拟制直系血亲关系。养子女可以随养父或者养母的姓，经当事人协商一致，也可以保留原姓。收养关系成立后，公安部门应当依照国家有关规定为被收养人办理户口登记，养父母子女间互负抚养、赡养的义务，互享继承权。我国的《收养法》于 1995 年颁布，虽规定被收养的必须是不满十四周岁的未成年人，但对亲属间的收养进行规定时，还是对收养成年子女留有余地的。《收养法》规定“年满 30 周岁的无子女的公民收养三代以内同辈旁系血亲的子女，可以不受被收养人不满 14 周岁的限制”，但并未规定被收养人的最高年龄，因此被收养人也可是成年人。

【处理意见】

本案中，葛某夫妇收养李某发生在 1982 年，是在收养法颁布前，所以应当适用公安部、司法部对收养所作出的有关规定。从本案的事实，我们可看出葛某夫妇收养李某的主要目的是为年老后赡养，李某对此也明知，应该说其收养动机比较纯正。虽然葛某夫妇有一女，但该女婚后远嫁，无法照顾父母生活，在这种情况下，笔者认为对收养主体的认定不必拘泥于法律上一般条件的要求，对葛某夫妇与李某间的收养关系予以承认并不违背立法目的，符合法律所追求的目标，符合道德规范和人之常情。

【法律条文】

《收养法》第四条　下列不满十四周岁的未成年人可以被收养：（1）丧失父母的孤儿；（2）查找不到生父母的弃婴和儿童；（3）生父母有特殊困难无力抚养的子女。

《收养法》第七条　收养三代以内同辈旁系血亲的子女，可以不受本法第四条第三项、第五条第三项、第九条和被收养人不满十四周岁的限制。华侨收养三代以内同辈旁系血亲的子女，还可以不受收养人无子女的限制。

【友情提示】

收养成年人与收养未成年人不同，在处理收养成年人的收养纠纷中，应更注重对收养人（老年人）利益的保护，本案中认定收养关系成立更有利于葛某夫妇两位老人。

5. 收养协议书的内容包括哪些

【经典案例】

2005 年 3 月，原告李敏与被告张林达成收养协议，由被告收养原告六岁的孩子李刚，原告为此而向被告一次性支付 5 万元费用。协议中还规定，任何一方违反约定，应当承担违约责任。该收养协议成立以后，在当地民政部门办理了登记手续。2011 年李刚在校期间比较顽皮，与同学打架并将一同班同学眼睛打伤，被告张林为此向受害人支付了医药费 10 万余元。被告张林遂以该孩子顽皮为由提出解除收养协议。原告李敏拒不接受，后因考虑孩子已无法与被告共同生活，故同意解除收养协议，但要求被告退还 5 万元费用，并承担违约责任(原告要求被告一次性赔偿 20 万元)。被告张林提出，其已经为小孩殴打他人支付了10万元，不能再向原告返还财产。

【法律分析】

收养协议是基于双方当事人希望建立与自然的父母子女关系有同等效力的关系，通过协议缔结私法上的契约而成立的。收养协议成立的条件具体包括：(1)收养协议当事人必须具备的要件。(2)意思表示真实。(3)内容合法性。收养协议书是办理收养的一个重要法律文件。收养协议书的主要内容包括以下几个方面：(1)送养人、收养人、被收养人的姓名、性别、出生日期、住址及相互关系；(2)收养的原因；(3)共同送养人、共同收养人的意思表示；(4)被收养人(年满10周岁以上的未成年人)的意思表示；(5)送养人、收养人、被收养人的权利与义务；(6)收养开始的时间；(7)共同送养人、共同收养人和具有完全行为能力的被收养人在协议书上签字；(8)约定收养解除条件和事项；(9)收养协议纠纷处理方式和违反约定所产生的责任承担。下面是一个收养协议书范本。

收养协议书

收养人：________

被收养人：________

送养人：________

收养人________与被收养人________间为收养子女事宜订立契约如下：

第一条________，兹愿收养________为养子女。

第二条收养人________是________单位的________(职务)，现年________岁(已婚的，收养人为夫妻双方)，住________省________市________区(县)________街________号。

收养人健康状况：________。

收养人财产状况：________。

第三条被收养人________男(女)________年________月________日出生，________省________市________区(县)人，愿被________收养。

第四条被收养人的法定代理人________同意________被收养。

第五条送养人________(姓名/名称)，住________省________市________区(县)________街________号。因________原因将

_________ 送养。

第六条被收养人自本收养契约书生效之日起，改从收养人姓 _________ 仍名 _________。

第七条收养人与被收养人间，有互负抚养的义务，有互享继承的权利。

第八条收养人对被收养人，有管教培育的责任。

第九条甲乙双方在本协议签订后 _________ 日内，到 _________ 民政局办理收养登记手续。本收养协议自 _________ 公证机关公证之日起生效。

收养人（签字）：_________ 被收养人（签字）：_________

法定代理人（签字）：_________

_________ 年 ____ 月 ____ 日 _______ 年 ____ 月 ____ 日

签订地点：_________ 签订地点：_________

【处理意见】

收养关系本身并非是一个合同关系，但当事人可以就有关收养的一些事项通过合同加以约定。该协议一旦成立，仍然是合法有效的。但是收养人与送养人之间在合意的内容中不得约定有关收养的付款报酬，不得使收养变成一种交易关系，否则，将会使收养变成一种买卖或变相买卖儿童的关系，这完全违反法律禁止性规定，也是违反公序良俗的。本案中双方约定的费用不是有关报酬的问题，而是有关被收养人以及收养人生活的费用。也就是说，原告考虑到被收养人生活所需以及收养人的经济状况，自愿为被收养人和收养人支付一定的生活费用，这种约定应当是合法的。但在性质上应当解释为一种附条件赠与。所以被告在赠与关系中所负有的义务并没有完全履行，原告主张退还赠与的财产也不无道理。被告保有该笔财产，已无正当依据，应适用不当得利返还给对方，该返还义务依其性质为基于给付的不当得利，其给付因给付目的消灭而欠缺原因，其已为的给付构成了不当得利。

至于被告提出，其已经为小孩殴打他人支付了 10 万元，不能再向原告返还财产，这一抗辩理由是不能成立的。由于本案中收养关系已经成立，被告已经成为被收养人李刚的监护人，因被监护人的行为致人损害，理所当然应当由监护人承担赔偿责任，该责任不应转由原告承担。所以被告为被监护人殴打他人支付的 10 万元，是其监护期间监护人责任的体现，不能再向原告请求返还，也不能作为抗辩事由抵消其所负的返还义务。

【法律条文】

《收养法》第十五条　收养应当向县级以上人民政府民政部门登记。收养关系自登记之日起成立。收养查找不到生父母的弃婴和儿童的,办理登记的民政部门应当在登记前予以公告。收养关系当事人愿意订立收养协议的,可以订立收养协议。

《收养法》第二十三条　自收养关系成立之日起,养父母与养子女间的权利义务关系,适用法律关于父母子女关系的规定;养子女与养父母的近亲属间的权利义务关系,适用法律关于子女与父母的近亲属关系的规定。养子女与生父母及其他近亲属间的权利义务关系,因收养关系的成立而消除。

【友情提示】

目前,协议收养越来越普遍,很多家庭选择收养孩子给家庭带来新生机。然而很多家庭在签订收养协议中忽略了一些问题,例如,送养人是否合法,是不是“人贩子”等等,收养协议书的内容也不规范。这些问题可能会影响收养关系的成立。因此,在签订收养协议时一定要弄清楚收养协议是否合法,协议内容很有可能不符合法律规定,那么建议您找专业的婚姻家庭法律师陪同办理。特别注意在收养协议中当事人不得约定收养的报酬问题,收养人不得接受来自于送养人的任何报酬,即使双方当事人自愿也是违法和违背公序良俗的。

6. 办理收养需要登记吗

【经典案例】

王某和陈某于1996年结婚,婚后曾生育一女儿莉莉,但莉莉患有先天性精神病。2002年夫妇二人决定收养一个子女,于是便与陈某的表妹赵某达成协议:赵某将其抚养的与前夫孙某所生之女孙小×(6岁)送养给陈某夫妇。在协议签字之前,赵某并未征求已出国有5年的孙某对送养女儿孙小×一事的意见,便作为送养人直接在送养协议上签了字。直到2004春节才把送养女儿的事情告诉孙某,孙某对此虽有所不满,但并未表示反对,且事后还曾亲自打电话嘱咐陈某夫妇,希望两人把孙小×照顾好,并写下了保证信,保证自己以后也绝不反悔,且按下了指印。而陈某夫妇虽然将孙小×领回家中抚养,并给孙小×更改了姓名,叫王小×,但双方一直未办理收养登记手续。2005年9月,莉莉因生病死亡。2009年3月,赵某也在一场意外车祸中不幸去世。当孙某得知赵某去世的消息后,便决定把女儿孙小×接到自己身边。于是,孙某便以"抚养亲生女儿"为由开始要求陈某夫妇送还其亲生女儿孙小×。但陈某夫妇坚决不予同意,并拿出了当时孙某写下的保证信。此外,孙小×(即王小×,已经13岁)也主动表示不愿意与其亲生父亲孙某生活在一起。2009年11月,陈某夫妇在有关人士的帮助下,正式向当地民政部门提交了收养申请书,以及所需证件和证明材料,其中包括了之前与赵某签订的那份协议书,以及孙某曾写下的保证信、当地居民委员会的公证说明信。

【法律分析】

在我国,成立收养的法定必经程序是收养登记,而收养协议与收养公证是当事人可以自愿选择的程序,是对收养登记的必要补充。收养应当履行一系列的手续,最重要的是收养关系应当经过政府部门的登记。登记机关应该是被收养一方的户籍所在地的县级民政部门。收养登记机关收到收养登记申请书及有关材料后,自次日起30日内进行审查。对符合收养法规定条件的,为当事人办理收养登记,发给收养登记证。对不符合收养法规定条件的,不予登记,并对当事人说明理由。办理登记手续收养人需要携带有关材料,具体包括:第一,收养人的居民户口簿和居民身份证;第二,由收养人所在单位或者村民委员会、居民委员会出具的本人婚姻状况、有无子女和抚养教育被收养人的能力等情况的证明;第三,县级以上医疗机构出具的未患有在医学上认为不应当收养子女的疾病的身体健康检查证明。

【处理意见】

在本案例中,虽然陈某夫妇抚养孙小×长达七年,但因没有依法办理收养登记,收养关系依然不成立。因此,在2009年11月正式办理收养登记手续之前陈某夫妇与孙小×的关系并不是收养与被收养关系,即法律拟制血亲关系。当地民政局本着"平等自愿",以及"收养应当有利于被抚养的未成年人的抚养、成长，保障被收养人和收养人的合法权益”的原则，经过实际审查，最后通过了陈某夫妇所提交的收养申请书，以及所需证件和证明材料，并给予办理了合法的、正式的收养登记手续。

【法律条文】

《收养法》第十五条　收养应当向县级以上人民政府民政部门登记。收养关系自登记之日起成立。收养查找不到生父母的弃婴和儿童的，办理登记的民政部门应当在登记前予以公告。收养关系当事人愿意订立收养协议的，可以订立收养协议。收养关系当事人各方或者一方要求办理收养公证的，应当办理收养公证。

《中国公民收养子女登记办法》第五条、第六条

【友情提示】

收养人仅仅只注重形式上的家庭组合，而忽略了国家法律的明文规定，不按规定执行也就得不到法律的支持。尽管收养关系的成立离不开收养人与被收养人就该收养问题达成一致的意思表示，但国家公权力的介入无疑最能为在收养行为中相对处于弱势地位的被收养人一方提供必要的保护和帮助。从我国实际情况看，采取行政手段来强化国家监督作用是必要的。在此谨请符合收养条件的收养人在收养行为中严格依法办事，应当进行登记必须登记，这样既保护了被收养人的利益，也维护了国家法律的尊严。

7. 收养孩子的程序有哪些

【经典案例】

吴红×（13岁）和吴青×（11岁）是亲姐妹，她们的母亲孙××于2009年8月13日因病去世，她们的父亲在2010年11月7日的一场交通事故中死亡。吴红×的父母去世后，只能和70多岁的爷爷奶奶一起在黑龙江生活。除了爷爷奶奶外，吴红×的外公孙某已经80多岁，吴红×的姨妈孙丽×在新疆生活。

由于爷爷奶奶年纪大,没有能力照顾吴红 × 姐妹俩,家住北京的吴红 × 的舅舅孙 × 提出将吴红 × 过继过来抚养。孙 × 已经有一个 19 岁的儿子。吴红 × 的爷爷奶奶也同意将吴红 × 过继给孙 × 抚养。吴红 × 的舅舅孙 × 咨询:自己已经有一个孩子,过继吴红 × 是否合法,应该办理哪些手续?

【法律分析】

根据我国法律相关要求,只要满足收养人的条件都可以收养孩子,各地办理收养的流程大体相同,但不同的收养情况办理收养孩子的手续和材料却是不同的。本案孙 × 有子女,不能再收养子女。但是孙 × 作为吴红 × 的亲舅舅,收养的是三代以内同辈旁系血亲——亲妹妹的子女,不受"无子女"条件的限制。如果孙 × 有抚养教育吴红 × 的能力,且孙 × 未患有在医学上认为不应当收养子女的疾病,则孙 × 可以收养吴红 ×。吴红 × 也可以被收养。除此之外,孙 × 收养吴红 ×,在孙 × 同意收养、吴红 × 的监护人即吴红 × 的爷爷奶奶同意送养的情况下,还必须孙 × 配偶同意收养、吴红 × 的外祖父同意送养、吴红 × 本人同意被收养。上述条件缺一不可。符合上述条件,孙 × 对吴红 × 的收养才是合法的。

【处理意见】

孙 × 夫妇应当到被收养人吴红 × 生父或者生母常住户口所在地黑龙江省哈尔滨市的收养登记机关办理登记。办理登记时应提交收养申请书;孙 × 夫妇的居民户口簿和居民身份证;孙 × 夫妇所在单位或者村民委员会、居民委员会出具的本人婚姻状况、有无子女和抚养教育被收养人的能力等情况的证明;县级以上医疗机构出具的孙 × 夫妇未患有在医学上认为不应当收养子女的疾病的身体健康检查证明。吴红 × 的爷爷奶奶应提交本人的居民户口簿和居民身份证以及对吴红 × 实际承担监护责任的证明;吴红 × 父母已经死亡的证明;吴红 × 的外祖父同意将吴红 × 送养的书面意见。

【法律条文】

《收养法》第十五条

《中国公民收养子女登记办法》第七条

【友情提示】

收养需要登记，如果不登记，则会形成纠纷。特别需要注意的是收养查找不到生父母的弃婴和儿童以及社会福利机构抚养的孤儿，应当向民政部门登记。收养可以由收养人、送养人依照收养法规定的收养、送养条件订立书面协议，并可以办理收养公证。

8. 收养必须公证吗

【经典案例】

家住重庆市潼南县古溪镇玉家村的村民肖某，1990年到县城赶场时发现一女婴被遗弃在县车站旁，身旁只有一张写着女婴出生年月的纸条和两包奶粉。出于同情，加之一直没有结婚也没有子女，肖某将女婴抱回家中抚养至今。因肖某文化不高，不懂关于收养的法律法规，直到女孩十九岁也没有上户口。没有户口就办理不了身份证，女孩无法外出打工。2009年10月，肖某向派出所咨询后得知凭公证处办理的事实收养公证书可以为女孩上户口。于是肖某向潼南县公证处提出了办理事实收养公证的申请。那么公证处会办理公证吗？

【法律分析】

根据我国相关法律规定，如果收养人或者被收养人一致同意或者有一方要求办理公证收养的，则应当办理收养公证。但是，公证并不是收养关系成立的必要条件，如果双方均认为没有必要，则可以不办理公证。也就是说，收养是否公证，取决于收养人或被收养人的意愿，而非法律强制的。收养公证是国家公证机关根据当事人的申请，依法证明其与非婚生子女建立养父母关系的民事法律行为的真实性、合法性的活动。主要内容有：（1）办理收养公证，由收养人或被收养人住所地公证处管辖；（2）收养公证的法律效力和保障，收养公证是公证机关依法对收养人领养他人子女行为的真实性、合法性给予证明。

【处理意见】

重庆市潼南县公证处受理此公证申请后，专程到肖某所居住的古溪镇玉家村5组及女孩曾就读的学校，向知情人调查了解并调取女孩的学籍档案，证实了肖某的收养事实，及时为其出具了收养公证书。该女孩凭公证书顺利上户口并领取了身份证，过上了正常的生活。

【法律条文】

《收养法》第十五条

【友情提示】

办理收养公证是收养关系得到法律认可的最好方式，其目的是确保收养关系的有效性，使各方当事人正确地享有权利和履行义务，有利于家庭和睦团结和社会的安定，从而保护儿童和老人的合法权益，预防纠纷，减少诉讼。公证员受理申请收养公证之后，必须对收养的有关情况进行详细调查和询问，着重查明该收养关系是否具备有关收养的各项条件和是否符合有关法律规定和政策规定，经过审查材料、制作谈话笔录、调查核实后，认为符合条件和有关法律、政策规定以及证据齐全后，才可出具收养公证书。

9. 什么是事实收养

【经典案例】

陆某（女）六岁丧父，九岁丧母，跟随其祖父母生活两年后，1985年，因其祖父母年老体弱无能力继续抚养陆某，遂产生了将陆某送别人抚养的念头。同一个村但不同组的陆某母亲的妹妹徐某（家中已有一个七岁儿子）听说这个消息，上门与陆某祖母联系，在征得陆某同意的情况下，双方未办理任何手续，将陆某带到自己家中抚养。开始两年，陆某依旧称呼徐某为姨妈，称呼徐某的丈夫茅某为姨父。1987年后双方改口以父母和女儿相称。陆某24岁时嫁给黄某。

在此期间徐某夫妇并未办理收养登记手续，陆某也一直未将户口转入徐某夫妇一起。2012 年 4 月 4 日，陆某与丈夫黄某乘坐摩托车外出发生交通事故，陆某当场死亡，4 月 14 日后，黄某也死亡。事后经交警部门调解，肇事司机赔偿陆某死亡赔偿金 26 万余元。该款由黄某父母领取，并在调解赔偿书上签字。现对该款的分配黄某夫妇与徐某夫妇发生争议。徐某夫妇认为：其与陆某祖父母虽无收养协议，也未去民政部门办理收养登记手续，但已与陆某形成事实上的收养关系，也得到了村民们的普遍认可。在陆某死亡后，其作为陆某的法定第一顺序继承人，理应获得陆某遗产的继承权。由于陆某先于其丈夫黄某死亡，故按照法定继承的有关规定，陆某的遗产应由黄某（陆某丈夫），徐某夫妇平均分配。黄某父母认为：徐某夫妇与陆某的祖父母间并无收养协议，也未在民政部门办理收养登记手续或者在公证处公证，陆某的户口也一直未迁入徐某夫妇户头。在无任何手续的情况下，徐某夫妇与陆某间的收养关系不能成立。

【法律分析】

事实收养是指双方以父母子女关系相待，共同生活多年，亲友、群众也认其为父母子女，但未办理公证或其他合法手续的收养。事实收养其具体表现有以下几种情形：（1）收养弃婴；（2）收养孤儿；（3）收养走失或者流浪的儿童；（4）无计划生育的婴儿（多为女婴）被私下送养、私下收养；（5）对被拐卖儿童的扶养；（6）无子女者为承续宗嗣认养他人子女；（7）无子女者为老有所养而收养他人子女；（8）亲生父母确无抚养能力而将子女送人收养。

【处理意见】

本案中徐某夫妇与陆某之间，虽未办理合法的收养登记手续，也未办理入户手续，但双方以父母及女儿相称并在一起生活，应视为以养父母与养子女关系共同生活，且生活时间较长，也为邻居及村组织所公认。徐某夫妇当时的行为并不违反现行《收养法》的立法本意，而且当时对此也无禁止性的规定，徐某夫妇的行为并不违法。故徐某夫妇与陆某间形成事实上的收养关系，徐某夫妇作为陆某的养父母，为其遗产的第一顺序继承人，有权依照《继承法》的有关规定分割遗产。

【法律条文】

《收养法》第八条　收养人只能收养一名子女。收养孤儿、残疾儿童或者社会福利机构抚养的查找不到生父母的弃婴和儿童，可以不受收养人无子女和收养一名的限制。

《收养法》第十五条

最高人民法院（1984）法办字第112号《关于贯彻执行民事政策法律若干问题的意见》第二十八条　亲友、群众公认，或有关组织证明确以养父母与养子女关系长期共同生活的，虽未办理合法手续，也应按收养关系对待。

【友情提示】

事实收养与准收养之间存在转化，原来是事实收养关系，纠纷发生时已经转化为准收养关系，这时应当确定收养关系成立。

10. 事实收养怎样认定

【经典案例】

2006年1月26日晚，16岁的阿明驾驶一辆两轮摩托车搭载两个小孩在大埔县茶阳镇某村村道上行驶。由于车速过快，摩托车高速撞向了正在散步的行人张华，50岁的张华当场死亡。警方查明，阿明无证驾套牌车且超载，应负事故的主要责任。张华的叔父张军因与阿明的父母产生纠纷而起诉到大埔县人民法院。阿明的父母亲认为张军以叔父的身份无权起诉，张华自己的母亲仍然健在，为什么张华的母亲不来起诉，凭什么要他来起诉？法院调查后发现，死者张华没有配偶、子女，3岁时父亲死亡，母亲改嫁，经其母亲同意张华跟随叔父即原告张军生活。张军把他当儿子抚养直到他独立生活。张华还作为张军的同一家庭成员进行了户籍登记，当地村委会也出具证明证实张华与张军长期共同生活的事实。

【法律分析】

对于事实收养关系其成立必须具备以下条件:第一、双方以父母子女相待;第二、有抚养和长期共同生活的事实;第三、有档案记载;第四、有群众、亲友公认或有关组织证明。

【处理意见】

本案张华和张军长期共同生活,形成事实收养关系。张华因交通事故身亡后,他的叔父就有权成为该人身损害关系中的权利主体而获得赔偿。

【法律条文】

最高人民法院(84)法办字第112号《关于贯彻执行民事政策法律若干问题的意见》第二十八条　亲友、群众公认,或有关组织证明确以养父母与养子女关系长期共同生活的,虽未办理合法手续,也应按收养关系对待。

《最高人民法院关于审理人身损害赔偿案件适用法律若干问题的解释》第一条　因道路交通事故死亡所产生的人身损害赔偿关系中其权利主体是近亲属即死者的配偶、子女、父母或者是依靠死者生前扶养的、没有其他生活来源的人。

【友情提示】

近几年,民政部及各地政府纷纷出台了大量的规章制度,肯定了事实收养的存在,允许并鼓励事实收养人补办登记手续,以切实维护其合法权益,这些做法符合了当今世界家庭关系多元化的发展趋向。与事实婚姻相比较,事实收养同样具有重内容、轻形式的特点,对符合法定内容的事实收养关系,法律应尽可能地保护。只有这样,保护人权的法律价值才能最终得到实现。

11. 事实收养关系是有效收养吗

【经典案例】

原告陈全喜、周翠莲诉称：陈浩原名周林坡，是周翠莲的侄子，1988 年 3 月份陈浩的生父因病去世，后其生母也不幸病故，因陈浩的祖父母去世过早，周翠莲便成为陈浩唯一具有抚养能力的近亲属，1989 年 2 月 25 日二原告收养陈浩为养子并履行抚养义务，相互以父母子女相称，共同生活至今，已形成事实收养关系。要求确认二原告与被告之间已形成收养关系，确认陈全喜是陈浩的养父，周翠莲是陈浩的养母。法院确认以下案件事实：陈浩（曾用名周林坡）于 1987 年 11 月 3 日出生于商水县练集镇周楼村，1988 年 3 月陈浩生父周 ×× 病逝，陈浩的祖母去世过早，在陈浩的生父去世后，周 ×× 的父亲及妻子也相继去世，陈浩的近亲属只有原告周翠莲具有抚养能力，陈浩没有其他具有抚养能力的近亲属。1988 年年底原告陈全喜、周翠莲向被告所在地村民委员会提出申请要求抚养被告，1989 年经该村民委员会同意后，二原告便将被告从该村领走抚养，自 1989 年二月原、被告便一直共同生活，并以父子、母子相称，形成事实收养关系至今。陈浩的户口从 1990 年 3 月 16 日从商水县练集镇周楼村小王楼村迁出，于 1990 年 4 月 14 日迁入河南省周口市西华县周口监狱派出所以陈浩的名字作为陈全喜的长子名义作了户籍登记。

【法律分析】

1989 年 2 月，原告周翠莲作为被告陈浩具有抚养能力的近亲属，并经过被告原告所在地村委会同意后领养了被告。二原告在收养被告后一直共同生活且一直以父子、母子相称。二原告的收养行为即保护了被告的权利也为被告的健康成长提供了稳定的环境，在原、被告共同生活期间该收养关系得到了周围人们的认可，虽未办理合法手续，已构成了事实收养关系，原、被告也同意维持该收养关系。

【处理意见】

为了维护收养人与被收养人的合法权利及原、被告家庭生活的和谐、稳定，应确认二原告与被告之间的收养关系成立。法院判决如下：确认原告陈全喜、原告周翠莲与被告陈浩之间的收养关系，原告陈全喜是被告陈浩的养父，原告周翠莲是被告陈浩的养母。

【法律条文】

《收养法》第七条、第二十三条

最高人民法院（84）法办字第112号《关于贯彻执行民事政策法律若干问题的意见》第二十八条　亲友、群众公认，或有关组织证明确以养父母与养子女关系长期共同生活的，虽未办理合法手续，也应按收养关系对待。

【友情提示】

承认事实收养的合法性有利于维护既成的和睦的家庭成员关系，保持社会的稳定，保障社会上大量在《收养法》颁布以前，事实上已与收养人共同生活多年，形成了牢固的拟制血亲关系的被收养人的基本权利。

12. 什么是无效收养

【经典案例】

被告何成与林秀（已病故）系夫妻关系，婚后于2006年11月30日生育小雪，因当时家庭生活困难，被告将小雪送给原告薛龙、李芸（当时有一子一女）夫妻收养，当时未办理收养登记、收养公证，也未签订收养协议等相关手续。近年来，原告薛龙、李芸家中经济困难，无能力继续抚养小雪，而被告何成目前经商，经济条件较好，有能力支付小雪的学习和生活费用。原告从利于孩子健康成长着想，向法院起诉，请求依法判决确认原告薛龙、李芸与小雪的收养关系无效；小雪由被告带领抚养，抚养费由被告自行承担。法院征求小雪本人的意见，其表示愿意跟随亲生父亲何成共同生活。

【法律分析】

无效收养行为，是指欠缺收养成立的法定要件而不发生法律效力的收养行为。根据我国《收养法》的规定，导致收养无效的原因有三个方面：第一，收养主体不合格：（1）收养人不合格。《中华人民共和国收养法》第六条规定收养人应当同时具备下列条件：无子女；有抚养教育被收养人的能力；未患有在医学上认为不应当收养子女的疾病；年满三十周岁。（2）被收养人不合格。被收养的人已满14周岁、不属于孤儿或查找不到生父母的弃婴、弃童或生父母有特殊困难无力抚养的子女。第二，因自愿性有瑕疵而导致收养无效。第三，因合法性不具备而导致收养无效。收养应当向县级以上人民政府民政部门登记。收养关系自登记之日起成立。收养查找不到生父母的弃婴和儿童的，办理登记的民政部门应当在登记前予以公告。当事人愿意就收养关系订立收养协议的，可以订立收养协议。收养关系当事人各方或者一方要求办理收养公证的，应当办理收养公证。

【处理意见】

本案中原告薛龙、李芸在收养小雪时，已育有一子一女，不符合我国收养法规定的收养人的资格条件，且薛龙、李芸收养小雪的行为未经过有关民政部门登记，依据我国《收养法》规定，未经登记或欠缺有效条件的，收养行为无效。收养关系无效的确认，可依诉讼程序，也可依行政程序。依诉讼程序确认收养无效的，由人民法院予以确认。当事人或利害关系人可以到人民法院提起确认之诉，人民法院也可以主动确认收养无效。一经确认收养无效，收养从行为开始时就没有法律效力。据此，法院判决原告薛龙、李芸与养女小雪之间的收养关系无效，小雪由生父何成直接带领抚养。

【法律条文】

《收养法》第二十五条　违反《中华人民共和国民法通则》第五十五条和本法规定的收养行为无法律效力。收养行为被人民法院确认无效的，从行为开始时起就没有法律效力。

《中华人民共和国民法通则》第五十五条　民事法律行为应当具备下列条

件:(1)行为人具有相应的民事行为能力;(2)意思表示真实;(3)不违反法律或者社会公共利益。

【友情提示】

凡是被确认无效的收养行为,不产生收养关系成立的任何法律后果。无效收养的当事人存在违法犯罪行为的,如收养人借收养名义拐卖儿童,父母借收养名义出卖亲生子女等,还应当承担相应的行政违法责任和刑事责任。

13. 收养关系无效怎样确认

【经典案例】

原告张玉合、张秀香诉称:我夫妇膝下有女无子,2009年农历正月二十日,原告与被告签订了收养协议,约定收养被告后更正为张姓,并承担原告二人的生养死葬,养老送终。该协议签订后,在未经当地民政部门办理收养登记手续的情况下,被告即到原告家中随原告一起生活。在此过程中,原告多次要求被告将其刘姓更正为张姓,但被告至今也未更改,更有甚者,被告好逸恶劳,不积极参加劳动,并且不尽孝道,对原告夫妇不尊不敬,还时常殴打原告二人并实施虐待,使原告无法维持正常的生活,为此,请依法确认原被告的收养关系无效。被告刘万喜辩称:我们所签订的协议并非收养关系性质,而是一种生养死葬的遗赠抚养协议。按照收养法规定,原告夫妇有女无子,不符合收养法的法定条件。根据现实情况,双方议定二原告在世时由我对其生活进行照顾,死亡后所有遗产由我继承,我偕妻子、女儿从老家将自家的木料、粮食等全部家当都搬迁至现在的家,为照顾二原告的生活,我拿出所有积蓄将原告的三间破瓦房翻建成现在的五间走廊平房,并为此负债累累,且全家户口也全部迁至黎阳镇大高村,现原告要求确认收养关系无效,实际上是一种民事违约行为。按照原告诉讼,确认协议无效后要处理因协议而产生的相关问题,我的原籍已响应政府号召全村移民至黎阳镇移民新村,我们全家户口都在黎阳镇大高村,现已成为该村的合法居民,并且财产处于共有状态,原告所诉称我不尽孝道,虐待、殴打二原告不是事实，自从原告与我分灶后，将又小又碎的四亩地共六块给我耕种，我除了自己五口人的生活之外，原告方所有的水电费及礼节开支全部由我承担，原告的违约使我正常的生活被打乱，并且不可能恢复到协议签订之前的状态，请法庭查明事实，依法裁决。

【法律分析】

确认收养无效的程序包含行政程序和诉讼程序。行政程序是指办理收养登记的民政部门依法确认收养无效。《中国公民收养子女登记办法》指出，收养关系当事人弄虚作假骗取收养登记的，收养关系无效，由收养登记机关撤销登记，收缴收养登记证。诉讼程序是指由法院依法审理宣布收养无效的程序，其只是对是否无效有争议时才提请法院裁决。在审判实践中，依诉讼程序确认收养无效有两种情况：一是当事人或利害关系人提出请求确认收养无效之诉，由人民法院判决宣告该项收养关系无效；二是人民法院在审理有关案件的过程中发现无效收养行为，在有关判决中确认该项收养关系无效。

【处理意见】

法院确认以下案件事实：2009 年农历正月二十日，经中间人张 ×× 介绍原被告之间签订了赡养收养协议，被告并偕妻子及女儿到原告处居住生活，并于 2011 年将户口迁入浚县黎阳镇大高村。后双方因琐事发生纠纷，原告起诉来法院，要求确认收养关系无效。另查明:原告夫妇生育三个女儿，现均已成年。本案中，原告在已生育有三女的情况下又收养了被告，原告不符合收养人的条件，且其收养亦未依法向县级以上人民政府民政部门登记即不符合收养的形式要件，故原被告的收养行为无效。

【法律条文】

《收养法》第六条、第十五条

《收养法》第二十五条　违反《中华人民共和国民法通则》第五十五条和本法规定的收养行为无法律效力。收养行为被人民法院确认无效的，从行为开始时起就没有法律效力。

《中华人民共和国民法通则》第五十五条　民事法律行为应当具备下列条件：（1）行为人具有相应的民事行为能力；（2）意思表示真实；（3）不违反法律

或者社会公共利益。

【友情提示】

收养无效,从一开始起就无效,不会产生婚姻法中所确定的父母子女关系。所以要进行收养,必须按照法律规定履行相应的手续。

14. 收养关系能解除吗

【经典案例】

原告石××诉称,原告石××系独身,于2002年4月20日收养刘××、石×之子刘×,并于2002年6月14日在铜梁县公证处办理了公证;而后刘×将姓名更改为石×玉并进行了户口登记。但原、被告自收养关系成立后极少生活在一起。2011年,被告石×玉离家外出至今未归,下落不明,原告石××多次寻找未果。现已无法以养父母子女关系继续生活,故原告石××起诉来院,要求解除原、被告之间的收养关系。法院对本案事实确认如下:原告石××系独身。2002年4月20日,原告石××与刘××、石×在征得刘×的同意后达成收养刘××、石×之子刘×的协议,并于2002年6月14日在铜梁县公证处办理了公证。其后,刘×将姓名更改为石×玉,并在公安机关进行了户口登记。但原、被告自收养关系成立后极少生活在一起。2011年,被告石×玉离家外出至今未归,下落不明,原告石××多次寻找未果。

【法律分析】

解除收养关系有三种情况:一是送养人提出解除合同,这是在收养人有不履行抚养义务,有虐待、遗弃等侵害养子女合法权益情况时;二是协议解除收养关系,包括被收养人成年以前,收养人与送养人可以协议解除;三是养父母与成年养子女关系恶化,亦可以解除收养关系,不能达成协议的,可以向人民法院起诉。

【处理意见】

本案中,原告石 ×× 与被告石 × 玉的生父母刘 ××、石 × 在被告石 × 玉同意的情况下签订送养、收养协议,并办理了收养公证,其后在公安机关为被告石 × 玉办理了户口登记。故原告石 ×× 与被告石 × 玉之间的收养关系合法有效。本案中,被告石 × 玉离家出走,至今下落不明,对原告石 ×× 亦未尽赡养义务,符合法律规定的解除收养关系的情形。故原告石 ×× 要求解除与被告石 × 玉的收养关系的诉讼请求,法院予以支持。法院判决:准予原告石 ×× 与被告石 × 玉解除收养关系。

【法律条文】

《收养法》第二十七条　养父母与成年养子女关系恶化、无法共同生活的,可以协议解除收养关系。不能达成协议的,可以向人民法院起诉。

《中国公民收养子女登记办法》第九条　收养关系当事人协议解除收养关系的,应当持居民户口簿、居民身份证、收养登记证和解除收养关系的书面协议,共同到被收养人常住户口所在地的收养登记机关办理解除收养关系登记。

【友情提示】

收养关系解除时,养父母因年老丧失劳动能力又无生活来源的,由养父母抚养长大已独立生活的养子女,应负担养父母晚年的生活费用。

15. 如何解除收养关系

【经典案例】

顾乙与妻子倪某某婚后没有生育,故先后收养两名子女,于 1957 年收养顾甲为儿子,于 1966 年收养一女顾丁,均未办理收养手续,形成事实上的收养关系。2008 年 3 月 19 日,顾乙之妻倪某某病故,顾乙自此起一人生活。因顾甲平时对顾乙的生活关心沟通较少,发生矛盾后也未及时采取合理的方式解决,致双方关系不睦。顾乙认为顾甲对其生活起居不闻不问,故于2011年4月曾起诉要求与顾甲解除收养关系而未获准,但之后双方关系仍未得到改善,故顾乙再次诉讼要求解除与顾甲的收养关系。

【法律分析】

解除收养关系分为协议解除和诉讼解除两种。

(1)协议解除。第一类:收养人和送养人协议解除。这里的前提是被收养人未成年。对收养人,法律未规定具体条件;对送养人,法律规定的条件是"收养人不履行抚养义务,有虐待、遗弃等侵害未成年养子女合法权益行为。"如果收养人和送养人协议解除收养关系,被收养人年满10周岁以上的,还必须征得其本人同意。这一规定显然是为了充分保护被收养人的利益。第二类:被收养人和收养人协议解除。前提是被收养人已经成年,具有完全民事行为能力。条件是双方"关系恶化,无法共同生活"。按照民政部的有关规定,收养关系当事人协议解除收养关系的,应当持居民户口簿、居民身份证、收养登记证和解除收养关系的书面协议,共同到被收养人常住户口所在地的收养登记机关办理解除收养关系登记。收养登记机关收到解除收养登记申请书及有关材料后,应当自次日起30天内进行审查。对符合《收养法》规定的,为当事人办理解除收养的登记,收回收养登记证,发给解除收养关系证明。如果收养关系是经公证证明的,当事人必须到公证机关办理解除收养关系的公证。

(2)诉讼解除。在被收养人成年以前,收养人不享有单方要求解除收养关系的诉权,不得要求解除收养关系。送养人依法要求解除,双方当事人不能达成协议的,可向人民法院提出诉讼。养父母与成年养子女关系恶化,无法共同生活的,一方要求解除收养关系,而和另一方达不成解除协议的,也可通过诉讼程序解除收养关系。

【处理意见】

养父母与成年养子女关系恶化、无法共同生活的,可以协议解除收养关系。不能达成协议的,可以向人民法院起诉。本案中顾乙、顾甲由于缺少沟通,尤其在处理家庭琐事中发生矛盾时,没有采取合理退让的方法,致双方关系不和睦。为此,顾乙曾起诉要求解除与顾甲的收养关系,虽未予获准,但之后双方的关系仍未得到改善。现顾乙第二次起诉,坚持要求与顾甲解除收养关系,为保证顾乙的晚年生活和老年人的合法权益，应当准许顾乙的诉讼请求。鉴于双方一致认可关系仍未改善的事实，故对顾乙主张解除与顾甲的收养关系，法院予以准许。法院判决：解除顾乙与顾甲之间的收养关系。

【法律条文】

《收养法》第二十六条　收养人在被收养人成年以前，不得解除收养关系，但收养人、送养人双方协议解除的除外，养子女年满十周岁以上的，应当征得本人同意。收养人不履行抚养义务，有虐待、遗弃等侵害未成年养子女合法权益行为的，送养人有权要求解除养父母与养子女间的收养关系。送养人、收养人不能达成解除收养关系协议的，可以向人民法院起诉。

《收养法》第二十七条　养父母与成年养子女关系恶化、无法共同生活的，可以协议解除收养关系。不能达成协议的，可以向人民法院起诉。

《收养法》第二十八条　当事人协议解除收养关系的，应当到民政部门办理解除收养关系的登记。

《中国公民收养子女登记办法》第九条、第十条

【友情提示】

父慈子孝，乃是中华民族之传统美德，也是父母、子女双方的责任。本案中，顾乙与顾甲为养父子关系，本应和睦相处，享天伦之乐，但因种种原因，导致双方缺少必要沟通，父子关系不睦，家庭失和，本案法院解除顾乙与顾甲之间的收养关系是正确的。在处理解除收养的纠纷中，应当坚持保护儿童和老人合法权益的原则，保护合法的收养关系，保障收养人和被收养人双方的利益，根据不同情况实事求是地妥善解决：(1)养父母和生父母反悔，要求解除收养关系的，人民法院应查明情况，听取被收养人的意见，根据有利于子女健康成长的原则处理。(2)养父母不尽抚养义务，影响子女健康成长，生父母要求解除收养关系的，应予解除。(3)养父母与成年养子女关系的恶化，再继续共同生活对双方均为不利，一方坚决要求解除收养关系的，一般可准予解除。(4)养父母发现养子女有生理缺陷或者其他病症，要求解除收养关系的，一般不予解除。但生父母在送养时有意隐瞒的，可准予解除。在准予解除收养时，应当妥善地处理由此而引起的财产和生活问题。

16. 解除收养后是否要支付收养费

【经典案例】

原告黄甲、张某夫妇因无子女，于1986年4月13日收养了刚出生的被告黄乙，在落户口时，将其出生日期改为1987年10月14日。后来两原告又收养了一个女孩名叫黄丙，系1987年10月17日出生。2004年7月，被告黄乙初中毕业未能升入高中，后被告黄乙陆续外出干临时工。2007年8月，被告黄乙无故离家，回到生父母身边。2007年12月，被告黄乙回到两原告处住了20日，后又离开再未回到原告处。为此，原、被告双方发生纠纷，经当地司法所调解无效。两原告起诉到法院，请求解除与被告黄乙的收养关系，并判令被告黄乙支付抚养费112960元，教育费42500元，赡养费56000元。

【法律分析】

现实生活中，收养关系建立后，在子女未成年之前一般是不允许解除收养关系的，除非是当初的送养人和现在的收养人，以及子女都同意的情况下才有可能解除。收养关系解除的法律后果有四：(1)拟制血亲关系的解除；(2)自然血亲关系的恢复；(3)成年养子女的生活费给付义务；(4)养父母的补偿请求权。对于收养关系解除后是否要支付收养费的问题则要区分两种不同的情况：(1)亲生父母要求解除的，那么收养小孩的这一方可以要求生父母支付适当的费用，相当于对养父母这么些年为小孩支出的生活费和教育费的适当补偿。但如果收养关系的解除是因为收养小孩的收养方虐待、遗弃小孩而导致的，则无权要求任何费用。(2)收养小孩的这方提出解除收养关系的，养父母这边就不可以提出补偿费用。除非是小孩成年以后对养父母十分不孝，有虐待、遗弃养父母的行为的。

【处理意见】

本案原、被告双方虽未在有关部门办理合法的收养手续，但双方长期共同生活，已形成事实收养关系。被告黄乙自 2007 年 8 月擅自离家回到生母身边，导致原、被告双方关系恶化。虽经调解，未能改善，双方已无法继续共同生活。因两原告现缺乏劳动能力及生活来源，被告黄乙应当付给生活费，并补偿收养期间的生活费和教育费。但两原告超出的诉讼请求不予支持。法院判决解除原、被告间的收养关系；同时判令被告黄乙支付两原告生活费及补偿两原告收养期间的生活费、教育费合计 130 220 元。

【法律条文】

《收养法》第二十六条、第二十七条、第二十九条

《收养法》第三十条 收养关系解除后，经养父母抚养的成年养子女，对缺乏劳动能力又缺乏生活来源的养父母，应当给付生活费。因养子女成年后虐待、遗弃养父母而解除收养关系的，养父母可以要求养子女补偿收养期间支出的生活费和教育费。生父母要求解除收养关系的，养父母可以要求生父母适当补偿收养期间支出的生活费和教育费，但因养父母虐待、遗弃养子女而解除收养关系的除外。

《中国公民收养子女登记办法》第九条、第十条

【友情提示】

在养子女已经成年，养父母因年老、丧失劳动能力而生活困难的情形下，应当依法保护养父母的利益。一般说来，首先应对此类纠纷做好调解工作，促使原、被告双方在自愿的基础上达成保持或解除收养关系的协议。调解无效时，依法作出准予或不准解除收养关系的协议。

收养关系解除后，经养父母抚养的成年养子女，对缺乏劳动能力又缺乏生活来源的养父母，应当给付生活费。因养子女成年后虐待、遗弃养父母而解除收养关系的，养父母可以要求养子女补偿收养期间支出的生活费和教育费。生父母要求解除收养关系的，养父母可以要求生父母适当补偿收养期间支出的生活费和教育费，但因养父母虐待、遗弃养子女而解除收养关系的除外。

第四编

其他家庭纠纷

一、监护纠纷

1. 谁是未成年人的监护人

【经典案例】

原告韩雪诉称:原告韩雪和二被告王彦侠、张应军之子张永强于2010年4月19日举行婚礼(未办理结婚登记手续),并于2011年3月2日生育一子取名张昊宇。2011年10月3日二被告之子张永强因意外不幸去世,原告韩雪成为孩子张昊宇唯一的法定监护人,但二被告王彦侠、张应军却侵犯了原告韩雪对自己孩子的监护权,使得未满周岁的孩子脱离母亲的监护,为此诉至法院,请求依法确认原告韩雪对其子张昊宇享有监护权,依法判令二被告归还原告韩雪之子张昊宇。被告王彦侠、张应军辩称:不同意张昊宇由原告韩雪抚养,应当由我们抚养。

【法律分析】

对于未成年的孩子,父母是他们的法定监护人。父母对未成年孩子的监护是基于父母子女关系而产生的,父母双方对子女的监护权是平等的,除因死亡、父母子女关系的依法终止或者监护权被依法剥夺外,任何人不得加以剥夺和限制。

【处理意见】

未成年人的父母是未成年人的第一顺位的监护人,原告韩雪是张昊宇的母亲,张永强是张昊宇的父亲,因张永强已去世,故原告韩雪是张昊宇的法定监护人。因此,原告韩雪的诉讼请求依法成立,法院予以支持。二被告提出张昊宇应由二被告抚养的抗辩理由依法不能成立，法院不予支持。法院判决：一、原告韩雪对亲生儿子张昊宇依法享有监护权；二、被告王彦侠、张应军于本判决生效之日起十五日内将张昊宇交付原告韩雪抚养。

【法律条文】

《民法通则》第十六条　未成年人的父母是未成年人的监护人。未成年人的父母已经死亡或者没有监护能力的，由下列人员中有监护能力的人担任监护人：(1)祖父母、外祖父母；(2)兄、姐；(3)关系密切的其他亲属、朋友愿意承担监护责任，经未成年人的父、母的所在单位或者未成年人住所地的居民委员会、村民委员会同意的。对担任监护人有争议的，由未成年人的父、母的所在单位或者未成年人住所地的居民委员会、村民委员会在近亲属中指定。对指定不服提起诉讼的，由人民法院裁决。没有第一款、第二款规定的监护人的，由未成年人的父、母的所在单位或者未成年人住所地的居民委员会、村民委员会或者民政部门担任监护人。

《民法通则》第十八条　监护人应当履行监护职责，保护被监护人的人身、财产及其他合法权益，除为被监护人的利益外，不得处理被监护人的财产。监护人依法履行监护的权利，受法律保护。监护人不履行监护职责或者侵害被监护人的合法权益的，应当承担责任；给被监护人造成财产损失的，应当赔偿损失。人民法院可以根据有关人员或者有关单位的申请，撤销监护人的资格。

最高人民法院《关于贯彻执行<中华人民共和国民法通则>若干问题的意见(试行)》第十条　监护人的监护职责包括：保护被监护人的身体健康，照顾被监护人的生活，管理和保护被监护人的财产，代理被监护人进行民事活动，对被监护人进行管理和教育，在被监护人合法权益受到侵害或者与人发生争议时，代理其进行诉讼。

【友情提示】

未成年人的监护人有着严格的顺序，父母是第一顺序的监护人，在没有法律规定的情况下不能被剥夺。爷爷奶奶不能以任何理由限制或者剥夺父母对孩子的监护权。

2. 智力残疾女双亲过世,谁是监护人

【经典案例】

1982年出生的陈某是一个智力残疾人,虽然依年龄而言,她已然是一个成年人了,但是作为智力残障人士,她仍然属于限制民事行为能力人而需要监护。然而,陈某的母亲早在1990年就过世了,其父亲陈某振和刘某在1991年另组家庭。陈某振于2011年7月过世,那么她的监护重担又应该落在谁的身上?当地居委会指定了陈某的继母刘某作为她的监护人,对此继母刘某向法院申请撤销其监护资格,刘某起诉陈某的外婆田某,认为田某才是陈某的监护人。面对智力残疾的女儿,继母可否被指定为监护人?

【法律分析】

父母子女关系包括亲生父母子女关系、养父母子女关系、有抚养关系的继父母子女关系。父母负有对子女监护的法定义务,父母对未成年子女或限制民事行为能力、无行为能力的成年子女也负有监护的法定义务。父母对未成年孩子的监护是基于父母子女关系而产生的,父母双方对子女的监护权是平等的。

【处理意见】

本案中,智力残疾人陈某在其生母去世之时尚未成年,其父陈某振是其当然的监护人,对陈某应负监护义务。同时,陈某又是智力残疾人,为限制民事行为能力人,在其成年之后仍应由陈某振监护。刘某与陈某振登记结婚之后,成为陈某的继母,刘某应与陈某振一起承担对陈某的监护义务。陈某一直与刘某、陈某振共同居住生活,在陈某父亲去世后至今仍与刘某居住在一起。另外,在陈某振病重期间,由刘某为陈某办理了残疾人证的换证手续及领取国家给予残疾人的相关生活补助费,故由刘某在陈某振去世之后担任陈某的监护人既合乎法律规定,也合乎情理。陈某住所地的居民委员会以刘某是陈某继母指定起诉

人为陈某的监护人，于法有据，所以对起诉人要求撤销其监护人资格的申请，法院不予准许。

【法律条文】

《民法通则》第十六条、第十八条

最高人民法院《关于贯彻执行<中华人民共和国民法通则>若干问题的意见(试行)》第十一条　认定监护人监护能力，应当根据监护人的身体健康状况、经济条件，以及与被监护人在生活上的联系状况等因素确定。

第十二条　民法通则中规定的近亲属，包括配偶、父母、子女、兄弟姐妹、祖父母、外祖父母、孙子女、外孙子女。

第十三条　为患有精神病的未成年人设定监护人，适用民法通则第十六条的规定。

【友情提示】

继父母是否需要对继子女行使监护权，关键在于继父母子女之间是否形成抚养关系，如果继父母子女之间形成抚养关系的，也适用父母子女之间的权利义务，所以本案继母与继子女之间也应该适用监护的法律规定。

3. 有语言、行动障碍的完全民事行为能力人是否需要设定监护人

【经典案例】

史先生向法院诉称：其父亲史某于1990年12月21日与郭女士领取结婚证同居生活。2008年1月，史某患脑出血半身不遂入院治疗后出院，经确定评残为肢体残二级，生活完全不能自理，脑神经障碍，语言表达受限。郭女士从2009年患胆结石，腿部疼痛，行走障碍，对史老汉无法照顾。考虑史某身体病残，2010年1月20日经村委会干部参与调解，其与郭女士就父亲史某监护问题形成一致意见，并签订《协议》，约定父亲史某由史先生监护，照顾终生。现郭女士与父亲史某虽夫妻关系存在，但其无法履行应尽的妻子责任，还不时引

发家庭矛盾。为维护父亲合法权益,解除老人后顾之忧,故起诉请求判令史老汉由其监护,生活起居一切由其负责管理、履行监护职责,其他人不得干涉。

【法律分析】

根据法律规定,只有当行为人为无民事行为能力人或限制民事行为能力人时,才需要为其设定监护人。本案的争议焦点在于史老汉因为患病,语言、行动均受到限制,史老汉是否属于无民事行为能力人或限制民事行为能力人?法律规定,对于年满十八周岁的公民,仅在患有精神病或者痴呆症、且不能辨认或不能完全辨认自己行为的,才可以被认定为无民事行为能力人或限制民事行为能力人。法律对于医学上的因病导致无意识或者大部分意识缺失的病人,并未规定为监护权的对象。司法实践的做法是以当事人的心智健全与否为判断标准,即当事人有没有判断能力和自我保护能力,知不知道其行为后果。此外,公民因患病导致一段时间内意识缺失,利害关系人是否均可以向法院请求确认该公民为无民事行为能力人或限制民事行为能力人,法律对此并无具体规定。本人认为,认定公民为无民事行为能力人或限制民事行为能力人的事实基础还应该包括这样一种当然事实,即该公民意识缺失状态应该保持在一段相当时期内、持续的状态,且该判断应有医学、心理学上的诊断。

【处理意见】

行为人的民事行为能力以其精神状态为判断标准,即行为人能否作出行为选择并清楚其选择的后果。本案中,史老汉因手术导致行动不便、意识不清,但法院调查能够确认,史老汉现处于恢复期,且现在意识比较清楚,能够作出判断,不符合认为为无民事行为能力人或限制民事行为能力人的条件。史老汉意识清楚,能够自己作出行为选择,并明白其行为后果,其精神状态是健康的、健全的,具有完全民事行为能力。法院最后认为:史先生的起诉,没有事实基础,故判决驳回史先生的起诉请求。

【法律条文】

最高人民法院《关于贯彻执行<中华人民共和国民法通则>若干问题的意见(试行)》第十一条　认定监护人监护能力,应当根据监护人的身体健康状况、经济条件,以及与被监护人在生活上的联系状况等因素确定。第十二

条 民法通则中规定的近亲属,包括配偶、父母、子女、兄弟姐妹、祖父母、外祖父母、孙子女、外孙子女。第十三条 为患有精神病的未成年人设定监护人,适用民法通则第十六条的规定。

【友情提示】

对成年人是否属于无民事行为能力人或者限制民事行为能力人必须由法院按照特别程序予以认定,只有法院才能认定成年人为无民事行为能力人或者限制民事行为能力人时,才会为其确定监护人。

4. 夫妻离婚以后,孩子监护权归谁

【经典案例】

贾婷的母亲刘芳与父亲贾道政于1999年结婚,两年后贾婷出生。2004年,父母因感情不和经法院调解离婚,按调解书规定,贾婷随母亲生活。2006年,刘芳查出患有传染性疾病乙型肝炎,为怕传染给孩子,她向法院起诉要求判决孩子随父亲生活,重庆市江北区法院于2007年1月判决贾婷随父亲生活。2011年,刘芳再次向法院起诉要求变更贾婷的抚养关系,理由是贾道政已另行组成家庭并育有一子,对女儿照顾不周。经过法院调解,贾婷的父母又达成调解协议,贾婷自2011年7月起随母亲共同生活,抚育费由刘芳自理。2012年刘芳又向法院起诉,请求变更孩子的监护关系。理由是其原本患有的乙肝已转变为肝硬化,且已从单位内退,经济状况不比从前,已无力抚养女儿,也不利于孩子的身心健康及成长。贾道政则表示,他现在没有工作,已于2008年下岗,靠父母生活,自己也有病,没钱治疗,因而没钱养育孩子。而原告本人有工资,所以不同意抚养孩子。法院审理中查明,刘芳与被告离婚后未再婚,有固定单位和工作,目前已从单位内退。而被告贾道政没有固定工作和固定收入,已于2007年再婚后并生育一子,现年4岁。

【法律分析】

离婚后对孩子监护权的归属，是以未成年子女的最佳利益做考虑，不能想当然归给父亲或者母亲。法官在衡量未成年子女监护权归属的时候，主要是根据子女的年龄、性别、健康情况、孩子意愿与人格发展需要，以及父母的年龄、品行、经济能力、职业、父母保护教养子女的意愿及态度、对孩子的教养计划、与孩子的互动与感情状况等种种因素，作为判断孩子监护权的依据。

【处理意见】

本案其实从经济状况看，原告更适合抚养孩子。但贾婷已具有了判断能力，与谁生活应听从其意见。法院主要是从有利于子女成长的角度出发，综合衡量各方面因素。本案中虽然刘芳的经济能力更强，但其患有传染性疾病，对孩子影响较大，孩子和父亲生活更好，由父亲进行监护。

【法律条文】

《民法通则》第十六条　第十八条

【友情提示】

离婚后，父母一般均会分开生活，或者重组家庭，离婚后的未成年子女，一般随父或随母生活，这势必会造成子女缺乏父或母的监护，怎么才能使与子女分开生活的父或母一方依法尽其监护职责呢？实践中一般与子女分开生活的一方，通过给付抚养费和行使探望权的方式行使其抚养教育子女的权利和义务。虽然本案当事人每次起诉都有客观理由，但频繁变更监护关系对孩子的生活和心理无疑都会产生很大影响。在法律上，父母亲的经济条件并不是评断监护权适当与否的唯一标准，还是以真正能对子女负起照顾责任的一方才会获得监护权，不过父母还是要有最低的经济能力，足以让子女维持温饱，才能负起监护责任。

5. 如何为精神病人设定监护人

【经典案例】

陈太婆多年守寡只有一个女儿，因为信佛，前几年把自己的所有积蓄全部捐给村附近的庙里非要出家，女儿女婿怎么劝说都不管用，可是没待一个月就回来了，开始向女儿要钱租房子住，女儿女婿还有一个正上小学的女儿，因此家里经济状况更加窘迫。2011 年 11 月，女儿做了一次引产，陈太婆听说了，非要到女儿家来伺候，可是天天对着女儿女婿不是哭就是骂，还净说一些奇怪的话，让陈太婆的女儿和外孙女十分害怕。后来女婿带着陈太婆到县医院检查，确诊为精神分裂症。陈太婆的女儿女婿不想让自己的孩子在有精神病人的环境中生长，可是又没有能力将陈太婆送到精神病院，很是苦恼。那么陈太婆的监护人是谁呢?

【法律分析】

设立精神病人的监护人，首先须确认当事人为精神病人。但精神病人与无民事行为能力或限制民事行为能力人属于两个不同的范畴。精神病人的利害关系人，可以向人民法院申请宣告精神病人为无民事行为能力人或者限制民事行为能力人。

【处理意见】

认定公民为无民事行为能力或者限制行为能力人是法院的职权，其他任何机关或组织都不具有这一职权，而且法院的这一职权不能主动行使，必须有利害关系人的申请。利害关系人申请宣告某一公民为无民事行为能力人或者限制民事行为能力人时，法院受理后应依《民事诉讼法》规定的特别程序审理。审理中法院应当首先确认被申请人为精神病人。对人民法院认定为无民事行为能力人或者限制民事行为能力人的精神病人，依《民法通则》第 17 条规定的顺序确定监护人。本案陈太婆的子女可以向法院申请认定陈太婆为无民事行为能力人或者限制行为能力人。

【法律条文】

《民法通则》第十七条 无民事行为能力或者限制民事行为能力的精神病人，由下列人员担任监护人：(1)配偶；(2)父母；(3)成年子女；(4)其他近亲属；(5)关系密切的其他亲属、朋友愿意承担监护责任，经精神病人的所在单位或者住所地的居民委员会、村民委员会同意的。对担任监护人有争议的，由精神病人的所在单位或者住所地的居民委员会、村民委员会在近亲属中指定。对指定不服提起诉讼的，由人民法院裁决。没有第一款规定的监护人的，由精神病人的所在单位或者住所地的居民委员会、村民委员会或者民政部门担任监护人。

《民法通则》第十九条 精神病人的利害关系人，可以向人民法院申请宣告精神病人为无民事行为能力人或者限制民事行为能力人。被人民法院宣告为无民事行为能力人或者限制民事行为能力人的，根据他健康恢复的状况，经本人或者利害关系人申请，人民法院可以宣告他为限制民事行为能力人或者完全民事行为能力人。

最高人民法院《关于贯彻执行＜中华人民共和国民法通则＞若干问题的意见(试行)》第七条、第八条

《民事诉讼法》第一百八十七条、第一百八十八条、第一百八十九条

【友情提示】

精神病患者的利害关系人(一般是近亲属，包括父母、子女、兄弟姐妹、祖父母、外祖父母等)，可以向人民法院申请宣告精神病患者为无民事行为能力人或者限制民事行为能力人，由法院认定其是否属于无民事行为能力人或者限制民事行为能力人。如果法院没有认定其为无民事行为能力人或者限制民事行为能力人，则不能随便确定监护人。

6. “抱养”的孩子监护权归谁

【经典案例】

原告张某某(1978年出生)和原告何某某(1979年出生)系夫妻关系,妻子何某某有智力障碍。二原告于2001年11月24日依法领取结婚证开始共同生活,婚后未生育。被告何某华和杨某亦为夫妻关系,系原告何某某的亲生父母。2004年农历2月18日,经原被告双方协商同意,由二被告出面为二原告抱养了一女婴,取名张某敏。抱养的当月,二被告以原告方缺乏抚养能力及对张某敏生父母有承诺为由,经二原告同意,将张某敏抱回自己家中代为抚养至今。在此期间,原告方多次向二被告要求履行抚养、监护义务,二被告未同意,为此双方多次发生纠纷并打架,2012年7月双方经村委会调处亦未能解决。因不符合收养条件,原被告双方至今未依法办理收养登记手续。目前,孩子张某敏已在被告所在村小学上学。

【法律分析】

本案争议焦点:原被告双方抱养的孩子张某敏的合法监护权益能否得到法律保护?在《收养法》已生效多年的今天,“抱养”在我国农村仍然相当普遍,如发生纠纷,此类孩子的法律地位如何界定?

关于收养,《中华人民共和国收养法》规定,收养人必须具备以下条件:(1)无子女;(2)有抚养教育被收养人的能力;(3)未患有在医学上认为不应当收养子女的疾病;(4)年满三十周岁。该案的当事人于2004年抱养张某敏时二原告均不满三十周岁,所以未能依法办理收养登记手续。但其满三十以后完全可以补办合法的收养登记手续。可二原告仅为张某敏办理了户口登记手续,一直未补办收养手续。所以,本案中的当事人对张某敏的“收养”虽不是《收养法》认可的收养,但是一种民俗认可的抱养,且这一抱养并不违背社会公德。

【处理意见】

本案原被告协商一致为二原告抱养了张某敏,虽然二原告至今未办理收养手续,但张某敏已在二原告所属集体经济组织享有社员权利,为维护少年儿童的合法权益,在张某敏收养关系未依法确立前由抱养人即二原告履行监护职责较为妥当。二被告称原告方缺乏抚养监护能力,二原告与张某敏未实际产生父母子女身份关系,二原告无诉讼主体资格,法院不予支持。由于张某敏被抱养已经八年,并已到接受义务教育阶段,综合本案实际情况及农村的善良风俗,群众公认二原告系张某敏之"父母",张某敏系二原告的女儿。为保护未成年人的合法权益,维护稳定的社会生活秩序,法院判决:在收养关系未依法确立前张某敏由原告张某某和何某某监护。

【法律条文】

《民法通则》第十六条、第十八条

【友情提示】

现实生活中,确有不少事实行为不在法律规范之中,依靠传统习惯和道德规范进行调整,"抱养"便是这种情况之一。法律虽无明文规定,但善良民俗习惯,如不违背法律的基本原则、法律的强制性规定和国家政策,符合社会公德和规范,亦应受到法律保护。

7. 生母、继母谁有监护权

【经典案例】

原告方女士是死者郭先生的妻子,被告郭老先生、熊女士是死者郭先生的亲生父母,被告郭女是死者与前妻徐女士的婚生女。郭先生和方女士于2007年2月结婚后,郭女(2000年6月出生,当时7岁)就一直随他们共同生活。2011年11月郭先生因交通事故死亡后,方女士、郭老先生、熊女士等曾就遗产的分配进行了多次协商,并先后两次签订遗产分割协议。其中2012年2月第一次签订协议时,徐女士作为郭女的监护人参与并在协议上签了字。2012年8月在徐女士未在场的情况下又签订了第二份协议,协议内容约定原告的利益份额有所增加。后因房屋过户等问题未能达成一致,方女士起诉至法院。庭审中,各方当事人对于郭先生和方女士的共同财产、共同债务一致认同。原告方女士对徐女士作为郭女的法定代理人参加"遗产纠纷案"提出异议。她认为,自从她与郭先生结婚后,女儿就一直和他们生活在一起,自己虽为继母但也尽到了教育、抚养女儿的义务,而作为生母的徐女士却多次拒绝给抚养费,甚至在郭女向法院申请强制执行抚养费后还故意"失踪"逃避责任;郭先生去世后郭女才搬到生母处居住,自己应是郭女的监护人,并对徐女士此时争夺女儿监护权的动机提出质疑。徐女士则辩称,自己是郭女的生母,理所当然是孩子的法定监护人,遗产继承协议应当由其代表郭女签字才生效。

【法律分析】

未成年人的父母是未成年人的监护人。《婚姻法》第二十七条规定,继父母和受其抚养教育的继子女间的权利和义务,适用该法对父母子女关系的有关规定。换言之,履行了抚养教育责任的继父母,也可以成为继子女的监护人,这就涉及了三个法律难题:一是因血缘关系所产生和因抚养关系所产生的监护人资格发生冲突时,何者优先?在郭先生死亡后,郭女已跟随生母一起生活,在此情形下指定其生母为监护人无疑更有利于未成年人的利益和成长。更何况方女士后来对包括郭女在内的其他继承人提起了诉讼,有可能会损害被监护人的利益,也不适宜担任监护人。二是对前后两份协议效力的确认,在第二份协议签订时徐女士尚未被居委会指定为郭女的监护人,而方女士当时也有可能具备监护人资格,因此第二份协议的效力的确值得探讨。在第二份协议中,方女士既是当事人又是郭女的法定代理人,在对既定财产的分割中存在利益上的冲突,其行为有可能会损害到郭女的利益,参照民法禁止"自己代理"的原则,严格讲其代理郭女签字的行为构成法定代理权的滥用,应属无效。因此,按第一份协议来分割遗产更为合理。三是十周岁以上的未成年人指定监护人时需要征求其意见。

【处理意见】

本案因双方争议较大,法院进行释明,要求当事人先通过社区居委会指定监护人。随后,居委会根据民法通则的规定并在征求郭女的意愿后,指定徐女士(生母)为郭女的监护人。法院审理后认为,根据我国民法通则和继承法,未成年人的父母是未成年人的监护人,社区居委会的指定符合法律规定。

【法律条文】

《民法通则》第十六条、第十八条

《最高人民法院关于人民法院审理离婚案件处理子女抚养问题的若干具体意见》第五条无论是由基层组织指定还是由法院裁判时,以征求该类未成年子女的意见为宜。

【友情提示】

监护制度的目的在于保护被监护人,应当尊重被监护人本人的意愿。已形成抚养教育关系的继父母子女,在未与继子女共同生活后,继父母是否还有监护人资格?这种继父母子女之间的拟制直系血亲关系虽然不因继子女的生父死亡而自然解除,但在其生母将该子女领回抚养的情况下,可以视为其继父母子女关系由此解除,继父母自然也就不再具备监护人资格。

8. 非婚生子女的监护权怎样确定

【经典案例】

俞先生出身于北京一个高级知识分子家庭,2010 年大学毕业后到深圳打工,和何女士住同一栋楼,一个多月后两人开始同居,但一直没有办理结婚登记,后来何女士就怀孕了。当时他俩都没有什么钱,拖了一阵子,肚里的孩子大了,只好把孩子生下来。何先生在北京的父母知道此事后,非常生气,让他立刻回家,于是他在 2012 年春节回到北京。2012 年 5 月 17 日,何女士抱着才一岁多的女儿小兰来到北京西城法院递上一张诉状，要求被告俞先生每月支付女儿1000元抚养费直至成年，并一次性支付教育费15万元。在法庭上，俞先生承认从未有过与何女士结婚的打算，因为双方的家庭、背景、学历等等相差悬殊。当俞先生再次见到可爱的女儿，他提出要自己抚养女儿。

【法律分析】

非婚生子女享有与婚生子女同等的权利，任何人不得加以危害和歧视。不直接抚养非婚生子女的生父或生母应当负担子女的生活费和教育费，直至子女能独立生活为止。

【处理意见】

解除非法同居关系时，双方所生的非婚生子女，由哪一方抚养，双方协商；协商不成时，应根据子女的利益和双方的具体情况判决。本案由于孩子还在哺乳期，可以由何女士获得监护权。

【法律条文】

《关于人民法院审理未办结婚登记而以夫妻名义同居生活案件的若干意见》第九条解除非法同居关系时，双方所生的非婚生子女，由哪一方抚养，双方协商;协商不成时，应根据子女的利益和双方的具体情况判决。哺乳期内的子女，原则上应由母方抚养，如父方条件好，母方同意，也可由父方抚养。

【友情提示】

对非婚生子女的监护权按照婚生子女的监护规定予以对待。

9. 监护人有哪些监护权

【经典案例】

2009年3月，许女士作为投保人为她的丈夫张先生在本市某保险公司投保了“××两全保险——分红型”，并且指定他们的儿子张某作为身故保险金的唯一受益人。2012年1月20日，许女士的丈夫张先生因公意外身亡，许女士于2012年2月3日向保险公司递交了索赔申请和相应的索赔证明材料，要求保险公司给付保险金。2012年2月11日，经过当地某律师事务所的调解，许女士决定将不满五岁的儿子张某的监护权“转移”给儿子的祖父母张某某和沈某。保险公司调查后认为，应由许女士儿子的新监护人张某某和沈某代领保险金。许女士认为她的丈夫去世时是2012年的1月20日，而她向保险公司申请索赔的日期为2012年2月3日，不论出事时还是申请时受益人的监护人都是许女士本人，而变更监护人日期为2012年2月11日，为什么该保险金由受益人的祖父母来领取，而不是她？保险公司认为，许女士的儿子是保单指定的唯一受益人，但由于受益人未成年，因此该笔保险金应由其监护人代领并予以保管。2012年2月11日，受益人的监护权发生了变更，原监护人许女士将儿子的监护权转移给其子的祖父母，故这笔保险金只能由受益人的祖父母张某和沈某代领。

【法律分析】

监护权的内容有人身监护权和财产监护权两类。人身监护权的权利义务具体包括：(1)住居所指定权。(2)交还请求权。当未成年人或精神病人被人劫掠、诱骗、拐卖、隐藏时，监护权享有请求交还被监护人的权利。(3)被监护人身份行为的同意权。未成年人或精神病人，不能独立行使身份行为和独立决定身上事项，必须经监护人同意，方能行使。如限制民事行为能力人职业的许可，法律行为的补正等，都由监护人为之。(4)抚养义务。(5)对被监护人监督、教育的权利和义务。(6)对于精神病人的特定护养、救治义务。财产监护权的权利义务主要内容为:对被监护人财产的管理权,即监护人有权管理被监护人的财产。

本案中,被保险人张某在保险期间内发生意外死亡,属于合同承保的责任范围,保险公司应按合同约定给付受益人保险金。许女士的儿子是保单指定的唯一受益人,但由于受益人不满 5 岁,受年龄、智力的限制,不能独立进行民事活动。因此,保险金应由受益人的监护人代领,并将其保管至受益人成年。未成年人的父母是当然的法定监护人。父母一方生存的,生存的一方为未成年人的监护人。

【处理意见】

该案例中被保险人张先生死亡,许女士虽然经调解,与受益人的祖父母签订了“抚养协议”,但由于许女士作为母亲的身份没有改变,亲权没有丧失。因此,许女士不能放弃、转移对儿子的监护权。有关变更抚养权及财产纠纷的民事调解书中,许女士将受益人的监护权转移给受益人的祖父母是无效的。本案中,经当地律师事务所调解签订的民事调解书,双方意思表示真实,除有关监护权转移的约定与法律抵触无效外,其余约定有效。本案属于委托监护,保险公司可以将保险金交付给受益人祖父母代为保管。

【法律条文】

《民法通则》第十二条　不满 10 周岁的未成年人是无民事行为能力人,由他的法定代理人代理民事活动。

《民法通则》第十四条　无民事行为能力人、限制行为能力人的监护人是他的法定代理人。

《最高人民法院关于贯彻执行 < 中华人民共和国民法通则 > 若干问题的意见》第二十二条　监护人可以将监护职责部分或者全部委托给他人。父母有正当理由不能履行监护职责的,可以委托他人部分或全部代为履行,但父母仍然是未成年人的法定监护人。

《合同法》第五十六条　合同部分无效,不影响其他部分效力的,其他部分仍然有效。

【友情提示】

本案中民事调解书产生了委托监护职责的法律后果,许女士委托受益人的祖父母行使全部监护权。祖父母作为委托监护人,即事实上的监护人,要保护未成年人的身体健康,照顾未成年人的生活、教育等等。因此,为更好地保护未成年人的合法权益,本案保险公司将保险金给付受益人的祖父母代为保管是比较妥当的。

10. 父母不履行监护义务怎么办

【经典案例】

原告陈×福、朱×兰诉称,被告钟×琼与原告之子陈×军于1999年3月5日登记结婚,婚后于2001年1月30日生育长女陈×瑶,2006年10月11日生育次女陈×蒙。陈×军于2010年1月30日意外死亡,被告钟×琼即于2010年5月26日与被告郭×林登记结婚。婚后又生育一女,2011年暑假,被告将陈×蒙送到原告家中,开始讲要原告帮忙照顾3个月,期满拒不接回。2012年农历正月18日原告将陈×蒙送回被告家,被告竟又打又骂撒泼,旋即又叫陈×瑶将陈×蒙送回原告家。原告强忍白发丧子之痛,不忍见幼子失辜,抚养至今。不料两被告得寸进尺,2012年5月29日又让陈×瑶辍学回到原告家,至今失学在家。两被告作为父母,抚养孩子并让孩子接受义务教育是其法定义务。两被告推卸责任,罔顾原告夫妻年老体弱多病自身尚需后人照顾,无力照顾两个孩子,却强迫原告替其抚养两个孩子,不仅侵害了原告的利益,也严重损害了孩子的利益。为此,提起民事诉讼,请求法院依法判决。被告钟×琼辩称,原告之子陈×军去世后,两原告乘人之危对被告钟×琼的田土、房屋等财产进行霸占,被告于2010年、2011年两年要变卖财产来抚养两个小孩时,两原告百般阻挠。被告本可变卖得现金16.5万元的林木也被原告强行霸占,被告山岭的树木不能变卖,现已封山转为国家生态林,国家政策已不准砍伐。被告将小孩陈×蒙送到原告家里是经过双方同意并有协议书,大女儿陈

×瑶不上学有学校证明是请假。另外,被告身体患有多种疾病,在这种自身难保、无经济能力的条件下,强求法院判令变更监护人,并赔偿被告霸占原告财产所导致的损失229 865元。被告郭×林辩称,其与陈×瑶、陈×蒙没有直接关系,没有抚养义务,原告所诉请事项与其无关。

【法律分析】

监护权是对无民事行为能力人和限制民事行为能力人的人身、财产和其他合法权益依法进行监督和保护的权利或资格。监护既是权利,又是义务,监护人的义务包括监护和抚养,未成年人的法定监护人首先应当由父母担任。

【处理意见】

本案中,未成年人陈×瑶、陈×蒙的法定监护人应为其生母钟×琼及其继父郭×林。两被告以2010年原告方干预阻挠其将自留山的林木变现,家庭生活困难,被告钟×琼因病丧失劳动能力为由拒不抚养未成年人陈×瑶、陈×蒙的行为既是违法的又是有违公民道德要求和破坏社会公序良俗的。被告钟×琼以其生病,经济能力偏弱为由要求变更监护权的要求于法无据,法院不予支持。被告郭×林与钟×琼结婚后,两未成年人大部分时间是与生母和继父一起生活的。作为两未成年人的继父,被告郭×林与两未成年人已经形成了抚养关系。被告郭×林认为其与两小孩没有直接关系,没有抚养义务的理由不成立。两被告要求原告赔偿其财产遭霸占所致损失的请求与本案无关,两被告可另行起诉。法院判决:一、被告钟×琼、郭×林负未成年人陈×瑶、陈×蒙的监护义务,责令两被告在判决生效后十天之内将未成年人陈×瑶、陈×蒙接回其住处;二、责令被告钟×琼、郭×林送陈×瑶、陈×蒙入学接受并完成义务教育。

【法律条文】

《民法通则》第十六条、第十八条

最高人民法院《关于贯彻执行<中华人民共和国民法通则>若干问题的意见(试行)》第二十条　监护人不履行监护职责,或者侵害了被监护人的合法权益,民法通则第十六条、第十七条规定的其他有监护资格的人或者单位向人民法院起诉,要求监护人承担民事责任的,按照普通程序审理;要求变更监护关系的，按照特别程序审理；既要求承担民事责任，又要求变更监护关系的，分别审理。

《未成年人保护法》第十条　父母或者其他监护人应当创造良好、和睦的家庭环境，依法履行对未成年人的监护职责和抚养义务。

《未成年人保护法》第十三条　父母或者其他监护人应当尊重未成年人受教育的权利，必须使适龄未成年人依法入学接受并完成义务教育，不得使接受义务教育的未成年人辍学。

《中华人民共和国义务教育法》第十一条　凡年满六周岁的儿童，其父母或者其他法定监护人应当送其入学接受并完成义务教育；条件不具备的地区的儿童，可以推迟到七周岁。

【友情提示】

父母是未成年子女的第一顺位监护人，监护人必须履行监护职责。

11. 怎样界定丧失监护权

【经典案例】

2010年9月的某一天，对9岁的敏敏（化名）来说是最痛苦最刻骨铭心的一天。就在这一天，一场车祸永远夺去了她的父爱。父亲死后，敏敏和母亲李红（化名）相依为命。2011年4月份，出于生计，李红出外打工，将敏敏交给敏敏的祖父母于海（化名）、方云（化名）照顾。李红外出打工期间结识了王刚（化名）并同居生子。敏敏的祖父母因此不再让李红接触敏敏。李红只好经常到敏敏的学校探望敏敏，并给其购买衣物。李红与于海、方云就敏敏的监护问题发生纠纷，虽经有关部门协调都始终达不成协议。2012年1月19日，敏敏住所地的某村民委员会指定于海、方云为敏敏的监护人，并制作送达了指定书。2012年2月11日，于海、方云以原告人的身份起诉被告李红，要求人民法院依法撤销李红的监护人资格。敏敏以第三人的身份参加了诉讼。

【法律分析】

本案是关于未成年人的监护人资格变更之诉。本案的焦点问题是第三人敏敏的母亲李红（也就是本案的被告）是否存在监护权资格丧失的法定情形，是否失去了监护人的资格？本案被告李红的法定监护权并不丧失。

根据《民法通则》的规定，丧失监护权资格的法定条件有：死亡；丧失监护能力；存在对子女有犯罪行为、虐待行为或者担任监护人对该子女明显不利，人民法院认为可以取消其监护权的情形。作为本案被告的李红，一没有死亡，二没有丧失监护能力，三没有对第三人有犯罪行为、虐待行为，也没有担任监护人对第三人明显不利，人民法院认为可以取消其监护权的情形发生。第三人敏敏的父亲死亡后，其母亲李红和第三人相依为命共同生活，并担任着抚养教育，保护第三人人身财产合法权益不受侵犯的监督和保护的权利。后为了生活出外打工，让第三人与本案二原告（于海、方云）共同生活，应视为监护权的委托，并且为了生计出外打工是监护权委托他人行使的正当理由。受委托人代理监护人履行监护职责，李红作为监护人的地位并不改变。李红外出打工与他人同居生子，没有对担任第三人监护人明显不利。明显不利的情形有以下几种：一是对被监护人有犯罪行为；二是有虐待行为；三是不正当履行监护职责；四是存在不利于被监护人身心健康的其他明显情形。且以上这些情形必须由人民法院确定是否作为取消原监护人监护权的理由。可见，本案被告李红外出打工与他人同居生子，并不存在对第三人担任监护人的明显不利的情形，且在本案原告阻挠其履行监护职责时，积极主动地到第三人所在学校探望第三人，并给其购买衣物。李红一直在积极正当地履行监护职责，也没有明确表示放弃监护权，并且父母对未成年人的监护权也是法律所不允许放弃的。李红没有放弃对第三人的监护权，也不能自行放弃监护权，李红的监护权并没有丧失，李红仍是本案第三人的合法监护人。

【处理意见】

本案的被告李红之夫死亡后，李红仍是本案第三人的法定监护人，且一直积极履行监护责任，李红外出打工与他人同居生子，并不是丧失监护人资格的法定理由，村委会指定本案二原告为本案第三人的监护人的指定行为无法律依据，不具有法律效力，二原告要求人民法院撤销被告李红的监护人资格的理由不能成立,法院不予支持。法院判决驳回了二原告于海、方云的诉讼请求,第三人敏敏由本案被告担任监护人并履行监护职责。

【法律条文】

《民法通则》第十六条、第十八条

最高人民法院《关于贯彻执行<中华人民共和国民法通则>若干问题的意见(试行)》第二十一条。

【友情提示】

监护权的丧失必须按照法律的严格规定进行撤销。公民的合法权益应受法律保护,未成年人的父母均是未成年人的法定监护人,其对未成年子女享有法定的监护权,任何人不得加以非法剥夺和限制。

12. 监护权终止的情形有哪些

【经典案例】

2011年9月13日,25岁的古特(蒙古族,离婚)女士带着女儿(6岁)来到附近的超市购物。期间,古特突然发现女儿丢失,焦急万分之际,她求助于超市员工广播寻人,然后找回女儿。谁知,十几分钟后,顽皮的女儿又偷偷离开妈妈,跑到玩具专柜去玩。无奈之下,古特再次求助超市广播找人。结完款、带着女儿离开超市之后,古特十分生气,在上车时忍不住大骂女儿。她还动手打了女儿的头部、背部,期间甚至扯断了女儿不少头发。古特前夫刘某要求变更古特对女儿的监护权。

【法律分析】

按照法律规定,监护权终止的情形有:(1)被监护人已经成年而且具有完全民事行为能力;(2)被监护人死亡或宣告死亡;(3)被监护人被他人收养;(4)被监护人的父母不能行使亲权的状况消失,亲权恢复;(5)丧失民事行为的能力或限制民事行为能力的宣告因被监护人恢复了完全的民事行为能力而撤销;(6)成年被监护人由配偶担任监护人的,因离婚而终止监护;(7)监护人死亡或被宣告死亡;(8)监护人丧失监护能力;(9)监护人因正当理由辞退了监护职务;(10)监护人被法院撤销监护职务。

监护终止后将产生一系列的法律后果,监护人有如下方面的义务:(1)财产的清算。监护人在监护关系终止时应会同监护监督机关所指定的人(或其他法定人员)进行财产清算。(2)财产的交还。在清算结束后,如有财产剩余,应将财产移交于新监护人。如被监护人已成年,则移交被监护人。

【处理意见】

如果未成年人原来所属的环境已经不安全,而未成年人的其他亲属愿意、也有能力照顾未成年人,那么法官也会选择将未成年人安置在亲属那里。如果亲属照顾可以实现,这通常是被看做更好的选择,因为对被带离家庭的未成年人而言,与他们熟悉的亲属住在一起会减少他们的心理伤害,更容易获得爱。法官终止父母的监护资格,父母不仅失去了照顾儿童的权利,而且丧失了一切决定孩子成长事项的权利。本案古特前夫刘某要求变更古特对女儿的监护权是符合法律规定的。

【法律条文】

《民法通则》第十八条

最高人民法院《关于贯彻执行<中华人民共和国民法通则>若干问题的意见(试行)》第二十一条　夫妻离婚后,与子女共同生活的一方无权取消对方对该子女的监护权,但是,未与该子女共同生活的一方,对该子女有犯罪行为、虐待行为或者对该子女明显不利的,人民法院认为可以取消的除外。

【友情提示】

子女监护权是父母最关心的问题之一,监护权不仅仅是权利,更意味着义务和责任,父母应当妥善行使监护权。如果出现法定原因,那么子女监护权就会终止。当发生子女监护权纠纷时,可以向法院起诉解决。但是充足的证据是打赢官司的必备要件。因此,为了确保结果万无一失,及时联系律师寻求他们的帮助,将有利于当事人维护自己的合法权益。

13. 夫妻关系存续期间对子女的监护权纠纷人民法院应否立案

【经典案例】

陈某和李某婚后生育一子小明、一女小莲。婚后五年，夫妻感情出现裂痕，陈某独自外出打工，留下李某一人在家操持家务。李某非常不满，将孩子留给陈某的父母后，也外出。2005 年，陈某回家，将两个孩子带出到其打工处至今六年，即不回家，也不告诉李某孩子所在之处。2011 年，李某以陈某侵害其对子女拥有合法监护权为由，向人民法院提起民事诉讼，要求陈某立即停止侵害，以恢复她对亲生子女所享有的监护权。

【法律分析】

《婚姻法》对夫妻关系存续期间夫妻双方对子女如何正确行使监护权没有明确的规定，对夫妻一方故意阻止另一方正常行使对子女的监护权问题并没有提及。从理论上讲，夫妻没有离婚，任何一方对子女行使监护权都是法律允许的，并不需要确定哪一方应行使多少，也没有规定双方应同时行使。

【处理意见】

本案中陈某的行为在事实上侵害了李某对子女的监护权，法院应当对李某的起诉予以立案并且应当判决陈某承担法律责任。

【法律条文】

《民法通则》第十六条

【友情提示】

父母对子女享有法定的监护权，不管婚姻关系是否解除。

14. 夫妻双方离婚后，一方得到孩子的监护权，对方就不用负担子女生活费用吗

【经典案例】

徐某(原告之母)与被告张某于1999年登记结婚，并生育原告张某某。2003年徐某与张某签订离婚协议书，约定原告张某某归被告抚养，徐某不给付抚养费。2009年经双方协商，被告张某给原告母亲写下“现将张某某的监护权转到其母徐某名下”。现原告张某某由徐某抚养，但对抚养费未达成协议，被告张某认为徐某获得孩子的监护权，自己就可以不给付抚养费。为此徐某欲通过法律诉讼解决原告张某的抚养费事宜可以吗?

【法律分析】

夫妻双方离婚后，当监护权归属对方后，未享有监护权之一方，仍要负担未成年子女的抚养费用，直到子女成年为止，如果未享有监护权之一方拒绝负担抚养费用，可以通过向人民法院诉讼的方式主张给付抚养费。由法院在审理抚养费用时候，通常法院会参考每人每月经常性消费支出及抚养费支付义务人收入数额作为标准，判决或调解支付抚养费的数额。

【处理意见】

被告作为原告之父，对原告负有抚养的法定义务。现原告要求被告给付的抚养费是合理的，法院综合考虑原告的实际需要、被告的家庭状况及收入情况等因素，酌情予以确定。法院判决如下:被告张某每月给付原告张某某抚养费人民币七百元。

【法律条文】

《婚姻法》第二十一条　父母对子女有抚养教育的义务;子女对父母有赡养扶助的义务。父母不履行抚养义务时，未成年的或不能独立生活的子女，有

要求父母付给抚养费的权利。子女不履行赡养义务时,无劳动能力的或生活困难的父母,有要求子女付给赡养费的权利。

【友情提示】

一般人经常有的观念:"既然已经失去孩子监护权,自当不必负担生活费用!"事实上这个想法是绝对错误的,我们必须要提醒所有的父母,对未成年子女的亲属关系与抚养义务,不因离婚与丧失监护权而消灭。

15. 夫妻双方离婚孩子监护权判给对方,如果对方不照顾孩子,该怎么办

【经典案例】

原告王某与被告李某于2004年10月办理结婚登记手续。2005年8月生育一女。2007年夫妻双方协议离婚,孩子归李某生活。但是被告李某于2008年2月出走至今杳无音信,经多方寻找无结果。2011年10月原告王某向法院起诉要求变更监护权,由自己抚养女儿。

【法律分析】

孩子监护权归属一方后,就应该对未成年子女负起教养责任,如果行使监护权之一方未尽保护教养之义务,或对未成年子女有不利之情形时,未享有监护权之一方可以请求法院变更监护权。

【处理意见】

本案监护人李某离家出走,不履行监护职责,王某申请变更监护权完全正确。在法庭审理期间,在不能找到其本人及掌握其实际心理思维的情况下,判令孩子给原告监护是实事求是的。

【法律条文】

《民法通则》第十八条

最高人民法院《关于贯彻执行 < 中华人民共和国民法通则 > 若干问题的意见(试行)》第二十一条　夫妻离婚后,与子女共同生活的一方无权取消对方对该子女的监护权,但是,未与该子女共同生活的一方,对该子女有犯罪行为、虐待行为或者对该子女明显不利的,人民法院认为可以取消的除外。

【友情提示】

在离婚案件中,法院会依法审查当事人的监护资格和监护能力,应当根据监护人的身体健康状况,经济条件以及与被监护人在生活上的联系状况等因素确定监护能力,最终对“孩子监护权归谁”做出判决。

如果父母不履行监护职责和抚养义务,并严重危害未成年人身心健康或者侵害其人身、财产以及其他合法权益的,未成年人保护委员会、居民委员会、村民委员会、学校、未成年人的近亲属等有关单位或者有关人员都可以向人民法院申请撤销其监护人的资格。

16. 监护权能转移吗

【经典案例】

原告小宁和小军同是某实验小学一年级学生,他们的父母将其送到了县城的阳光午托,该午托实行全封闭管理,受托学生吃住都由阳光午托托管,每个周日下午午托中心将学生从家中接回,周五下午再将他们送回家中,周一至周五这些全托学生的吃住玩以及上学和放学都由该中心的老师负责送接。2011年11月的一天下午,小宁和同学们放学后,阳光午托的老师刘某一人来到实验小学内进行接迎,接惯例刘某让所有学生排好队后,准备将他们领回阳光午托,在尚未离开校园时,小军不小心被地上一块砖绊倒在地,排在其后的小宁又绊住小军的腿摔倒在地,造成小宁右肱骨髁上骨折,为此小宁住院治疗9天,花去医疗费 22 453.9 元。

【法律分析】

监护权的转移是指监护人基于保护被监护人的合法权益，在不违背法律规定的前提下，将监护职责部分或全部委托他人行使，并由他人承担相应法律后果的行为。监护权的转移原因，主要是由于监护人临时行为障碍而导致的无法履行其全部或部分监护职责。具体包括以下几个方面：第一，因监护人自身无法克服的原因导致其不能履行或不能完全履行监护职责；第二，因维护被监护人的利益而将其置于他人的照管之下，如上学，入托，寄养，就医等；第三，因被监护人自身原因导致的监护人无法履行监护职责，如被监护人未经许可擅自外出打工、旅游、探亲访友等；第四，因第三人或监护人意志以外的原因使监护人无法履行监护职责，如被监护人因不服管教，违法或犯罪情况下被强制劳教，送入工读学校或收容场所等；第五，其他原因。

实现监护权的转移，不论在形式上和内容上都应当具备法律上的构成要件。一般说来，对于由于被监护人的原因导致监护人无法履行监护职责的情况，如被监护人私自外出，此种情况下一般不发生监护权的转移，但监护人已有明确出处或已置于他人的照管之下，监护人应采取措施，或将被监护人置于自己的监护之下，或由第三人继续照管。由第三人照管则可构成监护权转移的条件。对于因法律上的强制致使监护人无法履行监护职责的情况，则是构成监护权转移的要件。此时的监护职责已发生转移。对于由于监护人自身原因不能履行或不能全部履行监护职责的，监护权转移的要件应是监护人确实无法履行监护职责和不损害被监护人的合法权益。

【处理意见】

在本案当中，阳光午托作为小宁的临时监护人，因监护权的临时转移，便负有了在监护期间保护小宁的人身、财产和其他合法权益免受侵害的责任和义务，确保小宁人身不受非法侵害。因阳光午托的老师在接到小宁后没有尽到充分的保护义务，造成小宁的身体受到伤害，属于监护管理不力，因此，应当承担主要的过错赔偿责任。

学校与在校学生之间究竟是一种什么样的关系是处理本案的另一个重要问题，由此可以确定学校对学生在校期间遭受伤害所应当承担的责任。学校与学生之间虽无有关保护学生人身安全之书面协议，但从学校接受的对象多是未成年人、身心发育尚不完全成熟来看，学校应尽一般善良人应注意之义务，不能以其无事先约定而免除过错责任。

在本案当中，小宁和小军均系小学一年级学生，10岁以下，属于无民事行为能力人，作为教育教学机构的实验小学对小宁他们不仅负有教书育人的责任，同时有义务保证他们的人身不受伤害。在小宁离开学校之前身体受到伤害，可以认定为实验小学在管理中存有疏漏，没有尽到自己的保护义务，因此应当承担与其过错相适应的赔偿责任。

本案原告小宁与被告小军在损害发生时均系6岁的学生，系无民事行为能力人，小军被砖块绊倒，小宁又绊住小军的腿摔倒在地并致损伤，二人均无过错，其父母不应承担责任。由于实验小学疏于管理，没有对无民事行为能力的学生进行妥善安置，即未完全尽到责任，所以其应对原告的损害结果承担40%的责任；被告阳光午托在接送学生时监护管理不力，对造成原告损害的发生应承担主要责任，其应负担原告损失份额的60%。

【法律条文】

《最高人民法院关于审理人身损害赔偿案件适用法律若干问题的解释》第七条　对未成年人依法负有教育、管理、保护义务的学校、幼儿园或者其他教育机构，未尽职责范围内的相关义务致使未成年人遭受人身损害，或者未成年人致使他人人身损害的，应当承担与其过错相对应的赔偿责任。

最高人民法院《关于贯彻执行＜中华人民共和国民法通则＞若干问题的意见（试行）》第二十二条　监护人可以将监护职责部分或者全部委托给他人。因被监护人的侵权行为需要承担民事责任的，应当由监护人承担，但另有约定的除外；被委托人确有过错的，负连带责任。

【友情提示】

受托人承担的监护责任，实质上是一种合同责任。原则上监护人对被监护人受到伤害或造成他人损害的承担民事赔偿责任。但对受托人在受托期间及履行监护义务的过程中有过错的，亦应承担民事赔偿责任。但对受托人承担责任有以下几点是值得注意的：第一，专项委托的监护，通常与受托人获得报酬相联系，根据权利义务相一致原则，受托人应承担过错责任；第二，委托人可以与受托人达成由委托人承担赔偿义务的约定;第三,如受托人承担的监护义务是无偿的,也可排除受托人的赔偿责任;第四,当事人通过约定可以排除受托人承担赔偿责任。

17. 监护人不尽监护责任能否请求变更监护权

【经典案例】

周某今年34岁,自幼弱智,未婚。父母于2003年去世后,周某随他的大姑妈共同生活。2004年2月法院指定他的两位姑妈为共同监护人。但是,周某的小姑妈并没有尽到监护人的责任,周某随大姑妈生活后,小姑妈一次也没去看望过他,还拖欠生活费不付。周某的大姑妈曾于2004年、2009年两次诉至法院,要求小姑妈给付生活费。不仅如此,周某的小姑妈还擅自使用当地为照顾残疾人而颁发的医疗帮困卡,用于自己看病。为此,周某的大姑妈于2011年1月10日诉到法院,要求撤销小姑妈的监护权。

【法律分析】

监护人应当履行监护职责,保护被监护人的身体健康、照顾被监护人的生活,管理和保护被监护人的财产。除为被监护人的利益外,不得处理被监护人的财产。

【处理意见】

本案周某的小姑妈作为监护人,不仅不积极主动履行对周某的监护职责,且擅自使用周某的医疗帮困卡,致使周某不能享受政府部门给予残疾人的医疗帮助。法院判决:撤销周某小姑妈的监护人资格;指定周某大姑妈为其唯一的监护人。

【法律条文】

最高人民法院《关于贯彻执行<中华人民共和国民法通则>若干问题的

意见(试行)》第二十条　监护人不履行监护职责,或者侵害了被监护人的合法权益,《民法通则》第十六条、第十七条规定的其他有监护资格的人或者单位向人民法院起诉,要求监护人承担民事责任的,按照普通程序审理;要求变更监护关系的,按照特别程序审理;既要求承担民事责任,又要求变更监护关系的,分别审理。

【友情提示】

监护人不履行监护职责,必然会被更换或撤销。

18. 母亲不履行监护职责,爷爷奶奶可否申请变更监护权

【经典案例】

原告袁××诉称,第三人袁某某系被告左××之子,原告袁××之孙,原告之子袁某松(第三人之父)于2000年5月去世,袁某松去世后第三人一直随原告生活。2004年被告左××再婚生育一男孩,被告左××在其夫袁某松去世后一直未对第三人尽到抚养教育的义务,特别是2011年下半年,第三人袁某某上高中后的学费、生活费全部由原告承担,原告认为被告不履行对第三人的监护职责,故向法院起诉要求将第三人的监护权由被告变更为原告。被告左××未予答辩,亦未向法庭提交证据。第三人袁某某辩称,被告未对他履行监护职责,没有管他,要求将他的监护权由被告变更为原告。法院经审理查明,第三人袁某某系被告左××之子,原告袁××之孙,原告之子、第三人之父、被告之前夫袁某松于2000年5月去世,袁某松去世后第三人开始随原告生活。2004年被告再婚并生育一男孩,第三人上初中后即2009年下半年至2011年上半年期间,第三人随被告共同生活,2011年下半年第三人上高中,原、被告因第三人的学费、生活费的负担产生矛盾,并对袁某松的遗产(住房一套)的继承发生分歧,故原告要求变更第三人的监护权。同时查明,庭审中第三人表示愿随原告生活,要求将其的监护权由被告变更为原告。

【法律分析】

未成年人的父母是未成年人的监护人，监护人的职责是保护被监护人的身体健康，照顾被监护人的生活，管理和保护被监护人的财产等，监护人不履行职责，或者侵害被监护人的合法权益时应承担责任，人民法院可以根据有关人员的申请撤销监护人的资格。

【处理意见】

本案被告系第三人的监护人，但被告对第三人生活未予照顾，在第三人上学后对其生活学习推卸责任，并与第三人因袁某松的遗产诉至法院，故被告已未正确履行其对第三人的监护职责，且第三人亦要求将其监护权变更，故对原告的诉请，法院予以支持。法院判决如下：第三人袁某某的监护人由被告左××变更为原告袁××。

【法律条文】

《民法通则》第十八条

最高人民法院《关于贯彻执行<中华人民共和国民法通则>若干问题的意见(试行)》第二十条　监护人不履行监护职责，或者侵害了被监护人的合法权益，民法通则第十六条、第十七条规定的其他有监护资格的人或者单位向人民法院起诉，要求监护人承担民事责任的，按照普通程序审理；要求变更监护关系的，按照特别程序审理；既要求承担民事责任，又要求变更监护关系的，分别审理。

【友情提示】

监护人不履行监护职责或者侵害被监护人的合法权益的，应当承担责任。监护人不履行监护职责，是可以向法院请求更换监护人的。

19. 夫妻一方送养子女要其他监护人同意吗

【经典案例】

2004 年李某和张某登记结婚,2006 年生育一子李某智(一直随李某父母生活)。2009 年 2 月,李某因车祸身亡后,李某智随张某生活,张某带着孩子生活很困难,于是就将儿子李某智送给其在江苏开物流公司的表姐刘珍收养,并在当地相关部门办理了登记手续。不久,李某父母知道后很气愤,觉得是自己家的孩子怎么能交给他人抚养呢,于是要求刘珍归还孩子,但是刘珍不同意。于是李某父母向法院提起诉讼,要求判决收养无效,孙子李某智应由他们抚养。

【法律分析】

夫妻一方死亡后,另一方将子女送给他人收养,如收养对子女的健康成长并无不利,又办了合法的收养手续,认定收养关系成立;其他有监护资格的人不得以收养未经其同意而主张收养无效。

【处理意见】

本案张某的送养并无对李某智的健康成长造成不利,且刘珍已办理了合法的收养手续。李某父母不得因张某未经其同意将李某智送养而主张收养无效。

【法律条文】

最高人民法院《关于贯彻执行 < 中华人民共和国民法通则 > 若干问题的意见(试行)》第二十三条　夫妻一方死亡后,另一方将子女送给他人收养,如收养对子女的健康成长并无不利,又办了合法收养手续的,认定收养关系成立;其他有监护资格的人不得以收养未经其同意而主张收养关系无效。

【友情提示】

将子女送与他人收养，最好由所有的监护人同意，否则容易形成纠纷。

20. 对孩子的监护权怎么撤销

【经典案例】

6岁的亮亮父母在2010年4月因车祸双亡，留给他28万元遗产。经居委会同意，由姑姑陈某来抚养亮亮，并保管孩子的财产。亮亮的舅舅范某在2012年6月发现陈某从孩子的财产中拿出10万元炒股，而且还亏了一部分，他对陈某提出反对意见。陈某认为炒股是为了替亮亮增值。两人争执不下，范某在2012年7月诉至法院要求变更亮亮的监护人，由自己担任亮亮的监护人。

【法律分析】

监护人具有以下情形的，其监护权将被撤销：与被监护人共同生活的一方，对被监护人有犯罪行为或者虐待行为、对被监护人明显不利的侵犯被监护人合法权益，只要满足这些条件之一就可以向法院提起诉讼请求撤销监护权。

【处理意见】

法院认为，陈某的行为已侵害了亮亮的合法权益，造成的财产损失应当由陈某赔偿。法院判决撤销陈某的监护资格，改由范某担任。

【法律条文】

《民法通则》第十八条

最高人民法院《关于贯彻执行＜中华人民共和国民法通则＞若干问题的意见(试行)》第二十一条　夫妻离婚后，与子女共同生活的一方无权取消对方对该子女的监护权，但是，未与该子女共同生活的一方，对该子女有犯罪行为、虐待行为或者对该子女明显不利的，人民法院认为可以取消的除外。

《未成年人保护法》第五十三条　父母或者其他监护人不履行监护职责或者侵害被监护的未成年人的合法权益，经教育不改的，人民法院可以根据有关人员或者有关单位的申请，撤销其监护人的资格，依法另行指定监护人。被撤销监护资格的父母应当依法继续负担抚养费用。

【友情提示】

想撤销对未成年人的监护权，一定要做好收集现有监护人对未成年人成长不利的证据，这是让法院确信必须撤销未成年人监护权的关键所在。当然，能在专业婚姻家庭律师的指导下进行证据收集和处理相关诉讼事务，会极大减轻当事人的时间和精力负担，并且也会提高胜诉概率。

21. 监护权是否可以协商转移

【经典案例】

原告靳××诉称：被告赵×庭之子赵××于2009年遇车祸身亡，原告靳××系赵××之妻，赵××生前与原告婚生两个孩子，男孩叫赵×勇，女孩叫赵×兰。赵××死后对孩子的抚养情况及相关事宜于2009年7月28日双方协议进行了处理，赵×勇和被告一起生活。随着时间延长，被告对赵×勇的学习未尽关照义务，导致学习成绩一塌糊涂。原告前去探望，被告不让原告见儿子，况且被告年龄已高，无能力照顾赵×勇的学习及成长，原告现有能力抚养赵×勇，请求人民法院依法判决确认2009年7月28日原、被告双方所签协议内容第二条中“赵×勇监护权归甲方所有”无效，监护权依法归原告所有。

【法律分析】

未成年人的父母是未成年人的监护人，未成年人的父母死亡或没有监护能力的，才能由有监护能力的祖父母、外祖父母、兄姐等人监护。

【处理意见】

本案赵 ×× 去世后，原、被告虽然对赵 × 勇和赵 × 兰的监护问题进行了约定，但无法律依据。现被告年龄已大，赵 × 勇和被告一起生活期间学习成绩较差，原告要求对赵 × 勇行使监护权，符合法律规定，因此，原告要求确认原、被告于 2009 年 7 月 28 日签订的协议书第二条中“赵 × 勇监护权归甲方所有”无效依法应予以支持。被告辩称自己虽然年龄大，但仍能自食其力，赵 × 勇可由其叔叔照顾等，于情有理，于法无据，法院不予采纳。法院判决如下：原告靳 ×× 与被告赵 × 庭于 2009 年 7 月 28 日所签订的协议书中第二条“赵 × 勇监护权归甲方所有”无效。未成年人赵 × 勇由原告靳 ×× 监护。

【法律条文】

《民法通则》第十八条

最高人民法院《关于贯彻执行 < 中华人民共和国民法通则 > 若干问题的意见(试行)》第二十一条。

【友情提示】

当事人对孩子的监护问题进行了约定，由于缺乏法律依据，是无效的协议。

22. 离婚后孩子由母亲监护，不幸坠楼死亡，其父要求生母赔偿可以吗

【经典案例】

原告薛某诉称，其与被告俞某原系夫妻关系，双方于 2006 年 8 月经法院判决离婚后，双方所育之女薛 × 文随被告共同生活。原告在闲暇之际也时常探望女儿。2011 年 5 月 1 日，原告与被告约定，由薛 × 文于次日陪同原告一起过生日，但是 2011 年 5 月 2 日上午却被告知，女儿从被告住处的 11 楼不幸坠楼死亡。由于事发现场由被告迅速处理，致原告无法确切查明女儿死因。原告

认为薛 × 文死亡时不足 9 岁，属于无民事行为能力人，被告作为与其共同生活的监护人，未履行应尽的监护责任，对薛 × 文的死负有不可推卸的责任。为了弥补原告对女儿付出的心血和安抚原告丧女之痛，要求被告赔偿死亡赔偿金人民币 209280 元和精神损害抚慰金 50000 元。被告俞某辩称，由于女儿薛 × 文的死亡事件发生在自己家中，而这一环境相对于其他场合来说是相当安全的；此外，女儿薛 × 文坠楼的地方是阳台，而该阳台是封闭的，不存在安全隐患。虽然事发当时被告在其他房间从事家务，不在女儿身边，但监护责任并不是意味着全天寸步不离地看护被监护人，依据上述两点，女儿薛 × 文死亡纯属意外，被告对此不存在过错。被告在庭审中提供了大量的证据，充分证明了被告与女儿薛 × 文共同生活期间，从生活、学习、安全等各方面均履行了自己的监护责任，而原告在庭审中并没有证明女儿薛 × 文坠楼死亡系被告未尽监护责任所致，被告不同意原告的诉讼请求。

【法律分析】

监护人的监护职责包括：保护被监护人的身体健康，照顾被监护人的生活，管理和保护被监护人的财产，代理被监护人进行民事活动，对被监护人进行管理和教育，在被监护人合法权益受到侵害或与人发生争议时，代理其进行诉讼。

【处理意见】

本案中原、被告于 2006 年 8 月经上海市闵行区人民法院判决离婚，同时判决双方所育之女薛 × 文随同被告俞某共同生活。该判决生效后，被告俞某履行了其作为薛 × 文监护人的监护义务，包括对薛 × 文的抚养、安全、健康等各方面权益的保护义务。而现在，女儿薛 × 文不慎坠楼死亡，不足以证明被告就没有尽到监护责任。而且被告在庭审中提供了大量的证据，充分证明了被告与女儿薛 × 文共同生活期间，从生活、学习、安全等各方面均履行了自己的监护责任，而原告在庭审中并没有证明女儿薛 × 文坠楼死亡系被告未尽监护责任所致，所以原告的诉讼请求无法得到法律的支持。

【法律条文】

《民法通则》第十八条

最高人民法院《关于贯彻执行 < 中华人民共和国民法通则 > 若干问题的

意见(试行)》第十条　监护人的监护职责包括:保护被监护人的身体健康,照顾被监护人的生活,管理和保护被监护人的财产,代理被监护人进行民事活动,对被监护人进行管理和教育,在被监护人合法权益受到侵害或者与人发生争议时,代理其进行诉讼。

【友情提示】

监护人不履行监护职责或者侵害被监护人的合法权益的,应当承担责任,保护被监护人的身体健康是监护人的主要职责,但是监护人没有过错,是不承担赔偿责任的。

23. 精神病人行凶,监护人是否应当赔偿

【经典案例】

南宁市邕宁区百济乡的赵富贵年过七旬,终身未娶。他虽有一个胞弟赵富强,却没有和弟弟一家生活,于是成了村里的五保户。2011 年 7 月 26 日下午,赵富贵走过一片晒谷场时,突然遭到村民李建国持木棍一顿暴打,当即倒地死亡。李建国年过五旬,与赵富贵并无过节。公安机关将李建国抓获归案后,对他的精神状况进行了司法鉴定,结论是李建国在作案时处于精神分裂症发病期,没有刑事责任能力。李建国因此没有被公安机关追究刑事责任。赵富强认为,李建国患精神病打死人,法律可以不追究他的刑事责任,但应当负有民事赔偿责任,于是向李建国的妻子刘秀珍提出了索赔,没料到却遭刘秀珍一口拒绝。2012 年 5 月 4 日,赵富强将李建国和刘秀珍起诉到南宁市邕宁区人民法院,要求刘秀珍赔偿死亡赔偿金 32 万余元、丧葬费 1.6 万元,以及精神损害抚慰金 3 万元,共计 36.6 万余元。法院开庭审理时,赵富强的代理人认为,李建国虽然是精神病人,但他打死赵富贵,依法应由其法定监护人刘秀珍承担民事赔偿责任,而赵富强是死者赵富贵唯一的近亲属,他有权要求刘秀珍承担民事责任,刘秀珍拒绝承担赔偿责任,损害了赵富强的合法权益,故请求法院依法支持赵富强的诉讼请求。刘秀珍辩解说:“赵富贵是村里的五保户,他的衣食住行由当

地政府和村集体负责，与本案有直接关系的是当地政府和村集体，并非赵富强。更何况赵富强并没有照顾过赵富贵的生活起居，他没有资格作为本案的原告起诉索赔。”

【法律分析】

本案中赵富强作为受害人赵富贵唯一的近亲属，与本案有直接利害关系，是法律规定的“赔偿权利人”，因而他有权以原告身份起诉要求李建国、刘秀珍赔偿各项损失。政府和村集体不是法律规定的赔偿权利人，与赵富贵之间是行政管理关系，不存在民事权利义务关系，因此政府和村集体在本案中不具备诉讼主体资格。

本案赵富贵被打死的事故发生在刘秀珍与李建国婚姻存续期间，李建国是精神病人，刘秀珍作为他的妻子，属于法律规定的第一顺序监护人，其法定监护人的身份并没有争议。刘秀珍是否与李建国分居，不是减轻或者免除其监护责任的法定事由，而且刘秀珍不存在患重大疾病、丧失行为能力等无法履行监护责任的法定事由，因此她不能免责。李建国作为精神病人，其致人损害应承担的民事责任由法定监护人刘秀珍依法承担。

【处理意见】

本案中，刘秀珍和李建国是夫妻，妻子对患病的丈夫没有尽到监护职责，不能减轻其责任。他们的财产属于夫妻共同所有，无法区别出李建国的个人财产，即便李建国有个人财产，也是由法定监护人刘秀珍代管。因此，刘秀珍要求先用李建国个人财产偿还，不足部分再由她承担的理由不能成立。李建国将赵富强唯一的亲兄弟打死，给赵富强造成了巨大的精神伤害，赵富强请求索赔符合法律规定。

【法律条文】

《民法通则》第十七条

《民法通则》第一百零六条　公民、法人由于过错侵害国家的、集体的财产，侵害他人财产、人身安全的，应当承担民事责任。

最高人民法院《关于贯彻执行〈中华人民共和国民法通则〉若干问题的意见(试行)》第十二条　民法通则中规定的近亲属，包括配偶、父母、子女、兄弟姐父母、外祖父母、孙子女、外孙子女。

《侵权责任法》第三十二条　无民事行为能力人、限制民事行为能力人造成他人损害的，由监护人承担侵权责任。监护人尽到监护责任的，可以减轻其侵权责任。有财产的无民事行为能力人、限制民事行为能力人造成他人损害的，从本人财产中支付赔偿费用。不足部分，由监护人赔偿。

最高人民法院《关于审理人身损害赔偿案件适用法律若干问题的解释》第一条　因生命、健康、身体遭受侵害，赔偿权利人起诉请求赔偿义务人赔偿财产损失和精神损害的，人民法院应予受理。赔偿权利人是指因侵权行为或者其他致害原因直接遭受人身损害的受害人、依法由受害人承担扶养义务的被扶养人以及死亡受害人的近亲属。

【友情提示】

被监护人造成他人损害的，应当由监护人承担无过错法律责任。

24. 监护权纠纷应该提供哪些证据

【经典案例】

2004年2月12日这天，在张天河与王银花夫妇的精心操办下，儿子张有福终于与邻村姑娘王瑞红喜结连理，牵手步入了婚姻的殿堂，开始了他们的甜蜜生活。2005年4月，王瑞红顺利为张家产下了一名男婴，取名张晓刚。2008年10月，王瑞红又生下了小儿子名叫张浩杰。2009年8月，再也无法共同生活下去的张有福与王瑞红，通过协议离了婚。当时，双方约定两个未成年儿子由其母亲王瑞红抚养。但王瑞红为了个人的再婚幸福，却长期不关心儿子的学习和生活。2010年4月，张有福在一次煤矿事故中意外丧生。儿子的意外身亡，使张天河与老伴王银花老两口一度陷入老年丧子的悲痛中，可新的担忧又随之而来。他们清晰地意识到，张晓刚与张浩杰兄弟俩此后将更加孤苦无助，因为，作为母亲的王瑞红，依然对两个儿子的学习与生活不管不问。2010年11月，张天河以申请人的身份，向登封市人民法院递交了申请书，要求撤销王瑞红监护人的资格，申请法院指定自己作为两个孙子的监护人。

【法律分析】

大部分监护权纠纷是由于监护权变更而产生的，在诉讼过程中，需要提交的证据主要包括：第一，监护关系证明。监护关系应提供户口簿或户籍证明或未成年人的父母所在单位证明或未成年人住所地的居委会（或村委会）证明或精神病人所在单位或精神病人住所地居委会（或村委会）证明。第二，被监护人身体健康、财产情况。一般是指被监护人医院体检单、病历单、医药费票据、个人财产状况证据等。第三，监护人身体健康、财产情况与被监护人的生活联系状况等证据材料。第四，监护人不履行监护职责或侵害被监护人合法权益的证据。比较常见的证据是证人证言、所在单位（或居委会、或村委会）出具的相关证明、恶意转移或变卖被监护人财产的书面合同（或交易凭证、取款记录等）、具有一定识别能力的被监护人陈述、谈话录音、被监护人被体罚后的就诊病历、照片、派出所笔录等。第五，有一定识别能力的被监护人对选择监护人的书面或口头意见。

【处理意见】

由于张晓刚、张浩杰的母亲王瑞红长期不履行抚养义务和监护职责，不利于被监护人的身心健康和成长教育，应依法撤销其监护权。被监护人的爷爷张天河虽然年龄偏大，但身体健康，生活条件良好，可以指定其为监护人。据此法院依法判决撤销王瑞红的监护人资格，指定张天河为张晓刚、张浩杰的监护人。

【法律条文】

《民法通则》第十六条

最高人民法院《关于贯彻执行〈中华人民共和国民法通则〉若干问题的意见（试行）》第十条　监护人的监护责任包括：保护被监护人的身体健康、照顾被监护人的生活、管理和保护被监护人的财产，对被监护人进行管理和教育等。

【友情提示】

变更监护权的官司一定要有足够的证据，申请人的诉讼请求法院才会支持。

25. 证据不足会导致监护权官司败诉吗

【经典案例】

原告兰菊英诉称，我与丈夫王伟奇婚后共生育三个儿子，长子王亚飞1993年2月20日出生，王亚州、王亚林（双胞胎）于2004年8月9日出生。丈夫王伟奇于2010年7月17日在汝州市孙岭煤矿因工伤事故死亡。二被告系我的公婆，我丈夫王伟奇去世后，二被告将我赶出家门，换了我家的门锁，不许我进家，以我的孩子是他家人为由，不让我照看我的三个孩子，现在我有家不能回，有儿不能养。二被告的行为已严重侵犯了我的合法权益，故具状起诉，望法院查明事实，依法判令儿子王亚飞、王亚州、王亚林由我监护。二被告王仁娃、何荣辩称，原告系我们的儿媳，我的三儿子王伟奇于2010年7月17日在汝州市孙岭煤矿因工伤事故死亡，王伟奇生前与兰菊英有三个孩子。由于原告智力不全，在2011年农历正月初二丢下三个孩子不辞而别，现已改嫁他人，原告出走后，长子王亚飞生活已能自理，现外出打工，次子王亚州、王亚林由于没有人管，我们只好自己照顾。我们根本没有把原告赶出家门，原告大门的门锁是其长子王亚飞为防止被盗自己加上的，我们没有侵犯原告对三个子女的监护权，请求法院查明事实，驳回原告的诉讼请求。

【法律分析】

当事人对自己提出的诉讼请求所依据的事实或者反驳对方诉讼请求所依据的事实有责任提供证据加以证明。没有证据或者证据不足以证明当事人的事实主张的，由负有举证责任的当事人承担不利后果。

【处理意见】

本案中，原告兰菊英作为王亚飞、王亚州、王亚林的母亲，本身就是法定的监护人，无需再经法院予以确认。在原告离家出走后，并未将其三个儿子交给二被告，原告外出归来后也未向二被告要孩子，原告提出二被告将其赶出家门，换了门锁,不许其进家,不让其照顾三个孩子,庭审中已经查明门锁是其子王亚飞另外加上的,原告提供的证据不能证明二被告将其赶出家门侵犯了其监护权,故对于原告的诉讼请求,法院不予支持。法院判决如下:驳回原告兰菊英的诉讼请求,案件受理费100元,由原告兰菊英负担。

【法律条文】

《民法通则》第十八条

《民事诉讼法》第六十四条　当事人对自己提出的主张,有责任提供证据。

【友情提示】

很多人打不赢官司就是输在证据上的,所以希望大家平时要注意搜集证据。还是那句话,打官司打的就是证据!

二、探望权纠纷

1. 离婚后对方不允许探望子女怎么办

【经典案例】

原告唐某某诉称：原告与被告在2010年10月离婚后，女儿唐某与被告共同生活，原告每月给付抚养费。之后，被告多次阻挠原告看望女儿。故原告起诉要求每周探望女儿二次。被告顾某某辩称：不同意原告将女儿带回家，只同意原告到被告家中探望，每月一次，每月最后一周的周日到被告家中，每次二到三小时。法院经审理查明：原告唐某某与被告顾某某于2010年10月3日经法院调解离婚，双方约定女儿唐某随被告顾某某共同生活，原告唐某某每月给付唐某抚养费600元，教育费、医疗费凭票据双方各半承担，至唐某满18周岁止。之后，双方对唐某的探望问题发生争议，遂涉讼。另查明，唐某出生于2009年12月2日。以上事实，有(2010)松民一(民)初字第992号民事调解书、出生证及当事人陈述等证据证实。

【法律分析】

探望权是指离婚后，不直接抚养子女的父或母有探望子女的权利。因行使探望权而发生民事纠纷，称为探望权纠纷。父母与子女的关系不因离婚而解除。但由于离婚事实的存在，父母不能一起共同抚养子女，未成年子女或不能独立生活的子女只能由父母其中的一方直接抚养。离婚后对子女的抚养，父母的权利与义务并没有改变。人民法院依法作出有关探望子女的判决或裁定后，当事人拒不执行的，由人民法院依法强制执行。有关个人和单位应负协助执行的责任、对拒不履行协助另一方行使探望权的有关个人和单位，人民法院可以采取拘留、罚款等强制措施,但不能对子女的人身、探望行为进行强制执行。

【处理意见】

法院根据原、被告的实际情况,并综合考虑了唐某生活和学习的作息时间,对原告行使探望权的方式、时间酌情予以调整。法院判决如下:原告唐某某自本判决生效之日起每月探望女儿唐某一次至唐某具备完全行为能力时止(具体探望时间和方式:原告唐某某于每月最后一周的周日至被告顾某某处探望唐某三小时);被告顾某某负有协助义务。

【法律条文】

《婚姻法》第三十八条　离婚后,不直接抚养子女的父或母,有探望子女的权利,另一方有协助的义务。行使探望权利的方式、时间由当事人协议;协议不成时,由人民法院判决。父或母探望子女,不利于子女身心健康的,由人民法院依法中止探望的权利;中止的事由消失后,应当恢复探望的权利。

第四十八条　对拒不执行有关扶养费、抚养费、赡养费、财产分割、遗产继承、探望子女等判决或裁定的,由人民法院依法强制执行。有关个人和单位应负协助执行的责任。

【友情提示】

在司法实践中,如双方当事人未能就探望的方式、时间达成协议,就需要法院依法作出判决。然而探望的宗旨是以子女最大利益为原则,且探望权的顺利实现离不开直接抚养方的密切配合,故法官应根据案件的具体情况确定最佳、最合乎情理的解决方案。在确定探望方案时应综合考虑的因素包括:(1)父母的愿望;(2)子女的意愿;(3)子女的身心健康和教育的需要;(4)子女的年龄、性别、健康状况、精神状态和理解能力等等。法官在案件审理过程中,应避免适用整齐划一的探视方式,应以子女最优利益为标准结合个案的具体情况确定一个合理并切实可行的探视方案。对于子女已满10周岁以上的,还应充分征求该限制民事行为能力的子女对探视方案的意见。

2. “代孕”母亲对非婚生子女的探望权如何行使

【经典案例】

原告陈××于2010年10月向法院诉称，原、被告同居关系子女抚养纠纷一案，经法院判决由被告廖××抚养原、被告非婚生儿子廖×漳和廖×漾（双胞胎）。原告作为两个孩子的亲生母亲，有探望孩子的权利，但每次原告到被告处探望孩子时都遭到被告的拒绝或阻挠，被告的行为剥夺了原告与两个孩子相处及孩子应享有母爱的权利，损害了原告与两个孩子的亲情，对孩子身心的健康成长极为不利。为此，原告请求法院依法判决被告协助原告行使探望权，并规定探望时间、地点和方式。具体方案为：（1）原告要求每月探望两个孩子两次，每月第一及第三个周五下午或上午由原告到被告处接孩子回原告在平南的住处，周日晚送回被告处；（2）每两年和两个孩子一起过一个中秋节、春节、清明节、端午节、国庆节，陪同期限以国家法定放假期限为准；（3）每年暑假与两个孩子连续生活三十天，每年寒假与两个孩子连续共同生活十五天。被告廖××辩称：第一、原、被告生育两个小孩，是按照口头约定的“代孕”行为。“代孕”后，被告已经支付巨额“代孕”费用给原告，按双方的约定事情已经了结，不存在探望权问题；第二、2008年4月，因原、被告之间产生矛盾，原告未经被告同意，就将正在平南县平南镇第二幼儿园读书的两个孩子带去广东生活到2008年5月；第三、原告每次探望时无理取闹的无赖行为，严重伤害小孩和被告，骚扰、破坏被告家庭。原告在2010年春节、清明节、小孩生日（6月5日）、7月14日至17日，都来探望过小孩，原告每次探望小孩，都严重影响两个小孩正常的学习、生活，没有履行好作为母亲的教育责任，使得被告家庭不安宁。原告请求节假日探望小孩并随原告生活，实质上是脱离了监护人的监护，缺乏法律依据，理由不成立。被告请求法院驳回原告的诉讼请求。

【法律分析】

探望权是基于亲权的一种派生权利，只要身份关系存在，探望权就应该是非抚养子女方的法定权利。探望权属于身份权的范畴，是基于父母子女关系而享有的身份权。从设立探望权的立法目的上看，中国的亲子关系是以社会为本位的，法律在保护父母合法权益的同时，也注重未成年子女的利益，以达到整体利益的平衡。规定探望权的意义则在于：保证非抚养一方能够定期与子女团聚；有利于弥合因家庭解体给父（母）子（女）间造成的感情伤害；有利于未成年子女的身心健康和成长进步。

【处理意见】

原告陈××作为廖×漳、廖×漾的亲生母亲，对非婚生子女有探望的权利和义务，现原告陈××要求探望的诉讼请求，法院依法应予支持。被告廖××辩称原告行使探望权影响小孩的健康成长和被告的家庭和睦，但被告没有证据证实原告的过错行为，对被告的抗辩不予采纳。关于原告的探望权如何行使问题，因探望权的行使涉及父、母、子女等当事人的利益，故探望权的行使方式应有所限制，以有利于子女健康成长。本案中，廖×漳、廖×漾已跟随被告廖××生活至今，生活习惯相对稳定，原告诉讼请求提出长期、连续与两个孩子共同生活，而被告坚决不同意，且原告的工作、生活居住地为广东省广州市，基于以上事实，原告以上门探望两个小孩的方式行使探望权较为合理，这样，在保障原告行使探望权的同时也照顾了两个小孩的感受还兼顾了被告的生活方便，一切以孩子为重。法院判决如下：一、原告陈××依法对孩子廖×漳、廖×漾享有探望权。行使探望权的方式：原告陈××于每年的2月和8月可以到被告廖××家探望廖×漳、廖×漾各一次，每次时间5天，但不得影响被告廖××的家庭生产生活，被告廖××应予以协助。

【法律条文】

《婚姻法》第二十五条　非婚生子女享有与婚生子女同等的权利，任何人不得加以危害和歧视。

《婚姻法》第三十八条

最高人民法院《关于适用<中华人民共和国婚姻法>若干问题的解释（一）》

第二十四条　人民法院作出的生效的离婚判决中未涉及探望权，当事人就探望权问题单独提起诉讼的，人民法院应予受理。

【友情提示】

在行使探望权时，对子女不满十周岁属于无民事行为能力人的，应按照人民法院生效的法律文书规定的探望时间和方式执行，如子女已满十周岁但不满十八周岁且智力发育正常的，应当征求该子女的意见。如果父母双方矛盾激烈，难以互相配合，可以考虑在探望权受阻情况下由未成年子女就读的幼儿园或学校协助执行探望；对不履行探望协助义务，使子女得不到父母双方的关爱，不利于子女身心的全面健康成长的一方，采取必要的民事强制措施予以处理。

3. 隔代探望权应否得到法律保护

【经典案例】

2009年10月，李某以丈夫张某具有赌博恶习为由到法院起诉与张某离婚，经法院调解，双方自愿离婚并达成如下协议：婚生女儿小玲由李某抚养，张某一次性支付小玲抚养费50 000元且每年享有两次对小玲的探望权。2010年1月，张某外出务工后，李某就不同意老张看望孙女。小玲的爷爷老张向法院起诉称李某一年多来从不让其探望孙女小玲，要求法院帮助他实现对小玲的探望权。

【法律分析】

探望权设置的目的是满足亲情需要和保护未成年子女的最大利益。我国《婚姻法》规定探望权的权利主体是离婚后不直接抚养子女的父或母，并没有包括祖父母和外祖父母，但笔者认为亲情不能仅局限在父母与子女之间，其他和子女关系密切的近亲属，他们对孩子的关心无疑将有利于孩子的身心健康成长，尤其在我国实行计划生育基本国策情况下，当前大部分离婚当事人的子女都是独生子女，父母离婚对未成年子女来说是一种巨大的打击，他们更需要(外)祖父母的关爱。

我国《民法通则》明确规定了(外)祖父母在未成年子女的父母死亡或不能行使监护权时，可以作为未成年人的监护人行使监护权。此外《继承法》中也规定了(外)祖父母与(外)孙子女为第二顺序继承人,(外)孙子女为代位继承人。如果他们之间的接触交流无法得到保障,那么亦无法正常行使法律规定的权利及义务。

【处理意见】

虽然理论上探望权的主体是为直接抚养子女的父或母一方,不包括祖父母或外祖父母,但根据未成年人的最佳利益原则,可以扩大探望权的主体。小玲的爷爷可以行使对孙女的探望。

【法律条文】

《婚姻法》第三十六条 、第三十八条

【友情提示】

我国向来是重视亲情的国家,三代同堂是我国特有的家庭模式,也因此形成了中国特有的"隔代亲"现象。支持隔代探望权不仅可以弥补孩子因父母离异而形成的创伤,而且也有助于老人享受天伦之乐。在我国目前老年人口不断增多的情况下具有极大现实意义,有利于社会的和谐稳定,亦能体现法律上的人文关怀,也是维护中华民族传统美德的体现。当然探望权的行使应以有利于未成年子女的身心健康为前提,不能滥用探望权,若存在滥用探望权现象的应立即中止其探望的权利。

4. 探望权如何变更

【经典案例】

原告杜 × 诉称,原、被告原系夫妻,2008 年 4 月 11 日生育一子名王乙。2009 年 4 月 21 日经上海市闸北区人民法院判决离婚,王乙随杜 × 共同生活。2010 年 11 月 19 日经上海市卢湾区人民法院判决,杜 × 每月两次将王乙送至本市 × 路 × 弄 × 号 × 室由王甲探望。现被告已再婚另组家庭,原告从事汽车销售，每周做六休一。原告认为，被告亲情观念淡薄，不希望王乙过多接触被告，自己也不愿为被告探望王乙而改变自己的工作和生活方式。要求法院判决被告每月探望王乙一次，并由被告至上海植物园门接送王乙，具体时间由原、被告双方电话约定。被告王甲辩称，原、被告离婚后，自己仅探望儿子两次，为此被告曾向卢湾法院申请执行。不同意原告的诉讼请求。

【法律分析】

离婚后，不直接抚养子女的父或母，有探望子女的权利，另一方有协助的义务，适时而正常的探望将有利于未成年子女健康成长。

【处理意见】

本案中原告以被告再婚，不同意儿子王乙过多接触被告，其也不愿意改变生活和工作方式协助被告探望，而要求变更探望的时间和方式，理由不足，法院不予支持。法院判决如下：杜 × 的诉请不予支持。

【法律条文】

《婚姻法》第三十六条 、第三十八条

【友情提示】

在行使探望权时要注意：第一，在行使探望权时，不能影响孩子的学习，例如未抚养子女的父母一方想要探望子女或者与子女共同居住，应当将探望的时间尽量安排在周末或者没有课业负担的时候。第二，尊重孩子意愿。探望权是父母的权利，但是否愿意接受探望也是孩子的权利，强行让未成年人接受探望，势必影响其身心健康，故应尊重孩子的意愿，中止执行该案，直到被探望人表示愿意接受探望时，其父申请执行的权利才可恢复。

5. 离婚协议能否约定排除探望权

【经典案例】

原告徐某(男)与被告张某(女)在2006年10月登记结婚,2007年生育一子。后因性格不合经常吵闹,于2009年1月双方到民政局办理协议离婚,解除婚姻关系。双方达成了如下离婚协议条款:(1)由张某带领抚养孩子,抚养费自理;(2)徐某放弃对孩子的探望权;(3)双方共同生活期间财产归各自所有。自双方离婚后,徐某由于思念小孩,多次到张某家试图探望,均遭到张某及其家人的拒绝。于是徐某诉讼来院,请求法院判决支持徐某每月探望孩子一次。

【法律分析】

夫妻双方在协议离婚的同时,会对夫妻的共同财产和子女做出一并的处理,往往会涉及对探望权的处理,那么离婚协议对探望权的约定,尤其是约定排除对方的探望权是否有效?答案是否定的,离婚协议中约定排除探望权是无效的。理由如下:首先,该协议中既有关于财产的内容也有关于身份的内容,其中关于财产的约定是双方真实意思的表示,应当受《合同法》调整。但《合同法》第二条"婚姻、收养、监护等有关身份关系的协议,适用其他法律规定"。因此可以认为协议中关于探望权的条款显然不受《合同法》调整,不能适用《合同法》的相关规定。其次,探望权是指夫妻离婚后,不直接抚养子女的父或母按照离婚协议或法院判决,遵循一定的方式和时间,探望子女的权利。探望权是基于亲权的一种派生权利,基于配偶关系的消灭而产生的探望权是亲权这种身份权中的具体内容。只要身份关系存在,探望权就应该是非抚养子女方的法定权利。探望权属于身份权的范畴,是基于父母子女关系而享有的身份权。也是有子女的父或母基于夫妻离婚而产生的一种身份权。最后,探望权作为一种法定的身份权,不受《合同法》调整,也因为要维护未成年子女的最大利益,即使离婚协议对探望权做出排除约定,也是无效的。

【处理意见】

夫妻双方虽协议解除了婚姻关系，但是双方仍是子女的父母，这种身份关系仍然存在。探望权作为一种身份性的权利，既无权放弃，也无权剥夺，所以法院应当支持原告的诉讼请求。

【法律条文】

《婚姻法》第三十六条、第三十八条

【友情提示】

探望权的意义在于：保证非抚养一方能够定期与子女团聚；有利于弥合因家庭解体给父（母）子（女）间造成的感情伤害；有利于未成年子女的身心健康和成长进步。它的行使应使子女完整地享受父母之爱，使孩子得到积极向上健康的教育，从子女的身心健康出发，探望权人应抽出合理时间定时探望子女，既不能滥用探望权，也不能不行使探望权。不与子女同居住的父亲或母亲，既有权利又有义务看望子女，子女也有与不同居住的父亲或母亲交流的渴望，因此探望权不仅是父母的权利，也是子女的权利。定期进行探望，对未成年子女心智发育健康成长是有利的，也符合法律设立探望权的立法本意。

6. 中止探望权应向法院提起诉讼还是提出申请执行

【经典案例】

张某与刘某在2006年4月登记结婚，婚后生有一女。2009年张某与刘某通过法院判决离婚，婚生女小张由刘某抚养，法院判决张某每月可探望小张两次。张某喜欢酗酒、打牌赌博，也不上班，不务正业，还因为偷窃被公安机关行政拘留，刘某认为张某探望女儿会对女儿成长不利，于是拒绝探望。张某以法院判定其每月可探望小张两次为由，认为自己有权探望女儿。刘某于是在2011年3月向人民法院提起诉讼，请求法院判决中止张某对小张的探望权。

【法律分析】

探望权的中止从实践看来包括以下情形:一是探望权人患有严重的传染病,这是基于对子女的人身健康的考虑;二是探望权人不按协议或判决确定的探望方式、时间、地点探望,严重影响子女生活学习;三是探望权人将子女带入色情场所或让子女观看不健康的影视、书刊的;四是探望权人道德败坏、通奸、姘居、卖淫、嫖娼、吸毒、赌博,对子女身心健康会造成不利影响的;五是探望权人对子女实施家庭暴力或虐待、遗弃的;六是探望权人教唆、胁迫、引诱子女实施不良行为或者违法犯罪行为的;七是探望权人发现子女有不良行为或违法犯罪行为不教育制止的;八是其他不利于子女身心健康发展的情形。

当事人(未成年子女、直接抚养子女的父或母及其他对未成年子女负担抚养、教育义务的法定监护人)在履行生效判决、裁定或者调解书的过程中,请求中止行使探望权的,人民法院在征询双方当事人意见后,认为需要中止行使探望权的,依法作出裁定。中止探望的情形消失后,人民法院应当根据当事人的申请通知恢复探望权的行使。人民法院中止不直接抚养小孩一方的探望权,并不是对当事人实体权利的处分,而是使当事人的探望权暂时受到限制,待中止事由消除之后,可申请恢复其探望权。因此,探望权的中止与恢复,并不产生新的诉讼。中止探望权的请求属于生效判决履行过程中产生的问题,就应依照法律规定,由直接抚养子女一方向人民法院提出执行申请。

【处理意见】

本案应由刘某向人民法院提出中止执行张某对小张的探望权的申请。

探望权的中止是对原生效法律文书的执行问题,应在执行程序中解决,由当事人提出中止执行探望权的申请,再由人民法院根据事实和法律规定,作出中止与否的裁定。如果当事人对中止探望权的裁定不服,可以根据法律规定提出申诉。由于张某喜欢酗酒、打牌赌博、偷窃等行为符合中止探望权的事由,原告的请求成立。

【法律条文】

根据《最高人民法院关于适用〈中华人民共和国婚姻法〉若干问题的解释(一)》第二十五条　当事人在履行生效判决、裁定或者调解书的过程中,请求中止行使探望权的，人民法院在征询双方当事人意见后，认为需要中止行使探望权的，依法作出裁定。

【友情提示】

探望权的中止必须经过人民法院裁定，其他任何机关和任何人包括父母双方均无权自主决定中止探望权，但法院也不能主动裁定中止行使探望权，而应当由有权提出中止探望权行使的人向人民法院提出申请。

7. 探望权案件怎么执行

【经典案例】

杨先生与董女士原系夫妻关系，2008 年 1 月 17 日经法院判决离婚，婚生子小翔（2006 年 2 月 9 日出生）由董女士抚养，杨先生每月给付抚养费 500 元，每月探望孩子一次。杨先生每次交付抚养费时，探望小翔约 60 分钟。2011 年 5 月，杨先生以董女士侵犯其探望权为由诉至法院。法院依法判决：自本判决生效后的每月第一和第三个星期六上午 9 时，杨先生从董女士处将小翔接走，当天下午 5 时，杨先生将小翔送回董女士处，如遇特殊情况，接送时间可延长半小时；杨先生负责小翔在此期间的一切人身及财产安全，董女士在此期间负有协助杨先生探望小翔的义务。判决后，双方均未上诉。2011 年 11 月 8 日，杨先生向西城区法院申请执行。

【法律分析】

探望权作为一种亲权，它与直接扶养权相对应，是夫妻离婚后，不直接抚养子女的一方有探望子女的权利，另一方有协助义务，对于义务方无故拒绝另一方探望子女，或是施行阻碍另一方实现探望权的行为，人民法院可依探望权人的申请，要求被申请人排除妨碍，协助申请人实现权利。但是，探望权的执行涉及离婚双方和子女三方，其实现不仅仅在于权利人的作为，义务人的协助，而且还需要被探望对象子女的配合。作为一个独立的人格主体，被探望子女具有独立意志，享有选择是否接受探望的权利。在子女尚幼，不能独立表达意志的情况下，子女的意志往往可以忽略不计。但在子女可以独立表达意志的情况下，就必须兼顾子女的意志。因此，法院在执行探望权案件的时候，就不能像执行财产或其他行为案件一样，直接强制被探望对象即子女的人身以实现申请人的探望权。

【处理意见】

西城区法院立案执行后，在法定期间内向被执行人下达了执行通知书，要求被执行人在规定期间内履行生效判决确定的义务。考虑到探望权案件的特殊性，执行员首先对此案进行了详细调查，查明董女士在杨先生探望小翔的问题上一直采取协助态度，积极、耐心地做小翔的工作，并无阻碍探望的情节，但因小翔在董女士与杨先生离婚时年龄尚幼，与杨先生无任何感情，拒绝杨先生探望，根本不跟杨先生走。申请人杨先生也承认小翔与其无感情，为培养感情而坚决要求接走孩子。执行员按照判决规定的探望时间，通知杨先生及董女士带小翔一同到法院，经相互接触，小翔本人不愿意跟杨先生走。在这种情况下，执行人员并没有简单地强制执行，而是耐心工作，使杨先生与董女士达成执行和解协议，即在小翔不同意跟杨先生走的期间，董女士负责继续做小翔的工作，并积极配合杨先生在规定的时间内探望孩子；杨先生暂不接走小翔，待小翔不再抵触时按判决内容执行。

【法律条文】

《婚姻法》第三十八条

《婚姻法》第四十八条　对拒不执行有关扶养费、抚养费、赡养费、财产分割、遗产继承、探望子女等判决或裁定的，由人民法院依法强制执行。

【友情提示】

探望权的执行是一种新类型案件，如何执行还有待进一步研究和探索，本案的执行方式值得借鉴。在查明被执行人董女士没有妨碍杨先生行使探望权的行为，杨先生不能按判决实现探望权完全是因为被探望对象小翔不配合的情况下，法院没有简单地处理结案了事，而是本着认真负责的态度，积极做杨先生和董女士的工作，促使双方和解，让董女士负责继续做小翔的工作，并积极配合杨先生在规定的时间内探望孩子，杨先生暂不接走小翔，待小翔不抵触时再按判决执行内容。这样,既保护了申请人杨先生的探望权,又肯定了董女士积极履行义务的行为,解决了双方当事人的矛盾,还尊重了子女的意志,有利于孩子的身心健康。本案的执行方式充分保护了离婚双方及子女的合法权益,有利于解决矛盾。

8. 不支付抚养费的一方对子女可以行使探望权吗

【经典案例】

原告唐智国诉称,原告唐智国与被告曾丽贞经人介绍后,于 2010 年 2 月 23 日以夫妻名义同居生活,双方未办结婚登记手续。2010 年 11 月 15 日生育非婚生儿子(乳名唐多多,未取正名)。后被告起诉要求抚养非婚生儿子,一、二审法院均判决非婚生儿子由被告抚养,但对探望权未作判决,现请求判决原告每星期探望非婚生儿子一次,被告必须予以协助。被告曾丽贞书面答辩称,原告不尽抚养非婚生儿子的义务,其请求享有探视权应不予支持。非婚生儿子现随被告在外地生活,若判决探望,也只能一年一次,且原告应在支付抚养费后,于每年 2 月初到非婚生儿子生活地探望。

【法律分析】

父母离婚或者解除同居关系后,子女随父方或母方共同生活,只是父母对子女抚养形式的变化,并不影响父母对子女的权利和义务。不与子女共同生活的一方享有探望子女的权利,直接抚养子女的一方有让非直接抚养子女的一方探望子女的义务,对不履行义务的,相对人有权向人民法院提起诉讼。

【处理意见】

原告唐智国与被告曾丽贞未办结婚登记即以夫妻名义同居生活,生育一非婚生儿子(乳名唐多多),现判由被告抚养,但原告享有探望非婚生儿子的权利。原告要求每星期探望一次,次数过多,也不利于判决的履行,法院酌定每年两次。对于被告辩解原告必须支付抚养费后,才能行使探望权,于法无据,法院依法不予采信,被告可按执行程序申请解决。法院判决如下:一、原告唐智国自 2012 年起,每年探望非婚生儿子两次直至成年,探望时间在每年 7 月 31 日、12 月 31 日各一次,被告曾丽贞必须予以协助;二、驳回原告唐智国其他的诉讼请求。

【法律条文】

《婚姻法》第三十八条　离婚后,不直接抚养子女的父或母,有探望子女的权利,另一方有协助的义务。

【友情提示】

父母离婚或者解除同居关系后,不直接抚养子女的一方依法享有对未与之共同生活的子女进行探望、看望、交往的权利,另一方不但负有不妨碍对方行使探望权的消极不作为义务,而且还负有协助的义务。同时,探望权的行使不得损害子女的身心健康。行使探望权的方式、时间由当事人协议;协议不成时,由人民法院判决。

9. 本案中母亲的探望权该如何行使

【经典案例】

原告张 ×× 与被告李 ×× 于 2010 年 6 月 30 日经法院调解解除了婚姻关系,婚生子李 × 茂由李 ×× 抚养。在双方诉讼离婚的过程中,张 ×× 曾在未与李 ×× 沟通的情况下带着儿子李 × 茂离家,四个多月无法联系,李 ×× 曾向公安局报警立案,通过警方协助寻找失踪的儿子,后来才得知是张 ×× 将儿子带往山东寄养在亲戚家中。二人离婚后,张 ×× 经常到学校探望儿子,曾两次经过老师同意将孩子短暂带离学校,但被李 ×× 及家人要求送回,没有将儿子带走。原告因行使探望权问题起诉至法院,请求法院判令原告每两周接送儿子一次;上学期间遇节假日由原告接送儿子;寒暑假期间从放假当天由原告接儿子 20 天。李 ×× 称并不阻止张 ×× 行使探望权,但因张 ×× 曾在未与自己沟通的情况下带着儿子离家四个多月无法联系，使自己遭受了巨大的精神打击，以后坚决不让张××将孩子单独带走，脱离自己的监护范围。

【法律分析】

探望权行使是间接抚养子女的一方探望子女，对探望的方式、时间安排，一般由父母在离婚时协议，为子女的健康成长，双方在离婚时应对子女的探望问题进行协商，对探望方法、时间进行具体、细致的安排。夫妻离婚后，不直接抚养子女的父或母享有探望未成年子女的权利，另一方负有协助的义务。行使探望权的方式、时间由当事人协议；协议不成时由人民法院判决。探望权的行使方式一般有两种，包括探视性探望和逗留性探望。决定以何种方式探望时，主要应当考虑子女的年龄与父母的居住地点、工作性质、身体和精神的健康状况、个人品德等具体情况。一般情况下，探望孩子的问题在离婚诉讼中就解决好了。即使在离婚的裁判文书中没有提到怎么看孩子，双方当事人私下里也能协调好这个问题，就探望权提起单独之诉的往往是父母对孩子的探望问题矛盾尖锐，无法协商的情况。

【处理意见】

本案双方当事人在行使探望子女的权利问题上不能协商解决，因此法院根据双方当事人和子女的具体实际情况，本着有利于子女安定生活、健康成长的原则处理。考虑到李×茂年龄幼小，双方心中的怨气很深，被告不愿让原告将儿子带走的表达激烈，而且探望权的执行问题现在争议也较大，如果选择逗留性探望极有可能伤害到孩子的心理健康。张××平时已经通过到学校探望孩子行使着探望权，虽然时间较短，但也能和孩子进行情感上的交流，孩子也能感受到母亲的爱，不至于原告和孩子产生较大的疏离感，孩子也不会脱离被告的监护范围，原、被告双方直接发生冲突的概率很小。法院从最有利于孩子健康成长的角度出发，判决原告张××可以到儿子李×茂就读的学校行使探望权。

【法律条文】

《婚姻法》三十八条

【友情提示】

父母离婚后,不直接抚养孩子的一方有探望孩子的权利,抚养孩子的一方有协助探望的义务,这是法律明文规定的,但在现实生活中,如何行使探望权,往往会在当事人之间引起纠纷。本案的分歧在于采用何种方式行使探望权。最后想要说明的是,父母离婚对孩子的心理已经造成了一定的影响,希望离婚了的父母多从孩子的角度考虑,在探望权的行使问题上妥善处理,最大限度地减轻子女的家庭破碎感,以利于子女的健康成长。

10. 生父能否探视成年儿子

【经典案例】

1988年初,邓某与华某在外务工时相恋,并办理了结婚登记。次年3月生育一子。1989年6月两人离婚,当时襁褓中的儿子被判给了女方华某抚养,邓某到异地打工,并按时给付抚养费于女方。期间,邓某曾多次要求探视儿子均被华某拒绝,随着儿子一天天长大,华某对儿子谎称其父因车祸早亡,导致父子22年来从未谋面。于是,邓某现向法院起诉,要求华某协助其行使探视权,即告知其子真实名字、联系方式及下落,以便父子相认。

【法律分析】

探视权是以亲子血缘关系为基础的一种身份权,是用来满足探视主体伦理亲情的精神利益需求,探视权的内容是权利人基于特定身份而享有的情感利益,它包括看望、言语交流、短暂共同生活、游玩等人之常情的感情因素。它是特定身份人之间的感情交流,这种情感具有人的伦理性。探视权的存续并不以探视权的对象即被探视人是否成年为必要条件。换言之,探视权并不随着被探视人成年而丧失,探视权作为探视人与被探视人来说既互为权利,同时也互为义务。探视权人依法律规定或者约定行使探视权时,任何个人和组织不得干涉,有协助义务的人,必须给予协助,否则,应当承担民事责任。并且探视权具有非财产性的法律特征,因此,探视权的请求权内容是排除妨害请求权和停止妨害请求权,即承担侵害探视权的民事责任方式是停止或者排除妨害。

【处理意见】

邓某可以主张对已成年儿子的探视权,负有协助义务的华某隐瞒实情的行为造成邓某无法行使探视权构成侵权,应承担停止妨害或者排除妨害侵权责任。本案邓某所诉求的探视权,究其本意即是通过法律途径见到亲生之子,以慰思亲之苦,甚至实现父子相认,这种诉求具有一个正常人明显的情感因素,应属探视权内容的应有之义。邓某的儿子虽已成年,但邓某的探视权并未随其儿子成年而丧失,探视权是一种延续性的权利,因此邓某仍可向已成年的儿子主张探视权以满足其精神利益需求,诉请并未超过法定诉讼时效。

【法律条文】

《婚姻法》第三十八条

【友情提示】

在现代社会,子女人格的健康发展甚于物质生活,许多离异家庭子女并不一定在物质上有所欠缺,相反精神上的交流与满足更令人关注。一次倾心的谈话也许比一顿可口的美餐更具有吸引力,电话交谈、照片寄送、度假旅行或询问子女近况等多种灵活的探视方式更有利于子女的健康发展。因此对探视人与被探视人来说,这种具有浓厚情感伦理亲情的精神利益的需求可能终生相依相随,这种精神利益需求绝非能够以被探视人“是否成年”来划圈定界,正因为探视权有着其深厚的人性基础,法律就不应该过多加以限制。

三、分家析产纠纷

1. 是家庭共同财产还是个人财产

【经典案例】

安某起诉称:我与安某某系继父女关系,安某某于2006年9月10日与我亲生母亲齐某某登记结婚,双方均系再婚,婚后未生育子女。婚后我便随母亲与安某某居住。由于安某某与我母亲齐某某性格不合,欠缺必要的沟通,双方于2011年12月13日被法院判决离婚。诉讼离婚时正值海淀区某乡5号房屋(以下简称5号房屋)拆迁,安某某与房地产开发公司达成腾退补偿安置协议书,明确约定我作为被安置人依法享有被安置的权利,故安某某应当依法返还属于我的安置补偿奖励及拆迁周转费。现起诉要求:(1)安某某支付我补偿款207 893元,2011年3月28日至2012年5月28日的拆迁周转费12 600元;(2)将某小区401号1居室的房屋购房名额判归我所有;(3)本案的诉讼费用由安某某承担。安某某答辩称:2011年3月28日至2011年12月31日每月900元的拆迁周转费我可以支付给安某,2012年之后的拆迁周转费并未发放,故不同意支付。因万安里5号房屋系我个人财产,故安某要求我支付拆迁款207 893元,无事实及法律依据,要求驳回其诉讼请求。北京市海淀区人民法院经审理查明:房地产开发公司与安某某签订的《腾退补偿安置协议书》的约定,即原5号房屋系安某某个人财产。安某某认可其领取了安某2011年3月28日至2011年12月31日每月900元的拆迁周转费,也同意返还给安某。

【法律分析】

分家析产是指家庭成员对共有的家庭财产进行分割,并确定各个成员的财产份额的行为。家庭共有财产是指在家庭中,全部或部分家庭成员共同共有的财产。家庭成员共同共有财产的形成,以家庭成员间的家庭共同生活关系的存续为前提,一旦家庭共同生活条件消灭,家庭共同财产也因此失去其存在的基础而随之消灭,共有人有权利提出分割家庭共有财产,对此发生的争议称为分家析产纠纷。分家析产纠纷最重要的是首先确定财产归属,是属于共同财产还是个人财产。

【处理意见】

本案的关键在于认定系争房产是否属于家庭共同财产。北京市海淀区人民法院认为:依据已生效的(2011)海民初字第17758号民事判决,5号房屋系安某某个人财产。2011年3月29日房地产开发公司与安某某签订的《腾退补偿安置协议书》,系对上述房屋宅基地的补偿、安置。现安某要求安某某支付拆迁补偿款207 893元,无事实及法律依据,不予支持。安某某认可其领取了安某2011年3月28日至2011年12月31日每月900元的拆迁周转费,也同意返还给安某,法院对此不持异议。双方对于2012年之后拆迁周转费未发放一节不持异议,故安某要求安某某支付2012年1月1日至2012年5月28日期间的拆迁周转费,于法无据,不予支持。安某要求将401号1居室的房屋购房名额判归其所有,不属于法院受理案件范围。法院判决:一、判决生效后七日内,安某某向安某支付2011年3月28日至2011年12月31日的拆迁周转费8220元;二、驳回安某的其他诉讼请求。如果未按判决指定的期间履行上述金钱给付义务,应当加倍支付迟延履行期间的债务利息。

【法律条文】

《民法通则》第七十五条　公民的个人财产,包括公民的合法收入、房屋、储蓄、生活用品、文物、图书资料、林木、牲畜和法律允许公民所有的生产资料以及其他合法财产。公民的合法财产受法律保护,禁止任何组织或者个人侵占、哄抢、破坏或者非法查封、扣押、冻结、没收。

《民法通则》第七十八条　财产可以由两个以上的公民、法人共有。共有分为按份共有和共同共有。按份共有人按照各自的份额,对共有财产分享权利,分担义务。共同共有人对共有财产享有权利,承担义务。按份共有财产的每个共有人有权要求将自己的份额分出或者转让。但在出售时,其他共有人在同等条件下,有优先购买的权利。

【友情提示】

分家析产纠纷的双方当事人原为亲属关系,应当妥善处理这种家庭矛盾,减少纠纷,避免矛盾激化。在处理分家析产纠纷时,应把家庭共有财产与家庭成员共同生活期间的个人财产严格区分,把家庭成员对家庭共有财产的分割与家庭成员之间的财产赠与严格区分。分家析产时,还要根据公平合理的原则,对某些生产、劳动工具、设备等财产的分割,要尽可能有利于生产,有利于发挥家庭成员各自的专长。对于某些特定的不便分割的财产,也可以特别协议的方式作变通处理,以充分发挥该项的效用。

2. 共有的家庭财产如何分割

【经典案例】

赵甲系赵乙之父。赵乙与孙某某于2009年4月30日登记结婚。2012年3月孙某某起诉至法院,要求与赵乙离婚,2012年3月27日经法院调解双方自愿离婚。2009年5月,赵甲、赵乙、孙某某与案外人金某签订《上海市房地产买卖合同》,约定赵甲、赵乙、孙某某以人民币(以下币种均为人民币)72万元的价格购买上海市宝山区新二路×××弄××号301室房屋(以下简称301室房屋)。该房屋贷款256 000元。2012年5月,赵甲、赵乙诉至法院,要求分割301室房屋及该房屋内的家具、家电。赵甲、赵乙、孙某某一致确认301室房屋实际成交价格为110万元,并由赵甲支付房屋首付款844 000元。后301室房屋登记为赵甲、赵乙、孙某某共同共有。该房屋现由孙某某居住。截止2012年3月,赵乙用公积金账户钱款偿还公积金贷款13 337.02元。2009年9月,赵甲曾一次性偿还贷款83 480元。截止2012年5月,301室房屋仍有贷款129 493.54元未还。法院还查明,现301室房屋内有一系列家具家电。审理中,赵甲、赵乙、孙某某一致认可301室房屋现市价为175万元,并对家具、家电达成一致意见,即301室房屋内的家具、家电及赵甲、赵乙处的联想台式电脑1台及日立32寸电视机1台归赵乙所有,由赵甲、赵乙支付孙某某25 000元。审理中,孙某某提供赵乙于2011年8月9日书写的保证书一份,主要内容为,赵乙保证不再发生外遇,如若再犯,其保证主动离婚并搬离。新房产权归母亲刘某某、父亲赵甲、女儿赵丙、妻孙某某。赵甲、赵乙表示该承诺无效,即使该保证认定为赠与行为,但赠与亦未完成。

【法律分析】

根据法律规定,共有人约定不得分割共有的不动产或者动产,以维持共有关系的,应当按照约定,但共有人有重大理由需要分割的,可以请求分割;没有约定或者约定不明确的,按份共有人可以随时请求分割,共同共有人在共有的基础丧失或者有重大理由需要分割时可以请求分割。本案争议焦点为孙某某应获系争房屋折价款的具体数额。本案中,双方当事人对系争房屋的出资情况均不持异议,即:除赵乙利用其公积金偿还的贷款之外,其余的房屋首付款、贷款均由赵甲支付。

【处理意见】

本案中301室房屋登记为赵甲、赵乙、孙某某三人共同共有,现赵乙、孙某某已经解除婚姻关系,赵甲、赵乙要求分割301室房屋的主张,符合法律规定,现赵甲、赵乙要求301室房屋归其所有,应当予以准许。关于赵甲、赵乙支付给孙某某的折价款问题,考虑房屋目前市场价格、首付款支付情况、贷款偿还情况、赵乙与孙某某婚姻关系存续时间、房屋增值等因素,法院酌情确定由赵甲、赵乙支付孙某某折价款460 000元。关于301室房屋内家具家电及赵甲、赵乙处的家电,双方已经达成一致意见,该意见与法无悖,法院予以准许。关于保证书问题,该部分内容实则是赵乙将其在房屋中的产权份额附条件赠与给他人的意思表示。根据合同法的规定,赠与人在赠与财产的权利转移之前可以撤销赠与,除非该赠与具有救灾、扶贫等社会公益、道德义务性质或者赠与合同经过公证。该房屋产权登记未按照保证书变更,故孙某某认为赵乙对系争房屋享有的份额由孙某某及其女儿、赵乙父母四人共有的意见,法院不予采信。法院判决:一、301室房屋归赵甲、赵乙所有,房屋剩余贷款由赵甲、赵乙负责偿还,孙某某于判决生效之日起三十日内协助赵甲、赵乙将上述房屋过户至赵甲、赵乙名下;二、赵甲、赵乙于判决生效之日起三十日内支付孙某某房屋折价款 460 000 元；三、孙某某于判决生效之日起三十日内搬离 301 室房屋；四、301 室房屋内家具家电归赵乙所有，赵甲、赵乙于判决生效之日起三十日内支付孙某某折价款 25 000 元。

【法律条文】

《物权法》第九十九条　共有人约定不得分割共有的不动产或者动产，以维持共有关系的，应当按照约定，但共有人有重大理由需要分割的，可以请求分割；没有约定或者约定不明确的，按份共有人可以随时请求分割，共同共有人在共有的基础丧失或者有重大理由需要分割时可以请求分割。因分割对其他共有人造成损害的，应当给予赔偿。

《物权法》第一百条　共有人可以协商确定分割方式。达不成协议，共有的不动产或者动产可以分割并且不会因分割减损价值的，应当对实物予以分割；难以分割或者因分割会减损价值的，应当对折价或者拍卖、变卖取得的价款予以分割。共有人分割所得的不动产或者动产有瑕疵的，其他共有人应当分担损失。

最高人民法院《关于贯彻执行 < 中华人民共和国民法通则 > 若干问题的意见（试行）》第九十条　在共同共有关系终止时，对共有财产的分割，有协议的，按协议处理；没有协议的，应当根据等分原则处理，并且考虑共有人对共有财产的贡献大小，适当照顾共有人生产、生活的实际需要等情况。但分割夫妻共有财产，应当根据婚姻法的有关规定处理。

第九十一条　共有财产是特定物，而且不能分割或者分割有损其价值的，可以折价处理。

【友情提示】

在分割家庭共同财产时，应考虑家庭成员对系争财产的贡献大小，并应在判决结果中予以充分体现。同时在分割系争财产时还要依据照顾女方、子女利益的原则。

3. 继承人对继承的财产属于共有财产，应该如何分割

【经典案例】

上海市静安区武定路 ××× 弄 × 号房屋为马某某名下财产，马某某生前有两次婚姻，分别为胡某某、吴某某。马某某与胡某某育有马 a、马 b、马 c、马 d 四个子女，又与吴某某育有马 e、马 f 两个子女。马 a 与徐某某结婚，婚后育有徐甲、徐乙两子。马 b 育有马 g 一女。马 c 与阮某某结婚，婚后育有马乙、马甲、马丙三个子女。马某某、胡某某、吴某某、马 a、徐某某、马 b、马 c、阮某某、马 f 在本案起诉前均已身故。后马丙诉至法院，要求依照法定继承，对上海市静安区武定路 ××× 弄 × 号房屋产权进行分配，该案案号为 (2010) 静民一（民）初字第 2388 号（以下简称“2388 号案件”）。在 2388 号案件审理过程中，经法院调解，该案全体当事人达成调解协议，决定由马丙、马甲、马乙继承上海市静安区武定路 ××× 弄 × 号房屋产权的 35%、马 e 继承 20%、马 d 继承 20%、马 g 继承 25%，徐甲、徐乙作为马 a 一支的继承人不要求继承该房屋产权。

【法律分析】

公民的合法继承权受法律保护。同一顺序继承人继承遗产的份额，一般应当均等。对被继承人尽了主要扶养义务或者与被继承人共同生活的继承人，分配遗产时，可以多分。

【处理意见】

马丙主张其为武定路房屋产权的发还及多得的补偿份额做了主要贡献，进而认为其在劳务等方面对被继承人尽了主要的赡养义务，要求多得武定路房屋产权份额。法院根据双方当事人的诉辩以及提交的案外人的证明、相关案件的判决书等对本案事实进行了认定，并在此基础上依法作出原审判决，合法合理，理由阐述充分。法院判决：马丙、马甲、马乙共有的上海市静安区武定路 ××× 弄 × 号房屋 35% 产权份额，由马丙取得 11.67% 产权份额，由马甲取

得 11.665% 产权份额,由马乙取得 11.665% 产权份额。

【法律条文】

《继承法》第十三条 同一顺序继承人继承遗产的份额,一般应当均等。对生活有特殊困难且缺乏劳动能力的继承人,分配遗产时,应当予以照顾。对被继承人尽了主要扶养义务或者与被继承人共同生活的继承人,分配遗产时,可以多分。有扶养能力和有扶养条件的继承人,不尽扶养义务的,分配遗产时,应当不分或者少分。继承人协商同意的,也可以不均等。

【友情提示】

继承人对被继承人尽了主要的赡养义务,要求多分遗产是可以的。

4. 房屋拆迁安置费用如何分割

【经典案例】

李甲诉称:李甲与倪甲原系夫妻关系,于 2008 年 12 月 10 日登记结婚,于 2011 年 4 月 15 日经法院调解离婚。倪乙与茅某某系夫妻关系,生育一子即倪甲。2010 年 7 月,倪甲、倪乙、茅某某居住的坐落于上海市崇明县城桥镇马桥村 ×××× 号(建筑面积 200 平方米)的房屋被崇明县工业园区拆迁,拆迁时核定的安置人数为 5 人,原有证面积 200 平方米,增补面积 60 平方米,共计应安置面积为 260 平方米。后实际拆迁安置得四套房屋。李甲认为,拆迁时李甲与倪甲仍系夫妻关系,核定的安置人数 5 人包含李甲在内,按照崇明县人民政府相关文件的规定,在安置的房屋面积 260 平方米中,李甲与倪甲应安置房屋面积 180 平方米,倪乙与茅某某应安置房屋面积 80 平方米。现李甲与倪甲已经离婚,调解离婚时倪甲之父倪乙曾承诺将崇明县城桥镇湄洲路 ×××× 弄 ××× 号 501 室这套房屋归李甲所有,但离婚后倪乙即反悔。按照政策规定,李甲理应得安置面积 180 平方米中的一半即 90 平方米的房屋,故诉至法院请求依法确认安置的四套房屋的房屋归李甲所有。倪甲辩称:其与李甲已经离婚，不存在分家的说法，本案所涉被拆迁房屋系倪乙、茅某某及徐某某（已故）的财产，其与李甲离婚时，双方均确认没有任何共同财产，故李甲在离婚后要求分家析产，无事实和法律依据。另，倪甲不认可本案所涉房屋的拆迁安置协议。倪乙、茅某某辩称：本案所涉房屋系其与母亲徐某某的共同财产，因本案所涉房屋系协议拆迁，其中增加的60平方米房屋是徐某某原有的一套房屋，当时因不愿拆迁，经与拆迁公司商量好在认可徐某某的60平方米房屋后，倪乙、茅某某才同意拆迁的。本案所涉房屋系作价补偿，不存在与李甲共同分割的问题。

【法律分析】

李甲对涉案房屋无任何付出，且户口也不在涉案房屋内，其在自己的户籍所在地完全可以享有农村宅基地使用权。鉴于倪乙与第三人签订的补偿安置协议已经将李甲列为安置对象之一，并且作了一定的补偿安置，故李甲可以适当分得拆迁安置利益。法院酌情确定李甲分得拆迁补偿款，其他拆迁利益归倪甲、倪乙、茅某某所有。因拆迁协议由倪乙所签，拆迁补偿款由倪乙领取，安置房屋登记在倪乙、茅某某名下，故应当由倪乙、茅某某给付李甲拆迁补偿款。

【处理意见】

法院判决：一、李甲得拆迁安置补偿款人民币120 000元，该款由倪乙、茅某某于本判决生效之日起十五日内给付李甲。二、倪甲、倪乙、茅某某得拆迁安置补偿款人民币105 904.92元。另外还得坐落于崇明县城桥镇东引路×××弄××号102室、崇明县城桥镇东引路×××弄yy号302室、崇明县城桥镇湄洲路××××弄×号401室、崇明县城桥镇湄洲路××××弄×××号501室的四套房屋。本案案件受理费人民币4 260元，由李甲负担人民币2 000元，倪甲、倪乙、茅某某负担人民币2 260元。

【法律条文】

《物权法》第三十二条　物权受到侵害的，权利人可以通过和解、调解、仲裁、诉讼等途径解决。

《物权法》第三十三条　因物权的归属、内容发生争议的，利害关系人可以请求确认权利。

最高人民法院《关于贯彻执行＜中华人民共和国民法通则＞若干问题的

意见(试行)》第九十条　在共同共有关系终止时,对共有财产的分割,有协议的,按协议处理;没有协议的,应当根据等分原则处理,并且考虑共有人对共有财产的贡献大小,适当照顾共有人生产、生活的实际需要等情况。但分割夫妻共有财产,应当根据婚姻法的有关规定处理。

第九十一条　共有财产是特定物,而且不能分割或者分割有损其价值的,可以折价处理。

【友情提示】

房屋拆迁款项的分割,应当综合考虑拆迁所得安置利益、被拆迁房屋实际情况、各安置对象对安置利益的贡献大小以及当事人的婚姻状况等因素,由法院酌情确定,妥善处理好这类纠纷。本案中法院综合考虑拆迁所得安置利益、被拆迁房屋实际情况、各安置对象对安置利益的贡献大小以及李甲与倪甲的结婚时间等因素,酌情确定李甲分得拆迁补偿款,其他拆迁利益归倪甲、倪乙、茅某某所有,并由倪乙、茅某某给付李甲拆迁补偿款。有关安置房屋价值的确定,原审以询价的方式估价涉案房屋价值,是可行和合理的。